GERO VON RANDOW

GENIEßEN

EINE AUSSCHWEIFUNG

Deutscher Taschenbuch Verlag

FÜR BEATE

Ungekürzte Ausgabe
März 2003
3. Auflage April 2005
Deutscher Taschenbuch Verlag GmbH & Co. KG, München
www.dtv.de
Alle Rechte vorbehalten.
© 2001 Hoffmann & Campe Verlag, Hamburg
Umschlagkonzept: Balk & Brumshagen
Umschlaggestaltung: Stephanie Weischer unter Verwendung einer
Fotografie von © photonica/The Special Photographers' Company
Satz: Prill Partners|producing, Berlin
Druck und Bindung: Kösel, Krugzell
Gedruckt auf säurefreiem, chlorfrei gebleichtem Papier
Printed in Germany · ISBN 3-423-36306-1

Inhalt

> »Digressionen sind unbestreitbar der Sonnenschein, sie sind das Leben, die Seele der Lektüre. Nehmen Sie sie zum Beispiel aus diesem Buch heraus, so können Sie gleich das ganze Buch mitnehmen.« Laurence Sterne, »Tristram Shandy«

Vorwort

Gibt es auch ein Kapitel über Sex? Nein, gibt es nicht. Aber Sex kommt vor in diesem Buch. Und Kochrezepte? Ja, etliche.

Damit sind die Hauptfragen geklärt. Nun zum Zweck des Buches. Er heißt: **LEBENSKUNST**.

In den folgenden Kapiteln wird das Genießen beschrieben – mit seinen Mitteln und Tricks, Farben und Formen, Hintergründen und Abgründen. Das Genießen ist ein faszinierendes Phänomen. Es ist körperlich und seelisch, privat und öffentlich, geformt und zerfließend, gemessen und ohne Maß. Eine besonders intensive Beziehung zur Welt. Der Höhenflug des lustvollen Lebensverbrauchs. In den kostbarsten Genussmomenten seufzen, stöhnen oder schreien wir, oder wir lächeln selig in uns hinein.

Dieses Buch enthält vielerlei **ABSCHWEIFUNGEN, DIGRESSIONEN**. Das ist ganz natürlich, denn Genuss will nicht nur ausschweifend, er will auch abschweifend sein: Genuss weckt die Lebensgeister, ruft die Fantasie wach, holt die Erinnerung zurück, und schon werden beim Wein die Geschichten erzählt, im Bett die Erfahrungen ausgetauscht, beim Wandern durch die Natur Vergleiche angestellt. Wussten Sie, dass Wandern die Potenz erhält? Urologen wollen das herausgefunden haben.

Das Prinzip dieses Buches ist die Abschweifung, es kommt wie ein Tischgespräch vom Hundertsten ins Tausendste, aber auch wieder zurück zum Hun-

dertsten und von da schließlich zu den zehn goldenen Regeln des Genießens, die im letzten Kapitel vorgestellt werden. Das Ganze ist als Menü
aufgebaut.

Das erste Kapitel verstehen Sie bitte als **APERITIF**. Es
handelt auch vom Aperitif und stellt Ihnen das
Prinzip des Abschweifens vor, indem es praktisch
nur aus Abschweifungen besteht. Sie streifen unterschiedliche Gebiete – vom Champagner bis zur
Physik, von der Auster bis zur Philosophie.

Das zweite Kapitel beschreibt die Seele des Genusses: **DIE HINGABE**. Wir kochen und dekantieren, außerdem enthält das Kapitel einige scharfe
Passagen.

Dann werden die **FÜNF SINNE** untersucht. Oder
sind es mehr? Wir befragen Biologie und Kulturgeschichte, Hirn- und Verhaltensforschung. Der
unheimliche Innensinn wird vorgestellt, das subversive Tasten, soziale Riechen, simultane Hören,
das edle Sehen.

DIE GENIESSER ALS GESELLSCHAFT sind das Thema
des anschließenden Kapitels: Genuss sorgt für
Ordnung und Unordnung, Gemeinsamkeit und
Abgrenzung. Chinesische Kaiser, französische
Könige tauchen auf, wir streifen so disparate Themen wie die kulinarische Erotik und die Geschichte der Grande Cuisine.

In Gesellschaft bringt der Mensch das Künstliche
zustande: Ein Kapitel, in dem **DAS KÜNSTLICHE**
gelobt wird, schließt sich an. Wir reisen zu Wein-
bergen und Thermalbädern, bereiten diese und
jene Speise zu und wundern uns über Salvador
Dalís »Hummertelefon«.

**Genuss sorgt
für Ordnung und
Unordnung,
Gemeinsamkeit
und Abgrenzung.**

Danach ein Kapitel voller **FRAGEN**: Dürfen wir
Gänsestopfleber essen? Wie findet Genuss das
rechte Maß, und was soll das überhaupt sein? Sind
wir auf der Welt, um Spaß zu haben? Der Rausch
– ist er etwas Böses, etwas Gutes? Wem nützt das
maßlose Maßhalten? Zwei verfemte Denker des
achtzehnten und neunzehnten Jahrhunderts werden rehabilitiert: La Mettrie und Stirner.

Im Genuss finden wir **TROST** und schließlich **HEITERKEIT**, heißt es im siebten Kapitel. Und im Finale, dem Kapitel mit den **ZEHN GOLDENEN REGELN**, treten auf: Gioacchino Rossini, ein Truthahn und ein Zwergleguan.

Nun dürfen Sie fragen: Was soll dieser ganze Umstand? Ist doch alles übertrieben. Als wenn das Genießen eine Wissenschaft wäre! Schließlich genügt, beispielsweise, manchmal ein Butterbrot, und der Hochgenuss stellt sich ein. Auch ohne dass man vorher ein ganzes Buch über Genuss gelesen hat.

Warum kompliziert, wenn es auch einfach geht? Zugegeben: Manchmal genügt ein Butterbrot.

Warum kompliziert, wenn es auch einfach geht?

Zugegeben: Manchmal genügt ein Butterbrot.

Manchmal genügt ein frischer Atemzug. Manchmal genügt einem Zen-Buddhisten ein Hieb mit dem Bambusrohr, und sofort ist er gut drauf. Das Genussideal des Zen-Buddhismus ist sogar das Einfachste vom Einfachen: ohne jede willentliche Bewegung, ja ohne jede gedankliche Regung in der Welt zu sein. Einfach: Spiegel sein. Wer das übt, erlebt Glücksgefühle. Puren Genuss. Erst recht, wenn er nach drei Stunden Lotussitz seine Beine wieder entknoten darf.

Der Meditierende denkt nicht mehr an irgendetwas Bestimmtes, das seinen Geist fesselt. Oder sagen wir lieber: Er will nicht an etwas Bestimmtes denken. Ganz bestimmt nicht. Um keinen Preis will er an das leckere Butterbrot denken, das sich dermaßen in alle seine fünf Sinne eingeschlichen hat, dass er es sieht, riecht, schmeckt, seine Konsistenz mit der Zunge ertastet, ja, dass er sogar hört, wie er es kaut und schluckt. Klar, dass da ab und zu der Meister mit dem Bambusrohr dazwischengehen muss.

So ein Butterbrot! Eines, wie es die Russen mögen: dicke Scheibe Schwarzbrot, dick die Butter drauf. Das ist nun wahrhaftig ein einfacher Genuss, möchte man meinen, indes: Welches Brot hätten wir denn gerne? Fest, locker, mit Melasse? Vielleicht Kerne, Nüsse, Rosinen, Pflaumen, Möh-

ren, Oliven drin? Darf es noch warm, soll es ge-
toastet sein? Wollen Sie den Knust? Und welche
Butter? Leicht gesalzen – ? Oder sollen wir gar
vorher wie die Russen in eine rote Zwiebel beißen,
Tod und Mundgeruch verachtend, und hinterher
mit Wodka nachspülen, und wenn ja: mit welchem?
Oder gar, Gott behüte, mit Kwass, einem »Brot-
trunk«, wie ihn die Reformhäusler nennen?
Wie kompliziert das Einfache doch ist.
Im »Lexikon der Küche« von Richard Hering, dem
klassischen Kompendium des Profikochs, habe ich
an die zweihundert Rezepte für Omelettes ge-
zählt.

Darunter befindet sich das Rezept für die viel ver-
sprechende Omelette de prélats, also auf Prälaten-
art. Das muss schon etwas Besonderes sein, denn
ein Prälat ist in der katholischen Kirche ein hoch-
bedeutender Würdenträger. Prälaten kommen in
mehreren Varianten: Ehrenprälaten, Hofprälaten,
Hausprälaten, Weiheprälaten, Quastenprälaten,
Pfalzprälaten und etliche mehr, die alle gern ihre
Omelette essen möchten, und die wird so zubereitet: Gefüllt mit grobem Salpicon (Würfelchen)
von Fischmilchen, Krebsschwänzen und Trüffel-
julienne (in feinste Stäbchen geschnittene Trüffeln), gebunden mit normannischer Sauce mit
Krebspüree; nappiert (überzogen) mit der gleichen
Sauce, bestreut mit gehackter Trüffel – ach, Sie
wollen auch noch wissen, was normannische Sauce
ist? Bitte sehr: Einen Fischvelouté anfertigen (Mehl
und Butter hell anschwitzen, Kräuter und Fischfond hinein, anderthalb Stunden auskochen und
passieren); anschließend noch einmal Fischfond
hinein, außerdem Austernwasser und Champignon-
fond, mit Eigelb und Sahne legieren, mit Butter
aufschlagen. So steht's im »Hering«.
Da ich kein Prälat bin, habe ich diesen Aufwand
bisher gescheut. Oft allerdings parfümiere ich meine
Omelette mit einem Strang Trüffelöl und komme
mir dabei schon vor wie ein Kirchenfürst mit Bommel und Quaste. Und tun Sie bitte kein Wasser in

Oft parfümiere
ich meine
Omelette mit
einem Strang
Trüffelöl und
komme mir
dabei vor wie
ein Kirchenfürst
mit Bommel
und Quaste.

die Omelette, auch keine Milch, keine Crème fraîche, sondern: Joghurt. Einen halben Teelöffel pro Ei. Omelettes werden auch nicht gewendet, sondern geklappt. Sie sind keine Pfannkuchen. Die fertige Omelette überglänzen Sie mit ein wenig Butter.

Ich verrate Ihnen etwas: Der »Hering« ist unvollständig.

Er enthält mitnichten alle wichtigen Omeletterezepte. In Japan beispielsweise kippen sie nur ganz wenig Omeletteflüssigkeit in die Pfanne, rollen das flache Dings auf, setzen erneut Flüssigkeit hinzu (sie muss auch unter die Rolle fließen), rollen wieder auf, und so fort, bis alle Flüssigkeit verbraucht ist und der Koch eine mehrschichtige Eierrolle in der Pfanne hält. Vielleicht hat er zwischen die einzelnen Lagen ein bisschen Seetang gepackt oder sie unterschiedlich gewürzt? Man kann die längliche Rolle in Stücke schneiden, das sieht ganz interessant aus. Tant bruit pour une omelette.

Und wie einfach das Komplizierte ist!

Mit Champagner zum Beispiel kann man nichts falsch machen, er ist fast immer eine gute Idee. Ganz einfach. Standardlösung. Er passt so ziemlich zu allen Gelegenheiten, Speisen, Stimmungen.

Auch zur Omelette? Wenn der Prälat Trüffel darin findet, ist das ein Anlass für Champagner. Sonst eher nicht. Aber damit stellt die Omelette die Ausnahme von der Regel dar; im Prinzip eignet sich Champagner wirklich immer.

Woher weiß ich solche Dinge? Das Wissen verdanke ich allen Menschen, die mit mir Genüsse und deren Geheimnisse geteilt haben. Köchen, Winzern, Freundinnen, Freunden; da gibt es auch Überschneidungen. Namentlich seien Anton Viehhauser und Mario Scheuermann genannt, die mir die Welt des Weins öffneten. Und Jens Petersen, der die Idee zu diesem Buch hatte und mich anspornte, auch Privates aufzuschreiben. Danken möchte ich Freunden und Kollegen aus der ZEIT-

Redaktion, die es mir gestatten, neben meinen Wissenschafts- und Politikthemen auch immer wieder Kulinarisches zu recherchieren. Außerdem allen, die meine Geschichten geduldig anhörten, immer wieder, sodass sie mir auch beim Schreiben einfielen. Den Menschen in meiner Nähe, die Küchenwahn und Weinverrücktheit tolerieren. Und einem Menschen, der mich so oft auffing.

Jetzt muss wirklich bald etwas ins Glas.

Aber was?

Die Vorlust

Am Anfang war der **APERITIF**.

Sollte man meinen. Doch in Wahrheit kennt Genuss keinen Anfang. Schon das Planen eines Menüs oder die Auswahl des Restaurants ist genussvoll, eine Mischung aus Vorfreude und Erinnerung.

Das Genießen mag sich zu bestimmten Zeiten konzentrieren, aber es kommt von weit her und war schon immer da. Vielleicht ist bereits das Strampeln des ungeborenen Kindes Vorfreude, Vorlust, beginnender Genuss? Danach wird's eng, aber kurz darauf ist die Mutterbrust zur Stelle, und das Kind findet Trost im Genuss. Der Aperitif seines Lebens. Bald darauf wird zum ersten Mal gelächelt. Seine Reise in die Welt hat noch kaum begonnen, aber der Mensch hat schon erfahren, was Genuss ist. Der Mensch wird als Genießer geboren.

Ein Aperitif öffnet uns, daher der Name. Wir schalten auf Empfang. Achtung, Aufnahme! Wir sind gespannt, auf Duft und Geschmack, auf Gespräche, Blicke, Sensationen.

Der Aperitif soll die Aufmerksamkeit wecken. Betäuben darf er nicht. Scharfe Sachen sind ungeeignet, es sei denn, man muss sich Mut antrinken. Mit **MARTINI COCKTAIL** zum Beispiel; wenn er gut ist, dann handelt es sich letzten Endes um aromatisierten Gin. Bester Martini Cocktail entsteht an-

»Wir werden alle verrückt geboren. Einige bleiben es.« Estragon in Samuel Becketts »Warten auf Godot«

geblich, indem man die Gin-Flasche neben eine Martini-Flasche stellt, einen Moment abwartet und dann den Schnaps ins Glas gießt. Mit einer Olive umrühren.

Im Allgemeinen jedenfalls ist Martini Cocktail als Aperitif wenig geeignet. Und die harmloseren, bunten Sahnecocktails sehen zwar klasse aus, sind aber meist zu aufdringlich, um als Aperitif zu taugen, sowohl farblich als auch geschmacklich. Wer soeben die opulente Optik eines großen Fantasiebechers genossen hat, von dessen Limetten-Minze-Schoko-Duft umfangen wurde und mit diesem sodann die Innenwelt zwischen Gaumen und Nase parfümierte, bekommt anschließend Probleme, wenn beispielsweise eine zartgelbe Gemüse-Essenz oder ein dezentes Fischmus serviert wird.

Es gibt Cocktails, die sehen aus wie der tropische Regenwald. In einem dieser Cocktails, es war allerdings nicht der erste gewesen, bin ich Tarzan begegnet. Der Dschungelmann fiel von einer Kokospalme, verknackste sich den Fuß und stöhnte: »Verdammt, Cocktails vor dem Essen sind einfach keine gute Idee.« Ich stimmte ihm zu.

Der Aperitif kann Schrecken künden. Ich bekam einmal roten Wermut, in dem ein auf Originalität zielendes Basilikumblatt schwamm. Schlagartig wurde mir klar, wie alles enden würde.

Gerne wird trockener **SHERRY** serviert. Schmeckt auch, kommt aber als Einstieg in den Abend meist ein bisschen plötzlich, finde ich. Geeigneter sind herbwürzige Weißweine, wenn sie nicht allzu schwer sind. Die Weine aus Rueda zum Beispiel, ein kleines Gebiet in Kastilien. Bis vor zehn Jahren wurden dort nur oxidierte, sherry-ähnliche Weine produziert, die allenfalls zu Anchovis und Oliven genießbar sind oder von mir aus zu Kernseife. Dann jedoch kam ein großer Weinproduzent auf die Idee, das Potential der heimischen Rebsorte Verdejo zu überprüfen (sie ist übrigens nicht verwandt mit dem frischfruchtigen Verdicchio aus Italien). Und siehe da: Es lassen sich feine trockene

Weine daraus machen. Heute sind es zweieinhalb Dutzend Weingüter, meist geleitet von gut aussehenden jungen Männern, die Rueda Superior (mindestens 85 Prozent aus Verdejo), einfachen Rueda (je zur Hälfte aus Verdejo und aus der schwächeren Viura-Traube) sowie Sauvignon Blanc herstellen.

Wirklich etwas Besonderes ist nur der Rueda Superior, aber achten Sie darauf, dass er nicht im kleinen Holzfass (»en barrica«) ausgebaut wurde, denn darin verliert er seine Charakteristik: Frische, Frucht, Bittermandel, Jodsalz, Honig, Sahne, etwas Schärfe gehören dazu. Nicht alle Bodegas sind gut, die besten Marken heißen Palacio de Borno, Oro de Castilla, Mantel Blanco, Villa Narcisa. Teurer als fünfzehn Mark sollte keiner sein, denn ab Bodega kosten sie alle unter zehn.

Nette Aperitifs, jung zu trinken; nur einer nicht, der ist vielmehr ein großer Wein: Dos Victorias, ein Rueda Superior von José Pariente. Als Aperitif zu komplex, ist er gleichwohl ein idealer Start für einen Abend, an dem es sonst um die Rotweine aus der Nachbarregion Ribera del Duero geht – grandiose Weine sind darunter, ich mag sie lieber als Rioja.

Als Aperitif eignen sich auch die typischerweise säurearmen **CHASSELAS-WEINE** aus der Schweiz, jedenfalls ihre leichteren Vertreter, etwa der fruchtige Morges Clos des Abbesses von den Gebrüdern Dubois (Waadt). Im Wallis heißen die Chasselas-Weine »Fendant« – diese etwas muskulöseren Vertreter können gleichfalls ein Menü einleiten (empfohlener Hersteller: Frédéric Varone). Sie schmeicheln sich ein, sind einfach sympathisch und verbreiten gute Laune.

Aber vielleicht wollen Sie erst mal ein **PILS**.

Warum auch nicht? Als Aperitif ist frisches, kaltes Bier kein Fauxpas, es passt auch gut nach anstrengenden Rotweinproben. Nur mit dem Nachgeschmack muss man fertig werden. Außerdem hat es nicht den erhebenden Charakter des Champagners.

Chasselas-Weine schmeicheln sich ein, sind einfach sympathisch und verbreiten gute Laune.

George Bernard Shaw bekannte: »Ich bin Bier-Abstinenzler, aber kein Champagner-Abstinenzler.« Ein vertretbarer Standpunkt. Nur leider kommt unter dem Namen Champagner eine Massenware auf den Markt, meist so um die vierzig Mark, die dem Namen nicht gut tut. Auch einige große Häuser produzieren in dieser Preisklasse Säuerlinge, die uns erstarren lassen, oder Bonbonwasser, das an die Teletubbies erinnert. Hinausgeworfenes Geld. Da kann man gleich Brausetabletten lutschen. Andere moussierende Weine in dieser Preiskategorie sind meist besser, einige sogar weitaus besser: gewisse Sekte aus Österreich (der von Willi Bründlmayer schlägt bei Vergleichsproben etliche Champagner aus dem Rennen), Cavas aus Spanien (da taugt sogar die Massenware etwas), Schaumweine aus dem Elsass, aus der Bourgogne und den Pyrenäen (Limoux), und nicht zuletzt Spumanti aus Italien (achten Sie auf die Bezeichnung »Metodo classico«).

PROSECCO? Das ist eine Traube und nicht etwa das italienische Wort für »Sekt«. Aus ihr wird Schaumwein unterschiedlicher Qualität gemacht. Wenn Sie auf dem Etikett der Prosecco-Flasche das Wort »Valdobbiadene« entdecken, dann wissen Sie, dass er aus einer besseren Gegend kommt und vermutlich gut ist. In diesem Fall haben Sie ein erfrischendes und irgendwie fröhliches Getränk erstanden, mit dem Sie beispielsweise den Sonntagmorgen im Bett begrüßen können. Auch auf der Terrasse oder im Garten macht sich Prosecco gut, solange er knackig kalt ist.

Richtig Spaß machen Schaumweine von der Loire, speziell aus Saumur. Mehrfach habe ich die von der Firma Bouvet-Ladubay getrunken, und ich muss sagen: Mir schmeckt das ganze Programm des Hauses. Mein Liebling ist die Rosé Cuvée Trésor; Rosé-Schaumwein muss mitnichten wie süßlicher Krimsekt schmecken und ist keineswegs ein zweifelhaftes Nachtclubgetränk. Dieser hier beispielsweise hat einen verführerischen Duft von roten Beeren, der Geschmack ist ebenfalls fruchtig, aber trocken und sogar mit einem leichten, angenehmen Bitterton. Er wird aus Cabernet Franc hergestellt, einer Rotweintraube, und sollte stets nur jung getrunken werden – sonst legt sich ein »Firn« genannter Brotton über das Ganze.

Es bieten sich also wunderbare Alternativen zu Champagner an. Wenn es gleichwohl Champagner sein soll, und zwar einer unter fünfzig Mark, dann können Sie sich noch jedes Mal auf VEUVE CLICQUOT verlassen. Die richtig guten Champagner sind meist viel teurer, aber ihr Genuss kann Gefühle hervorrufen, die jeden Gedanken ans Geld erst einmal vertagen. Es gibt einige Champagnerhäuser, mit deren Produkten ich noch nie einen Reinfall erlebt habe: Bollinger vor allem, außerdem Gosset, Heidsieck (es gibt drei Champagnerhäuser mit »Heidsieck« im Namen, alle drei sind empfehlenswert), Laurent-Perrier, Ruinart. Bei allen anderen, die ich getrunken habe, kann ich mich an Geschmacksunfälle erinnern.

Ist Champagner ein APHRODISIAKUM? Alkohol, in geringer Dosis, ist eines. Doch beim Champagner kommt hinzu, dass er Andeutungen macht. Er prickelt, er ist festlich. Eine frohe Botschaft, die jeder versteht, der für sie offen ist. Etwas nüchterner ist dann schon der andere Subtext: Champagner ist eine Investition. Wenn Giacomo Casanova seine aufwändigen Liebesmahle vorbereitete, dann kam es ihm darauf an, dass die Angebetete bemerkte, wie viel Geld er ausgab. Casanova wollte zeigen, dass er von hohem Stand sei (was nicht stimmte) und dass er die Dame wertschätzte. Ich gebe dir, damit du mir gibst, das war die tiefere Bedeutung.

Öffnen wir nun beherzt die Flasche. Dabei denken wir an Oscar Wildes Worte: »Es gibt schreckliche Versuchungen, und es kostet Kraft, Kraft und Mut, ihnen nachzugeben.« Kraft und Mut brauchen wir zum Beispiel, um eine Champagnerflasche zu öffnen.

Rennschweine öffnen Flaschen mit Absicht so, dass es spritzt. Ein peinliches Pipiritual. Ich habe mir sagen lassen, das Zeug in den dicken Bouteillen, das sich die Schumis dieser Welt auf die bemützten Häupter spritzen, sei alles andere als Champagner. Es gibt noch Hoffnung.

Wir machen es besser. Nachdem Folie und Drahtkorb entfernt sind, drehen wir den Korken heraus (wenn er sich partout nicht rühren will, holen wir die Nussknackerzange) – und im entscheidenden Moment lassen wir weder den Korken los noch drücken wir ihn angstvoll auf die Flaschenöffnung in der Illusion, Plötzliches in Allmähliches verwandeln zu können; stattdessen halten wir den pilzförmigen Presskork fest im Griff, aber unser Handgelenk bleibt locker und lässt sich nur vom Druckabbau dirigieren. Nun haben wir beides: das euphorisierende Korkenknallen und dennoch einen trockenen Tisch. **CHAMPAGNER-AIKIDO**.

Reine Übungssache, und üben muss man, das ist überhaupt die erste und wichtigste Lehre: Genießer haben geübt, sie üben immer noch, und sie werden stets weiter üben. Wie Musikvirtuosen. »Kunst kommt von Küssen«, sagte Arno Schmidt; ich möchte ergänzen: »Genuss kommt von Können.« Sehen Sie die Bläschen? Wenn es ein feiner Champagner ist, sind sie besonders klein und wandern gleichmäßig nach oben – »Wie lieb und luftig perlt die Blase/der Witwe Klicko in dem Glase«, heißt es bei Wilhelm Busch.

Im Perlwein ist Kohlendioxid gelöst, hingegen Kohlensäure, von der allenthalben die Rede ist, nur sehr, sehr wenig. Nein, das Prickeln kommt vom CO_2, von jenem berühmt-berüchtigten Gas also, das Pflanzen wachsen lässt, für warme Temperatur auf dem Erdball sorgt und das durch unsere Venen hindurch zur Lunge transportiert wird; diese atmet es aus, und dann: einatmen, am besten durch die Nase, worin die Spritzer kitzeln, die der Champagner uns provozierend entgegenwirft. Die Qualität eines Champagners hängt nicht zuletzt davon ab, welche Aromastoffe bis unter die Nase transportiert werden. Einige Forscher vermuten sogar, dass neben diesen Duftstoffen auch psychoaktive Substanzen mitreisen, erst in der Blase, dann zerstäubt durch die Luft. Ich glaube es sofort.

Blasen sind psychologisch interessante Objekte. Die Gasperlen in der Flüssigkeit sind Fremdlinge, auffällig, leichtgewichtig und immer unterwegs. Ihr Leben ist kurz und endet mit einem Ping, dem noch ein Sprühen in der Luft nachfolgt. Wer seinen Champagner aus einem flachen Kelch statt aus einer länglichen Tulpe trinkt, verkürzt dieses Schauspiel unnötigerweise. Außerdem hat er weniger vom Bouquet des Champagners. Noch besser als Champagnergläser sind – normale Weingläser.

Amerikanische Physiker haben ein Glas Bier in einen Teilchenbeschleuniger gestellt – nein, nicht um die Bläschen in Fahrt zu bringen, sondern um zu prüfen, ob die umherfliegenden Protonen die Bläschenbildung beeinflussen. Sie taten es nicht. So endete der hoffnungsvolle Beginn eines neuen Forschungszweiges.

Andere Wissenschaftler analysierten die Muster aufsteigender Bläschen in Schaumgetränken statistisch. Sie fanden eine Formel für den Auftrieb, der auf die Bläschen wirkt: $F = V \times (pFL - pBL) \times g$, wobei F die Kraft ist, V das Volumen der Bläschen, pFL der Druck in der Flüssigkeit, pBL der Gasdruck im Bläschen und g die Gravitationskonstante.

Leider ergab sich aus dieser Formel bislang nichts Wesentliches, aber bei Grundlagenforschung kann man nie wissen. Techniker und Ingenieure, die Stahlschmelzen oder die Schaumgummiproduktion optimieren wollen, beschäftigen sich mit solchen Themen, und manche Toasthersteller habe ich auch im Verdacht.

Interessant bleibt die Frage, wieso sich nicht das gesamte Kohlendioxid nach dem Öffnen der Flasche automatisch und mit Getöse restlos vom Wein löst – wieso es also stattdessen langsam, manchmal sogar stundenlang in feinen Perlenschnüren nach oben strebt.

Einen umfassenden wissenschaftlichen Report zu diesem Thema sandten mir Experten der Landes-,

Lehr- und Versuchsanstalt Trier, der in die folgende Beschreibung einging.

In der geschlossenen Flasche stehen die Gasmoleküle unter Druck. Um ihm zu entgehen, flüchten sie sich in die Arme größerer Moleküle. Doch die Ruhe endet, und der Spaß beginnt, sobald jemand den Korken löst. Im Kopfraum der Flasche lauert komprimiertes Gas; es dehnt sich durch die Druckentlastung beim Öffnen schlagartig um das Sechsfache aus, und plop.

An dieser Stelle würde Rudyard Kipling schreiben: Bis hierher ist alles ganz einfach, nicht wahr, mein Liebling?

Nun aber ist das Gleichgewicht im Flascheninnern gestört, anders gesagt: Nach dem Plop ist im Flaschenhals druckloser Freiraum geschaffen. Er lockt Gasmoleküle an, die sich in der Grenzschicht zwischen Flüssigkeit und Luft tummeln. Sie steigen hoch, und von unten rücken Nachfolger auf.

Aber warum in Blasen? Wieso wandern nicht die einzelnen Moleküle in statistisch fein verteilter Front nach oben?

Unter absolut reinen Laborbedingungen gäbe es in der Tat keine Bläschen. Aber in der unreinen Trinkerwirklichkeit sind immer schon irgendwo Gasansammlungen vorhanden, ob in der Flasche oder im Glas. Eingewirbelte Luftblasen zum Beispiel. Oder Risse und Poren im Glas, die nicht ganz mit Flüssigkeit ausgefüllt sind. Oder – pardon – Dreck, der irgendeinen gasförmigen Muff enthält. Diese Unreinheiten sind es, die den Perlenzauber erst möglich machen: Die von ihnen gehorteten Gasansammlungen locken CO_2-Moleküle an, man versammelt sich, wird stark, und der kollektive Aufstieg einer ganzen Generation naht. Die Reise beginnt. An ihrem Ursprungsort wird Platz für neue Aufsteiger frei. Und weil der Entstehungsprozess vollkommen gleichmäßig verläuft, verlassen die Blasen ihren Geburtsort in konstantem Takt.

Das alles und viel mehr hat man in Trier unter Einsatz tausender Sekt- und Champagnerflaschen herausgefunden. Fröhliche Wissenschaft.

Es gibt Leute, die führen einen Glaskratzer mit sich. Einen Metallstift, blödsinnig teuer, womöglich in Saffian gewickelt, mit dem sie Ihr schönes Champagnerglas ankratzen: »damit es perlt«. Verbitten Sie sich das. Bei diesen Menschen perlt's wirklich. Denn es gibt kein vollkommen reines Champagnerglas (außer im Reinraumlabor, und da wird nicht getrunken). Im Glas moussiert es also immer, und wer darin herumkratzt, tut sich keinen Gefallen, denn die zusätzlichen Unreinheiten könnten die Perlkraft des Champagners allzu schnell verausgaben. Gewiss, wenn Ihre Champagnergläser mit Spülmittel eingeschleimt wurden, dann gibt's tatsächlich keinen rechten Moussierpunkt, doch in diesem Fall gilt die alte Regel: nicht kratzen, waschen!

Dass die Perlen an den Unreinheiten entstehen, ist ein Gleichnis. Wo das Ebenmaß absolut herrscht, geht es bekanntermaßen schön, aber auch schön langweilig zu. Leben entsteht dort, wo das Unregelmäßige sein darf. Alles Lebendige grenzt sich unablässig von seiner Umwelt ab, und nur im Tod bricht diese Differenz zusammen. Solange etwas lebt, ist es etwas Eigenes und zur Überraschung fähig; wenn es mit seiner Umwelt eins wird, stirbt es. Der Tod, das ist die perfekte Harmonie, das totale Gleichgewicht, die endlose Langeweile. Es mag Buddhisten geben, die das anders sehen, aber um mich davon zu überzeugen, dass das reine Gleichmaß das Geheimnis des Lebens sei – da müsste schon jemand mit dem Bambusrohr kommen.

Der französische Philosoph Michel Onfray hat in den Champagnerbläschen ein weiteres Symbol ausgemacht: Sie beweisen die Existenz des Himmels. Kann man so sehen. Obwohl, eigentlich beweisen sie nur die Existenz der Schwerkraft; in einer Raumfähre würde nichts steigen, denn dort ist alles gleichermaßen leicht, ob Gas, Flüssigkeit oder Astronaut. Das Gas müsste sich also nicht befreien. Kein Problem, im Übrigen, denn Astronautennahrung schreit ja nicht gerade nach einem Aperitif.

Halten Sie das Glas mal ans Ohr. Die Blasen wollen uns etwas mitteilen: Sei froh, sagen sie, dass du für einen Moment dem Lärm der Welt entkommen bist.

Ihr Wispern ist Kammermusik, doch irgendwo da draußen schmettert das lauteste Blasenorchester der Welt: in den Ozeanen. Deren Brüllen ist hauptsächlich Blasenlärm. Und am lautesten sind die **CRYING INFANT MICROBUBBLES**, die »kreischenden Babyblasen«.

Die kleinen Krachmacher sind fast unsichtbar, so winzig sind sie. Sie bilden sich, wenn Wellen oder Regentropfen aufs Wasser klatschen. Wenn sie geboren werden, schwingen sie nur eine Fünfundzwanzigstelsekunde lang, und zwar mit einer Frequenz zwischen zweitausend und zwanzigtausend Hertz (je nach Größe; je dicker die Blase, desto tiefer der Ton). Am lautesten krakeelen Blasen, die dadurch entstanden sind, dass Schneeflocken mit Lufteinschlüssen ins Wasser fallen; sie passen ihr Volumen den neuen Verhältnissen an, indem sie heftig oszillieren. Unterlegt wird das Ganze von einem Basso continuo: Wolken aus Mikrobläschen neigen zu kollektivem Musizieren; sie schwingen synchron mit einer bestimmten, niedrigen Frequenz.

Die ganze Welt schwingt, und wir schwingen mit. Alles perlt, wir auch. Die Blasen sind ein Welttheater. Dies ist der Lauf der Welt: entstehen, vibrieren, zerplatzen, myriadenfach und unaufhörlich.

Aus Blasen im Magma ist Hawaii entstanden. Gasblasen im Kosmos senden Röntgenstrahlung aus, vereinen sich mit ihren Geschwistern zu »**SUPERBUBBLES**«, aus denen sich schließlich Galaxien formen. Blasen im Labor – nun, wir wollen uns nicht endlos in diesem Thema verlieren, aber noch kurz dies: Beim Platzen geben Blasen ihre Energie kurzzeitig in Form von extremer Hitze

Die Blasen sind ein Welttheater. Dies ist der Lauf der Welt: entstehen, vibrieren, zerplatzen, myriadenfach und unaufhörlich.

ab. In wässrigen Lösungen von Eisenverbindungen erreichten platzende Bläschen bereits gemessene Temperaturen von etwa fünftausend Grad Celsius, fast wie an der Oberfläche der Sonne. Die Hitzeblitze dauern nicht länger als eine Millionstelsekunde. Doch immerhin: Sie sägen einzelne Eisenatome aus ihrer chemischen Verbindung.

So, und nun freuen wir uns darüber, dass uns dies mit Champagner nicht passieren kann.

Er flüstert immer noch. Hört sich an wie das Gesprächsgeplätscher auf einer Stehparty. Man sollte es aufnehmen und elektronisch verfremden: »Partytur«, gewidmet dem großen John Cage (seine »Sternenmusik« zum Beispiel komponierte er, indem er transparentes Notenpapier auf eine Sternenkarte legte). Könnte ein Kenner aus verschiedenen Sätzen der Partytur heraushören, welcher Champagner ihnen jeweils zugrunde liegt? Und der schönste Satz, stammt er vielleicht von meinem Lieblingschampagner, der **»KRUG GRANDE CUVÉE«**?

»Krüg Grande Cuvée? Aber gewiss«, meint der Kellner spitz und verschwindet; ich sehe mich um: alles schwer und teuer in dem Laden. Nur dass es tatsächlich »Krug« ausgesprochen wird, das hat man dem Personal nicht beigebracht. Schon kommt der Kellner zurück und schleppt einen beeindruckenden Kühler an, in dem die Flasche vor sich hin friert. Raus damit! Die Gewohnheit, den Champagner auf Polartemperatur zu kühlen, hat wohl damit zu tun, dass die Menschen zu viel Limonade trinken.

Während sich die arme Flasche erholt, taucht ihr Geburtsort Reims aus dem Gedächtnis auf.

Kathedrale, Basilika, gewiss doch, aber in Reims angekommen, landeten wir zuerst in einer Brasserie. Als das Sauerkraut auf dem Tisch dampfte, specktriefend, und der erste Riesling geöffnet war – halt, hier muss etwas dazwischengeschoben werden. **MÖGEN SIE EISBEIN MIT SAUERKRAUT?**

Alle Leser, die jetzt noch da sind, seien versichert: Sauerkraut mit fetten Fleischprodukten kann sehr

wohl eine Delikatesse sein. Diese Stufe wird erreicht, wenn gewisse Regeln befolgt werden. So muss das Sauerkraut mehrmals hintereinander gewaschen und ausgepresst sein, damit es nicht zu salzig ist. Anschließend wird ein Stück magerer Speck eine Viertelstunde lang gekocht; Wasser wegkippen, Speck beiseite legen. Nun erhitzen wir Gänseschmalz in einer Kasserolle, geben Zwiebeln und Möhren hinein und rühren zehn Minuten lang um (nicht bräunen!). Apfelstücke dazu, rühren, dann das Sauerkraut beigeben und das Ganze zehn Minuten lang auf kleiner Hitze vor sich hin brüten lassen. Nun Hühnerbrühe plus Champagner oder Riesling dazugeben, bis das Sauerkraut bedeckt ist, außerdem Wacholderbeeren, Korianderkörner, Salz, Pfeffer, Lorbeer. Jetzt heiß werden lassen, bis es sprudelt, Speck obendrauf klatschen, Deckel zu und ab in den Ofen: 180 Grad, zwei Stunden oder mehr. Knoblauchwurst hinein, eine weitere halbe Stunde mit geschlossenem Deckel kochen lassen, dann Räucherschinken (dicke Scheiben) dazu und noch mal eine Viertelstunde. Jetzt wandert alles auf eine vorgewärmte Platte, eine gebratene Gänseleber passt gut dazu, ebenso Leberknödeln, Bratwurst, Sie können ein gesalzenes Schweinekarree mitschmoren, ein paar Kartoffeln zum Mitdämpfen drauflegen, zum Schluss das königliche Ganze mit einer gekochten Schweinshaxe krönen ...
Schon merkwürdig: Obwohl solche Speise sättigt, bleibt der Esser offen für weitere Genüsse, auch kulinarische. Noch jedes Mal, wenn ich ins Elsass fuhr, also exzellent essen wollte, führte mich als Erstes der Weg in ein einfaches Lokal, das solches Sauerkraut anbot, und dazu elsässischen Riesling, also einen Kraftprotz, keinen elfenhaften Moselwein. Oder einen Champagner mit aromatischer Durchsetzungskraft, der gleichwohl nicht allzu heftig sprudelt, zum Beispiel der von Philipponat. Ich erinnere mich, eines Mittags diese **»CHOUCROUTE ALSACIENNE«** gegessen und am Abend des glei-

chen Tages viele Stunden tafelnd in einem besternten Restaurant zugebracht zu haben, beschwerdefrei auch hinterher.

Auch diesmal also saßen wir beim Sauerkraut, wenngleich nicht im Elsass, sondern in der Champagne. Wir erkundigten uns beim Kellner nach der »Maison Krug«. Dort waren wir nämlich am nächsten Morgen verabredet, wussten aber die Firmenadresse nicht. »Rue Coquebert Nummer fünf« lautete die Antwort. Noch am selben Abend fuhren wir neugierig hin – und wurden enttäuscht: graue Mauern, dahinter wohl ein Fabrikhof, nirgendwo prangten Firmenschilder oder Embleme, wie man sie beim meistgefeierten Champagner der Welt erwartet hätte. Das Champagnerhaus Bollinger zum Beispiel ist ein Palast, oder ein Tempel – nein, der Kellner musste sich geirrt haben. Was nun? Zum Bahnhof. Dort erfährt man immer alles. Und siehe da, auf dem Stadtplan waren die Champagnerhäuser vermerkt, eine sympathische. Note der örtlichen Kartografie.

»Krug«: Coquebert fünf.

Wir hätten es wissen müssen. Krug ist anders als die anderen.

Am nächsten Morgen klappert unser schrottreifer Citroën auf den Hof des großen Champagnerhauses. Drinnen sieht's nicht aufregender aus als von außen. Ein Angestellter schiebt ein tiefrotes Schild mit der Aufschrift »ALKOHOL SCHADET IHRER GESUNDHEIT« in den Firmenwagen. Da kommt Catherine Seydoux, genannt Cathou, die Cousine von Henri und Remi Krug, dem Brüderpaar, Champagnerhersteller in der fünften Generation. Sie wird uns zeigen, wo der Krug den Most holt. Zunächst führt sie uns zu Tanks und Fässern, in denen die Weine lagern, aus denen die »Krug Grande Cuvée« gemixt wird, das Flaggschiff des Hauses. Dieser Champagner schmeckt in jedem Jahr gleich, egal, ob es ein trockenes, feuchtes, warmes oder kaltes Weinjahr war. Das Geheimnis ist die Mischung der Grundweine; sie muss jedes Mal neu bestimmt werden, um möglichst das eine, reine Geschmacksideal zu erreichen.

Fast alle Champagner entstehen aus einem Verschnitt aus Grundweinen. Hierzulande klingt das Wort »Verschnitt« vielen Menschen unangenehm in den Ohren, erinnert an Verdünnen, Verfälschen, Verklappen. Ist es wirklich nur die Erfahrung mit billigem »Rum-Verschnitt«? Ich habe noch einen anderen Verdacht. Mischen gilt als niedere Tätigkeit: Mischling, Mischehe, Mischmasch, alles minderwertig, dieses Manschen, Panschen und Vermengen. Eine archaische Denkform, in vielen Kulturen anzutreffen. Vielleicht liegt ihr die Angst zugrunde, das Eigene im Kontakt mit dem Fremden zu verlieren. Also ist das Gemischte das Unreine, worauf auch Begriffe wie »naturrein« und »reinsortig« schließen lassen.

»Mischen« stammt aus dem Lateinischen. Als »miscere« wanderte es passenderweise im Gefolge des römischen Weinhandels in den westgermanischen Sprachraum ein. Die Römer mischten ihre Weine mit süßen Substanzen und außer mit Zucker und Honig auch mit konservierenden Bleisalzen, was, neben dem Gebrauch von Bleigefäßen, möglicherweise zur allmählichen Verblödung der Elite beitrug. Jedenfalls klagten viele reiche Römer über Appetitmangel, metallischen Geschmack im Mund und andere Symptome, die auf Bleivergiftung schließen lassen.

Mischen bedeutet im Fall des Champagners indes: Komposition, Steigerung der Qualität durch Kombination. Auch die meisten Bordeaux-Weine sind verschnitten, die berühmtesten allemal. Die Verschneider steuern durch die Cuvée verschiedener Grundweine ein bestimmtes Ideal an, das eben nicht bloß aus den typischen Aromen der Rebsorte besteht. Und bei Krug mischen die Brüder für die »Grande Cuvée«, ihr Hauptprodukt, nicht nur Weine aus vierzig bis fünfzig Lagen und ungezählten Fässern, sondern auch aus sechs bis neun verschiedenen Jahrgängen, damit sich stets

der gleiche Geschmack einstellt. Eine Jahrgangs-
bezeichnung hätte da wenig Sinn. Es gibt zwar
Jahrgangs-Champagner bei Krug, der jedoch soll
gerade die Eigenart bestimmter Jahrgänge einfan-
gen; er kommt nur nach guten Jahren heraus und
lässt sich lange lagern. Im Jahr 1994 trank ich
einen 1961-er Vintage Krug: »Leichte Süße und
exotische Früchte«, notierte ich damals; ein Jahr
später: »Elegant, feinperlig, erinnert an Rosinen-
brot« – worin sich dann doch ein Alterungsprozess
andeutete. Wenn der Champagner an Brot erinnert, schmeckt er nur noch eine Zeit lang, dann
nehmen die Brottöne überhand. Champagner-
händler behaupten, in Großbritannien werde dieser »Firn« geschätzt. Kann sein, dort wird ja auch
Bordeaux in einem Zustand bevorzugt, der auf dem
Kontinent »überaltert« genannt wird. Und danach
raucht der Brite gern eine Zigarre, die trocken
knistert und knastert – unsereins würde sagen:
falsch gelagert.

Das Lagern und Altern ist so eine Sache bei Champagner. Die meisten reifen nicht mehr, wenn sie
auf den Markt kommen. Die besten aber doch,
nur kann niemand vorhersagen, wie lange. **DAS
REIFT UND REIFT, UND REIFT NOCH LÄNGER, UND
WENN WIR ES TRINKEN WOLLEN: URGS.**

Angesichts der Kombinationsmöglichkeiten des
Verschneidens liegt die Frage nahe, wie die Krugs
so zielsicher das Resultat anpeilen können. Die
Antwort heißt Erfahrung (aus vergangenen Mischungen sowie unzähligen Experimenten) und Ge-
schmacksgedächtnis. Remi Krug, der Geschäfts-
mann und frohe Botschafter des Hauses, wie
seine Nichte Caroline einen großen Teil des Jahres
für den Champagner in der Welt unterwegs, behauptet: »In unserer Familie bekommen schon die
kleinen Kinder zuweilen ein Tröpfchen Krug auf die
Zunge. So prägt sich der Geschmack den zukünf-
tigen Champagnerherstellern ins Gedächtnis.«
Vorstellungskraft ist außerdem vonnöten. Denn
nach der Mischung (der Assemblage) ist der Ent-

stehungsprozess des Champagners noch lange nicht beendet. Ist die Gärhefe zugegeben, reifen die Prestige-Cuvées der meisten Champagnerhäuser zwei bis drei Jahre in der Flasche – bei Krug hingegen muss eine frisch abgefüllte Cuvée, mit einem Kronkorken sicher verschlossen, für volle sechs Jahre in den Keller, bis sie den angestrebten Geschmack herausgebildet hat.

Steigen wir den Flaschen hinterher. Cathou schnappt sich ein Metallpfännchen, in dessen Mitte eine Kerze steckt, und sagt: »Vorsicht, Stufe« (sie behauptet, dies seien die einzigen Worte Deutsch, die sie kennt). Eintritt in die Katakomben. Jedes Wein- oder Champagnergewölbe ist anders. Einige erinnern an, nein: sind biochemische Fabrikanlagen, andere ähneln einem bäuerlichen Schuppen, und wieder andere umfangen den Besucher mit dem Gefühl, er kehre in den Mutterleib zurück. Die Krugschen Gewölbe versprechen: Dem irdischen Streben und Trachten der Menschen winkt ein Preis. Draußen, zu ebener Erde, ist alles profan. Der Keller indes ist ein Ort zauberischer Erdwesen, die ihren Aufstieg in die Höhe vorbereiten. Die Champagnerfirmen haben das alte Reims beinahe komplett unterkellert. Oben rennen die Menschen umher, unten erschaffen die Hefen die Belohnung für all die Arbeit und Mühe.

Dunkle, verzweigte Gänge. GERÜCHE NACH WEIN, HEFE, UNAUSSPRECHLICHEM. Drei Millionen Flaschen Krug ruhen hier. Das klingt imposant, doch geteilt durch sechs sind es eben nur fünfhunderttausend Flaschen pro Jahr, lächerlich wenig für ein Champagnerhaus, dessen Name weltweit auf noblen Speisekarten erscheint. Oft zu irrsinnigen Preisen, was dazu führt, dass die Flaschen häufig überlagert und dann eine Enttäuschung sind. Krug, das ist entweder großes Pech oder das reine Genießerglück.

Cathou zeigt auf eine Gruppe von Regalen: »Das ist eine Jahresproduktion unseres Clos du Mesnil,

Oben rennen die Menschen umher, unten erschaffen die Hefen die Belohnung für all die Arbeit und Mühe.

etwa zwölftausend Flaschen. Die müssen für die ganze Welt reichen.« Bitternis! Der Clos du Mesnil ist ein spezieller Krug-Champagner, dessen Wein ausschließlich in einem kleinen, ummauerten Weingarten gleichen Namens wächst – alles Chardonnay (bei der Grande Cuvée sind noch Pinot Noir und dessen Verwandter, der Pinot Meunier, im Spiel).

Hier unten nun stehen die viel beschriebenen »Rüttelpulte«, in denen kopfüber Champagnerflaschen stecken, um einmal pro Tag – nein: nicht gerüttelt, die Dinger heißen nur so, sondern mit einer kurzen Handbewegung um die Längsachse gedreht zu werden (das ginge auch automatisch, doch die Maschine lohnt sich erst bei Massenproduktion). Die Gärhefe sinkt allmählich in den Flaschenhals. Später wird dieser in ein extrem kaltes Bad getaucht, sodass sich ein eisiger Hefepfropfen bildet; in einer kleinen Anlage wird der Kronkorken entfernt – der Druck spuckt den Pfropfen aus. Schließlich kommen ein wenig Wein sowie geheim gehaltene Substanzen (»Dosage«) hinein und obendrauf der zylindrische Champagnerkorken (seine Pilzform entsteht erst in der Flasche). Danach hat der Wein wieder Ruhe.

Geduld – und im richtigen Moment hohes Tempo. Dann wieder entspannen. Ein Motiv, das wir vom Kochen kennen und von anderen lustvollen Tätigkeiten auch.

Welches Schicksal diesen Flaschen wohl blüht? Geschenkt, weiterverschenkt, eisgekühlt, runtergespült? Erspart, angebetet, Schluck für Schluck genossen? Zwölftausend Flaschen für Verliebte, einsame Genießer, Angeber im Restaurant, verschwenderisch Feiernde, Trostsuchende. Einen Film sollte man drehen: »Die zwölftausend Flaschen« (ich bitte mir eine davon als Tantieme aus).

Wenn eine gepflegte Flasche Krug auf den Tisch kommt, genießen wir: **VORLUST**.

Am gedeckten Tisch. Mit weißem Leinen, Stoffservietten, schönem Geschirr und Besteck. Nein,

das ist kein Getue, sondern **ERHEBUNG**. Vorweg-
genommene Würdigung dessen, was kommt. Wie
wenn die Liebste am Bett eine Kerze anzündet.
Oscar Wilde sagte einmal: »Appetit bekomme ich
erst, wenn ich eine Blume fürs Knopfloch habe.«
Das festliche Gefühl stellt sich ein.
Erregt wird das Besondere erwartet. Ein Ausset-
zen der Regeln des Alltagslebens kündigt sich an.
Ein Wettkampf zwischen freier Lust und Kontrolle. Wer wird gewinnen? Zum Schluss jedenfalls ist das weiße Tischtuch bekleckert, die Ser-
vietten sind befleckt, die Gläser beleckt, und die
Ausgelassenheit, wiewohl im Gefäß des Anstands,
schwappt allenthalben über dessen Rand. Ausschweifung, die über die fesselnden Stränge schlägt.
Sigmund Freud in »Totem und Tabu«: »Ein Fest
ist ein gestatteter, vielmehr ein gebotener Exzess,
ein feierlicher Durchbruch des Verbotes. Nicht,
weil die Menschen infolge einer Vorschrift froh
gestimmt sind, begehen sie die Ausschreitungen,
sondern der Exzess liegt im Wesen des Festes, die
festliche Stimmung wird durch die Freigebung
des sonst Verbotenen erzeugt.«
Nun wollen wir etwas essen.

Die Hingabe

Nachdem der Aperitif getrunken ist, das Menü und
die Weine bestellt sind, müssen wir jetzt wohl ein
wenig warten, oder?
Nein, da kommt ja der Kellner: »Ein Gruß aus der
Küche«, sagt er und bringt etwas, das keine Vorspeise, sondern eine Vor-Vorspeise ist. Die so genannte **AMUSE GUEULE**. Sie soll uns zeigen, dass
die Küchenmannschaft damit begonnen hat, für
uns zu kochen. Die Amuse gueule ist ein liebevoll
arrangiertes Häppchen.
Um die Sorgfalt, die Hingabe und die Liebe geht
es in diesem Kapitel.

Eine der schönsten Geschichten der Welt ist Tania Blixens Novelle »**BABETTES GASTMAHL**« (verfilmt als »Babettes Fest«). Die Heldin, Köchin des legendären Gourmet-Restaurants Café Anglais, flieht im Jahr 1871 aus Paris, weil sie die Kommune unterstützt hat. Ihr Fluchtort ist ausgerechnet ein norwegisches Dorf, wo sie von zwei pietistischen Jungfern als Haushälterin aufgenommen wird. Die Pariserin erklärt ihnen nur, dass sie Köchin sei, weshalb sie von nun an für die beiden die Küche bestellt. Viele Jahre lang, auf Norwegisch eben.

Und das will etwas heißen. Mir wurde einmal – kleiner Einschub! – in Norwegen die hohe Ehre zuteil, ein landestypisches Weihnachtsgericht namens Pinnekjött essen zu sollen. Norwegen ist reich, wegen des Erdöls, aber bis zu dessen Entdeckung war das Land grässlich arm, was vielleicht erklärt, dass der Hauptbestandteil des traditionellen Festmahls aus eingesalzenen Hammelteilen minderer Qualität, genauer: Schlachtabfällen bestand. Die harten Dinger wurden Stunden um Stunden in Wasser gelegt und später über einem Feuer von geschälten Birkenreisern gebraten. Das Ganze schmeckte irgendwie nach, mir fällt kein anderes Wort ein: Pinnekjött. Ich habe mich belehren lassen, dass meine norwegischen Eindrücke nicht vollständig wiedergeben, was die Landesküche zu bieten hat. Mir ist das sehr recht.

Babettes Küchenwelt ist also ländlich kräftig. Den Damen schmeckt's, aber sie lassen **DAS SINNLICHE** nicht wirklich an sich herankommen – sie sind keine Genießerinnen, sondern evangelisch. Eines Tages gewinnt die Köchin in der französischen Lotterie zehntausend Franc. Am nächsten Morgen fragt sie, ob sie den Damen ausnahmsweise einmal ein französisches Menü kochen darf, und tatsächlich: Sie bewirtet anlässlich des hundertsten Geburtstages des verstorbenen Propstes der Gemeinde, des Vaters der zwei Schwestern, ihre Herrschaft sowie deren Gäste. Dafür lässt sie bisher im Dorfe nie Gesehenes aus Frankreich kommen.

Es wird ein grandioser Abend.

Zuerst sind die Gäste wie immer: starr und streng, finster und verschlossen. Doch allmählich tritt eine Verwandlung ein. Der Schmelz der Speisen löst auch die Esser, sie werden weich und fröhlich, wandeln sich aus Holzstücken zu wahren Menschen. Wo vorher alles stocksteif und trüb war, herrscht nun Leben und Glanz.

Es wird **CLOS DE VOUGEOT** ausgeschenkt, roter Burgunder aus berühmter Lage, die von einem schlichten, schwerfällig in der Landschaft ruhenden Château optisch beherrscht wird und in der traumhafte (sowie einige weniger aufregende) Weine entstehen, namentlich bei den Herstellern Faiveley, Jadot und Leroy, Mugneret und Méo-Camuzet. Ich erinnere mich an einen Vougeot des letztgenannten Winzers, der zunächst nach Kuhstall roch, dann sanfter wurde, opulent, mit Schokoladentönen. Vor über fünfhundert Jahren wurde der Clos de Vougeot, dieser fünfzig Hektar große Weinberg, von Zisterziensermönchen angelegt und mit einer Mauer eingehegt. Sie sollte nicht etwa Diebe, sondern Hangschutt am Eindringen hindern, damit ja die geologischen Charakteristika bestehen blieben – sie bestimmen so wichtige Bodeneigenschaften wie Wärmespeicherung, Niederschlagsdrainage, Nährstoffanlagerung.

Merkwürdig: Seit ich den Film »Babettes Fest« gesehen habe, gehen mir bei jeder Flasche Clos de Vougeot die Bilder durch den Kopf, wie die alten Norweger bei Kerzenschein selbst zu leuchten beginnen, und bald darauf erinnere ich mich wiederum an den Weinberg selbst, diesen unscheinbaren Ort, der bei meinem Besuch seinerseits nur durch die Erinnerung an genossenen Wein verzaubert wurde. Ein verwirrendes Hin und Her.

Die Bilder des Films sind aber auch zu schön. Bitter gewordene Gesichter werden von einem Lächeln verschönert, und Menschen, die einander spinnefeind waren, gestehen sich gegenseitig ihre Verletzungen, ja, sie fallen einander in die Arme.

Und der pensionierte Admiral wundert sich: So eine Wachtel, die habe er nur einmal in seinem Leben gegessen, nämlich in einem Pariser Restaurant, und eine Frau soll dort die Chefin gewesen sein. Nicht ganz nüchtern, aber selig verabschieden sich die Gäste voneinander.

Die beiden alten Norwegerinnen sind traurig, weil sie glauben, Babette, nunmehr wohlhabend, werde sie verlassen. Doch sie irren sich, denn: Ein Diner für zwölf Personen, eröffnet ihnen die Köchin, habe im Café Anglais immer seine zehntausend Francs gekostet.

Das ist wahre Hingabe. An den gemeinsamen Genuss und damit an die Menschen selbst. Hingebungsvoller Genuss macht den Menschen gut.

An dieser Stelle seien ein paar Worte zum **CAFÉ ANGLAIS** eingefügt.

Es war einer der bedeutendsten Treffpunkte der Bonvivants in der Zeit des Zweiten Kaiserreichs, berühmt vor allem wegen seines Chefkochs Adolphe Dugléré. Ihm verdanken wir die Sole Dugléré: Seezungenfilets, in Weißwein und Butter mit gehackten Schalotten, Tomatenwürfeln und gewiegter Petersilie pochiert; für die Sauce wird der Fischfond eingekocht, mit Fischvelouté (Samtsauce) und Butter sämig gebunden und mit Zitronensaft abgeschmeckt. Am 7. Juni 1867 fand das legendäre **»DREI-KAISER-DINER«** statt: Es hatten sich der König von Preußen (später Wilhelm I.), Zar Alexander II. und dessen Sohn, der spätere Zar Alexander III., zur Pariser Weltausstellung eingefunden, und man speiste im Café Anglais. Nacheinander gab es: Soufflees mit Hähnchenfarce, Seezunge mit venezianischer Sauce (viel Estragon und Kerbel, lecker!), gratinierte Steinbuttscheiben, Hühnchen à la portugaise (eigentlich ein eher bäuerliches Bratgericht mit Zwiebeln, Tomaten und Petersilie), Hummer auf Pariser Art, Rouener Ente (große Tiere, die erstickt werden, damit möglichst wenig Blut verloren geht), Fettammern auf Toast. Zum Pariser Hummer ist zu sagen, dass er als klassisches Beispiel der französischen Hochküche gelten darf. Man pochiert das Tier, entfernt das Fleisch und füllt den Panzer mit fein geschnittenem Gemüse in Mayonnaise, und das in Medaillons geschnittene Fleisch wird dekorativ darüber gelegt – klingt simpel, nicht wahr? Dauert aber einen ganzen Tag. Denn das Originalrezept besteht aus hunderterlei Vorschriften für den Kochsud, die Gemüse (Erbsen, Bohnen, Karotten, Teltower Rübchen), die Garnituren (Trüffeln, Artischockenböden und was weiß ich), die Zubereitung eines Sockels aus Brot, überhaupt die ganze, mit Gelee-Anstrichen und Mayonnaise verfeinerte Architektur . . .

Eine monumentale Bauarbeit. Sie verlangt Hingabe. Aber die Hingabe kennt viele Formen; heutzutage sind es nicht die pompösen Dekorationen oder gravitätischen Saucen, sondern eher die liebevoll arrangierten Kleinigkeiten, in denen sich das zarte Miteinander der Genießer äußert. Wir essen Garnelen, und auf dem Tisch liegen Muschelschalen verstreut. Es gibt Steinbutt, und die Teller haben ein maritimes Muster. Zum Spargelessen prangt ein Frühlingsblumenstrauß auf dem Tisch. Ich koche **DIM SUMS**, das sind gedämpfte chinesische Teigtaschen, und die Stäbchen liegen auf kleinen Porzellanfiguren: dicke Wesen unbestimmten Geschlechts, die, zusammengekauert, ihren Po hochhalten und auf Stäbchen warten.

Das folgende Rezept für Dim Sums, das ich einem taiwanesischen Kochbuch (Autor: Chang Hung-Chin, Sieger im nationalen Dim-Sum-Wettbewerb) entnommen habe, ist mir immer gelungen und reicht für vier Personen; die Zutaten gibt's im Asienladen.

Aus zwei Esslöffeln Wasser, einem Esslöffel sehr fein gehacktem Ingwer (muss frisch, also beim Einkauf innen feucht sein) und einem Esslöffel Reisessig, einem Tropfen Sesamöl (sehr geschmacksintensiv) und einer Prise Salz schütteln wir die Dipsauce zusammen, und dann machen wir die Teigtaschen. Für die benötigen wir: 300 Gramm

Mehl für den Teig, und für die Füllung 150 Gramm Schweinemett, 112 Gramm - tja, das ist nämlich 1/4 pound (lb), und das Kochbuch rechnet peinlich korrekt alles ins metrische System um - geschälte rohe Shrimps, 37 Gramm (auf ein Molekül mehr oder weniger kommt es nicht an) getrocknete Jakobsmuscheln, die wir in ganz wenig Wasser weich gedämpft haben; für die Füllung benötigen wir außerdem eine viertel Tasse gewiegte Zwiebel, zwei Esslöffel Sesamöl, noch einen Esslöffel kleinst geschnittenen Ingwers, einen Esslöffel Sojasauce, außerdem Salz, Pfeffer, einen Schuss Reiswein.

Gut, dass Reiswein da ist. Wir erlauben uns einen Schluck (die besten trinkt man kalt) und fangen an: Die Shrimps werden abgespült und dann mit der Hand ausgepresst, damit sie nicht waschlappennass sind. Grob hacken. Die Jakobsmuscheln in feine Fäden auseinander pflücken. Alsdann werden die Zutaten für die Füllung sehr intensiv miteinander vermischt; die Matsche kommt in den Tiefkühler und muss nun teilgefrieren. Das Mehl und eine Tasse kochenden Wassers (Vorsicht!) werden von unseren Asbesthänden zu einem weichen Teig vermengt, und den formen wir zu einer wienerwürstchendicken Rolle, die in oberesdaumengliedgroße Blöcke geschnitten wird. Die Teile rollen wir anschließend zu dünnen Flächen aus, tun jeweils zwei Teelöffel Füllung hinein, und - nun kommt's: Wir formen Taschen, die möglichst hübsch aussehen sollen.

Denn wieder spielt das Auge mit. In dem ethnokulinarischen Film »Eat Drink Man Woman« wird gezeigt, wie's geht, und wer nicht ins Kino will, formt die Taschen nach eigenem Gusto. Mit Liebe, bitte. Man kann die Ränder der Teigflecken so miteinander verfalten, dass eine dicke Naht entsteht, der wir mit dem Daumennagel regelmäßige, an Hahnenkämme erinnernde Einbuchtungen verleihen. Unterdessen haben wir ein Dampfkörbchen (gibt's ebenfalls im Asienladen) eine Zeit lang ins Wasser

gelegt, damit es sich voll saugt. Dahinein prakti-
zieren wir die schmucken Dim-Sums und ordnen
sie, nicht zu dicht beieinander, in kleinen Gruppen
an; ich lege immer noch ein Salatblatt drunter.
Das Körbchen kommt in einen Topf, dessen Boden mit heißem Wasser bedeckt ist. Das Wasser
darf die Dim Sums aber nicht berühren! Ein Wok
ist dafür bestens geeignet, aber achten Sie darauf,
dass der Deckel gut schließt; vielleicht legen Sie
ein feuchtes Küchentuch zwischen Topf und Deckel. Jetzt aber: Hitze geben. Wird das Wasser
knapp, brennt das voll gesogene Körbchen nicht
gleich an, aber dennoch: Passen Sie auf, sonst
stinkt's. Nach fünf oder sechs Minuten Dämpfen
sind die Dim Sums fertig.

Beim Essen tunkt man sie in den Dip. Der lässt
sich auch mit Limettensaft und Koriandergrün
abwandeln.

Dazu passt kalter Reiswein. Oder ein einfacher Silvaner. Lieber Reiswein.

Hinterher gibt's **LYCHEES**: Der komplette, im Kühlschrank vorgekühlte Doseninhalt kommt in eine
Glasschüssel, Eiswürfel dazu, zwei, drei Minuten
warten und servieren – schön simpel, nachdem das
Formen der Dim Sums doch eher aufwändig war.
Es gibt viele Dim-Sum-Rezepte, dieses ist besonders einfach. Außerdem ist es harmlos. Was
die chinesische Küche, von Europa aus gesehen,
ja keineswegs immer ist. In Singapur zum Beispiel
gibt es ausgedehnte Chinesenviertel, die kulinarisch von Essständen beherrscht werden, und an
einem habe ich einmal etwas Rätselhaftes gegessen, das vermutlich Milz war. An einem anderen
etwas noch Rätselhafteres, das hoffentlich Milz
war.

Dim Sums zuzubereiten habe ich gelernt, weil
meine Frau im Montrealer Chinesenviertel das be-
sagte Kochbuch entdeckte und fragte: »Lernst du
für mich Dim Sums kochen?« So ist das. Kochen,
das ist ein Genuss mit vielen Facetten, und die Liebe ist nicht die unwichtigste davon.

Der wahre Genießer freut sich an den Menschen, wie Babette. Oder wie Heinrich Heine:

»Es wächst hienieden Brot genug
Für alle Menschenkinder,
Auch Rosen und Myrten, Schönheit und Lust,
Und Zuckererbsen nicht minder.«

Zuckererbsen für alle! Der mitmenschliche Genuss ist egalitär und nicht elitär. Er gönnt allen ihr Glück.

An der Zuckererbse sind nicht nur die kleinen grünen Kugeln delikat, auch ihre Verpackung bietet feine Reize, weshalb das Gemüse auf Französisch »pois mange-tout« heißt. Zuckererbsen sind zart, und im mitmenschlichen Genuss wandert die **ZARTHEIT** für die Menschen gleichsam durch die Dinge hindurch. Deshalb haben die Genussobjekte jede Hingabe verdient.

Mit **DEKADENZ** oder übertriebenem Luxus hat das alles nichts zu tun. Wie lecker eine junge Zuckererbsenschote roh schmecken kann, hat mir keine mondäne Dame, sondern eine Gemüseverkäuferin in einem Laden bei uns um die Ecke gezeigt, der Waren von norddeutschen Bauern führt; die Verkaufsmannschaft am Samstag ist eine Familie samt Anhang, und diese Menschen haben, scheint's, immer gute Laune: Sie necken einander, machen Quatsch, und fast immer essen sie irgendwas von ihren Auslagen auf. Die Verkäuferin schiebt sich die rohe Schote in den Mund, der Verkäufer beißt in eine Möhre; es werden Pflaumen und Birnen gekostet, Petersilienstängel und Salatblätter gekaut, dass es eine Freude ist. Oder unser Schlachter: Er beliefert Gourmet-Restaurants (Tipp: Fragen Sie in guten Restaurants nach den Lebensmittelquellen!) und verabschiedete sich kürzlich melancholisch von einer Lammkeule mit den Worten »Ach, die wird Ihnen bestimmt gut schmecken!« Sie hat tatsächlich geschmeckt, weil ich sie so zubereitete, wie Wolfram Siebeck es den

Deutschen beigebracht hat: Die Keule vom Fett befreien, salzen, gut pfeffern, sorgfältig anbraten, und dann im offenen Bräter bei nur achtzig Grad Ofenwärme volle sechs oder sieben Stunden lang auf einem Teppich von Gemüsewürfeln (Tomate nicht vergessen!) vor sich hin meditieren lassen, nach drei Stunden einmal umdrehen – mehr müssen Sie nicht tun, und es gelingt immer. Dazu Bordeaux.

Einkaufen ist für mich ein Teil des Genusses. Wenn ich Zeit habe, gehe ich mit wahrer Hingabe auf Nahrungssuche. In Lebensmittelläden umherstreunen und nachsehen, was gerade frisch aussieht oder anziehend riecht – das reine Vergnügen. Mal fange ich mit dem Fleisch, mal mit dem Fisch an, aber am liebsten mit dem Gemüse: Was ist gerade besonders gut? Und dann begucke und betaste ich die Ware, freue mich zum Beispiel über den Duft frischer Tomaten, schnuppere am Fisch, um festzustellen, ob er frisch ist (er soll nicht, nun ja: fischig riechen); wo ich darf, probiere ich ein wenig – und stelle mir vor, was man mit dem Zeug alles anstellen könnte. Mein Küchenplan entsteht meistens erst beim Einkaufen. Voraussetzung dafür ist ein bisschen Kocherfahrung, Rezeptkenntnisse und so weiter, aber oft stelle ich die Dinge nur nach ganz grober Vorstellung zusammen und suche erst zu Hause passende Hinweise in Rezeptbüchern. Lebensmittel einzukaufen ist ein kreativer, Stunden während Prozess.

Ich bin kein großartiger Koch, aber bestimmt ein leidenschaftlicher, und das macht eine Menge aus. Bitteres Leid, wenn's danebengeht und mir der Saft aus dem Fleisch fließt (Idiot! Man darf eben nicht so viel in die Pfanne tun, dass der Dampf unter den Fleischlappen bleibt und alles feucht macht) – und tiefe Befriedigung, wenn es am Tisch erst still wird und auf einmal jemand leise sagt: mmh.

Hingebungsvoll wird nur gegessen, was mit Hingabe gekocht wurde. Beim Kochen ist Hingabe wichtig. Das bisschen mehr Mühe, das wir uns geben. Die Sorgfalt, die wir den Dingen und damit den Menschen widmen.

»No net hudla«, heißt die süddeutsche Küchenregel, und wir Norddeutschen, in Küchenfragen zweite Geige, halten uns besser auch daran. Zum Beispiel beim Tournieren, also beim Schneiden der Gemüse. Es dient nicht bloß dazu, die Schalen zu entfernen, sondern es soll dem **SEHSINN**, dem **TASTSINN** (die Zunge!) und dem Geschmackssinn entgegenkommen. Dem Sehsinn, indem wir die Gurke nur streifenweise schälen, sodass jedes Rädchen am Rand grüne Striche aufweist. Dem Tastsinn, indem wir die Salatgurke, nachdem die Kerne entfernt sind (der Länge nach halbieren und das Mark mit dem Teelöffel rauskratzen), in millimeterdünne Scheiben schneiden – was außerdem dem **GESCHMACKSSINN** dient, denn nun ist die Gesamtoberfläche größer und die Vermählung mit der Marinade inniger.

Wir tournieren auch die Möhren und die Kartoffeln: Die Ecken, die sich beim Teilen ergeben, werden rund geschnitzt, damit sie nicht eher gar werden als der Rest des Gemüses – doch, das macht etwas aus, Sie können es ja mal testen. Und es ist kinderleicht, das Tournieren. Ich habe es bei der Bundeswehr gelernt. Dort war ich zwar nicht Koch, half aber manchmal als Simulant aus. Während einer Manöverübung saß ich im Kampfanzug am Waldesrand, einsam und allein, vor mir zwei olivgrüne Bottiche: einer mit ungeschälten Kartoffeln und einer für die geschälten. Nachdem mir ein paar Kartoffelmännchen geglückt waren, verfiel ich darauf, meinen Kameraden etwas Gutes tun zu wollen, und tournierte sorgfältig jede einzelne Kartoffel. Als ich fertig war, schlief ich ein und wurde von einem getarnten Unimog geweckt, der hart vor mir bremste. Ein Unteroffizier brüllte: »Gefechtsmäßig Essen holen!«, woraufhin zwei rußgeschwärzte Schreibstubensoldaten mitsamt klappernder Bewaffnung von der Lade-

Und es ist kinderleicht, das Tournieren. Ich habe es bei der Bundeswehr gelernt.

fläche purzelten. Sie rückten ihre Helme und die ziemlich auffällige Buschtarnung zurecht, robbten an mich heran und zerrten die Kübel weg, wuchteten sie auf den Wagen, der fuhr los, war bald nicht mehr zu hören, und ich blieb zurück. Bis heute frage ich mich, wie die tournierten Kartoffeln wohl geschmeckt haben. »Was gibt's heute für Verpflegung, Herr Hauptfeldwebel?« – »Tournierte Kartoffeln an Kartoffelmännchen.«

Tournieren. So simpel. Mayonnaise selbst zu machen ist ebenfalls ein Kinderspiel; sie schmeckt zum Beispiel auf hart gekochtem Ei, dazu Pellkartoffeln. Nehmen Sie bei vier Personen ein Eigelb (nicht kühlschrankkalt), und schlagen Sie es mit einem oder auch zwei Esslöffeln Wasser und etwas Essig kräftig durch, Salz, Pfeffer nicht vergessen, Senf darf, Tabasco auch, dann fügen Sie – weiterrühren! – nach und nach das zimmertemperaturwarme Öl hinein, bis die gewünschte Konsistenz erreicht ist. Kann man mit Joghurt zivilisieren, mit Limettensaft interessanter machen, mit Tomatenmark einfärben. Ist doch besser als der Glibber aus dem Glas?

Das ist das bisschen mehr, das den Unterschied macht. Wie der Fond anstelle der Brühwürfel. Wie die frischen Lorbeerblätter vom Balkon anstelle der lichtgebleichten Fetzen, mit denen Sie schon dreimal umgezogen sind.

Während mein Einkauf ein eher chaotischer, zufallsgesteuerter Vorgang ist, plane ich das Kochen selbst minutiös: die Rezepte zusammenstellen (und sei es nur im Kopf), zeitlich ordnen, die Geräte und Zutaten zurechtlegen, den Ofen anheizen, heißes Wasser aufsetzen – alles, was vor dem Kochen getan werden kann, wird in Ruhe erledigt, das Zwiebelschneiden, Möhrenputzen, Parieren (das Fett vom Fleisch abschneiden) und Tournieren. Nichts ist enervierender, als in Momenten, in denen es auf Sekunden ankommt, verzweifelt das richtige Messer oder die geeignete Pfanne zu suchen.

Außerdem beruhigt diese Vorbereitung, denn, ich gebe zu: jedes Mal habe ich ein bisschen Bammel vor dem Misslingen.

Auf das **TIMING** kommt es an. Die Pasta aus dem Wasser heben, kurz bevor die Konsistenz am besten ist. Die Keule länger braten als die Brust. Vor dem Kochen über das Timing nachzudenken ist viel wichtiger als, sagen wir: das Würzen. Um Gewürze und Kräuter wird meines Erachtens zu viel Aufhebens gemacht. Sie sollen den Eigengeschmack der Speisen hervorheben (und sei es, indem sie einen Kontrast herstellen wie zum Beispiel Currypulver). Aber wir servieren nun einmal nicht Estragon in Sauce mit Lamm, sondern Lamm in Estragonsauce. Es gibt Menschen, die haben drei oder mehr Gewürzborde in der Küche: Holzregale voller kleiner Glasbehälter, in denen graugrüne Krümel und gelblicher Staub darauf warten, eines Tages von Archäologen entdeckt zu werden. Weg damit! Gemahlene Gewürze und Kräuter (auch getrocknete) bleiben nicht lange aromatisch; Pfeffer muss soeben im Mörser zerstoßen oder von der Mühle zerkleinert worden sein, denn seine ätherischen Öle verfliegen schnell, und Muskat wird direkt übers Essen gerieben. Zum Beispiel über Bandnudeln, die mit Butter vermischt sind – feinstes Fast Food.

Doch selbst die frischesten Kräuter und Gewürze, speziell auch Knoblauch, richten mehr Schaden an als sie Nutzen stiften, wenn sie den Eigengeschmack der Speisen überdecken. Sparsam würzen! Das ist der Küchentrick Nummer eins. Der Verlockung widerstehen, ins Gewürzbord zu greifen und schnell mal noch dies und das und jenes auszustreuen. Ein Hauptgewürz pro Speise reicht. Rosmarin im Lammbraten, Thymian in der Poularde – und Schluss. Wenn Sie sich zwischendurch beim Kochen langweilen, dann gehen Sie lieber den Tisch decken. Oder waschen ab. Ich habe beobachtet, dass manche während des Kochens abwaschen. Das macht mich verrückt. Andere wiederum macht es verrückt, wenn Menschen die Küche in ein Chaos verwandeln. Nein, liebe Leser, diese Reaktion stellt sich auch dann ein, wenn es gewiss ist, dass sie den Abwasch machen und ihn eben erst nach dem Kochen erledigen.

Unsere schöne Küche, wie sieht sie bloß aus! Nun, wie eine Küche. Sie ist zum Kochen gebaut worden. Aber selbst bei genauester Planung des Kochens ändert sich währenddessen doch immer wieder alles. Ich wandle den Plan ab, brauche mehr Zeit fürs Gemüseschneiden, lasse mir eine Dekoration einfallen, probiere schon mal den Wein, werde angerufen (ich werde immer beim Kochen angerufen: weil ich oft angerufen werde und weil ich oft koche), und auf einmal muss so ziemlich alles gleichzeitig getan werden: die blöden heißen Kartoffeln abpellen, die Sauce noch mal mit Extrahitze zu sirupartiger Konsistenz einkochen oder passieren und aufmontieren (dick machen, mit eiskalten Butterflöckchen zum Beispiel), die Leber salzen, die Nudeln abschrecken, die warmen Teller aus dem Ofen holen, die Weintemperatur kontrollieren, was weiß ich, und schließlich ergreife ich mit letzter Kraft das kleine Silberglöckchen neben dem Herd, bimmelim, und nun müssen die Lieben, die schon länger warten, als ihnen in Aussicht gestellt wurde, sofort und stante pede und unverzüglich, also ohne schuldhaftes Zögern (klassische Definition des Reichsgerichts aus dem Jahr Anno Schnee) am Tisch erscheinen, sonst ...!

Und für diesen Terror erwarte ich ein artiges Dankeschön. Schlimm, nicht?

An derartige Szenen erinnere ich mich, wenn ich ein Menü für Gäste plane. In diesem Fall gehe ich nicht einfach los zum Einkaufen, sondern stelle ein paar weitere Überlegungen an.

Was die **GÄSTE** bestimmt nicht gern haben, ist ein nervöser Gastgeber, der nur mit halbem Ohr hinhört und dauernd auf die Uhr starrt, alle paar Minuten panisch in die Küche rast, dort vor sich hin flucht und schwitzend die Teller heranschleppt, sich erschöpft in den Stuhl fallen lässt und ängstlich auf die Reaktion der Esser wartet. Deshalb die Regel Nummer eins: Überfordern Sie sich nicht. Und deshalb auch die Regel Nummer zwei: Von den Gängen des Menüs darf Sie nur einer in der Küche beanspruchen, während die Gäste da sind. Die anderen müssen entweder bereits fertig sein, bevor der erste Gast kommt, oder sie benötigen nur noch zwei, drei Handgriffe fürs Finish – zum Beispiel das Überglänzen des Fleischs mit stark eingekochtem Fond. Ich habe eine Bekannte, die ist ein solches Küchengenie, dass vier- und fünfgängige Menüs auf den Tisch wandern und dennoch alle meinen, sie sei stets für die Gäste da. Aber das kann nicht jeder. Ich zum Beispiel nicht. Bei mir gibt es eine Vorspeise, ein Hauptgericht und Käse – fertig.

Regel Nummer eins: Überfordern Sie sich nicht.

Bisschen primitiv, was? Ich mache es mit den Weinen wett.

Wenn Sie anspruchsvoller sein wollen, können Sie klassisch vorgehen: nach dem Aperitif eine leichte Vorspeise, alsdann ein gekochtes oder gedünstetes Fisch- oder helles Geflügelgericht; danach einen dunkleren Fleischgang, anschließend Dessert. Zum Kaffee Petits Fours vom Konditor Ihres Vertrauens. Zwischen dem hellen und dem dunklen Gericht: eine Kugel Zitroneneis, weich gerührt (anstelle des Sorbets – was es damit auf sich hat, erzähle ich später). Leicht zu vermeidende MENÜFEHLER sind: geschmackliche und farbliche Wiederholungen (etwa: Erbsen in der Vorspeise und im Hauptgericht oder mehrfach Sahnesauce), Killerknoblauch, allzu schwere Vorspeisen oder Zwischengerichte, pseudoexotische Kombinationen (Speckbohnen an Papayakonkassee mit Zitronengras), zu viele Aromabomben auf einmal (wie Ingwer, Curry, Sojasauce und so weiter), unübersichtliche Dekoration (Rosmarinzweiglein plus Gurkenschnitz plus Kapernapfel plus dies plus das plus jenes). Und verschenken Sie Wildreis, Dinkelkerne und Sesamsamen an die Vögel.

Oft stelle ich das Menü so zusammen, dass es zu den Weinen passt, die ich trinken will. Es kommt auch vor, dass ich im Restaurant die Weine auswähle und den Chef bitte, etwas Passendes zu kochen. Es gibt Köche, denen macht das besonderen Spaß, und dann kommen Überraschungen heraus – etwa indem sie zum kräftigen Syrah einen Teller Fusilli-Nudeln mit klein gehackten Tintenfischchen präsentieren, gebunden mit einer Sauce aus angeschwitzter Zwiebel, Tomatenmark und Chili. Werde ich demnächst auch selbst mal ausprobieren.

WEIN UND ESSEN. FÜR ÄNGSTLICHE EIN RIESENPROBLEM. Daher die umfänglichen Vorschriften, wann und wozu welcher Wein getrunken werden darf oder soll. Es gibt einschlägige Listen, auch im Internet. Auf diese Weise wird eine leichte Lust zur Prozedur von Pedanten.

Doch in Wahrheit steigert sich die Lust durch sorgsam gewählte Übertretung. Rotwein zu Fisch zum Beispiel, das ist nicht »igitt«, sondern will ausprobiert werden; der berühmte Koch Auguste Escoffier, von dem noch die Rede sein wird, ließ Lachs in Rotwein gar ziehen. **COURAGIERTE SÜNDER** trinken zu Austern, den fetteren Varianten jedenfalls, einen Süßwein mit kräftiger Säure (Sauternes ist optimal) – eine fast vergessene Tradition. Guinness passt auch gut dazu.

Austern bringen den Ozean auf den Tisch. Sie schmecken wie ein Sprung ins Meer. Gut zwölf Liter Wasser fließen pro Stunde durch ein solches Tier, solange es in Freiheit lebt. Es wedelt das Wasser mit seinen vier Kiemenblättern in sich hinein, und in den feinen Barthaaren bleibt allerlei organische Substanz hängen. Die delikaten Marennes aus der Charente-Maritime nehmen sogar die Farbe ihrer Nahrung an, nämlich des Planktons: grün. Nach menschlichen Begriffen exotisch ist auch die Fähigkeit einiger Austern, ihre Geschlechtszugehörigkeit je nach Wassertemperatur zu wechseln. Austern sind sexy. Und gut gepanzert. Man braucht

Doch in Wahrheit steigert sich die Lust durch sorgsam gewählte Übertretung.

schon eine kräftige Hand, um diesen Wesen an den Schließmuskel zu gehen. Oder man hat eine starke Zunge wie die amerikanische Wellhornschnecke: Sie bohrt damit ein Loch in den Austernpanzer, um den Glibber herauszulutschen. Ausgerechnet auf die hervorragenden britischen Austern hat sie es abgesehen. Ein Schädling, kein Zweifel.

Passt Champagner zu Austern? Ist, sagen wir mal: okay. Aber als Begleiter von **KAVIAR** ist er, anders als es die Folklore will, denkbar ungeeignet, denn sein Aroma ist zu fragil. Kaviar plus Champagner ergibt eben nicht doppelten Genuss. Wodka, selbst der beste, ist wiederum zu heftig. Zum Kaviar passt durchaus Wein mit einer gewissen Schärfe, aber ich ziehe bei weitem Pils vor – nicht lachen, bitte, lieber selbst mal probieren.

TRÜFFEL und Champagner indes haben einen gemeinsamen Nenner. Dieses Wissen verdanke ich dem Hamburger Gastronomen Josef Viehhauser (»Le Canard«), der mir einmal eine Trüffel zum Geburtstag schenkte und, als dauerhaftes Geschenk, ein Rezept für Trüffel in Champagnersauce nannte, das ich, in einer für Amateure wie mich umgeschriebenen Fassung, kurz wiedergeben will. Zur Vorbereitung legen wir Butterflöckchen in den Tiefkühler, bringen den Herd auf fünfzig Grad, trinken zu Prüfungszwecken einen Schluck Champagner und schlagen etwas kalte Sahne steif. Nun schneiden wir die geputzte schwarze Trüffel in feine Scheiben und kochen sie in einem guten Deziliter Champagner so lange, bis drei Viertel der Flüssigkeit weg sind und wir uns sorgen, dass die Trüffel anbrennen könnte – was sie keinesfalls darf! Jetzt kippen wir einen Deziliter Sahne drauf und reduzieren alles auf die Hälfte (eventuell muss die Trüffel raus, dann stellen wir sie zwischendurch kurz warm – im Herd). Alsdann wird ein Teelöffel eiskalte Butter kräftig hineingeschlagen, hinterher zwei Esslöffel Schlagsahne. Etwas Champagner drunterziehen.

Kaviar plus Champagner ergibt eben nicht doppelten Genuss.

Gibt es Speisen, zu denen Wein niemals und nie passt? Mal ganz scharf nachdenken.

SUPPE?

Und also lautet das Dogma: Suppe ist eine aromatische Flüssigkeit; zu ihr gehört etwas Festes und nicht noch eine aromatische Flüssigkeit wie eben Wein. Indes empfehlen die Gebrüder Lange in ihrem lesenswerten Kochbuch »Mit einem Schuss Wein« zu Pilzcremesuppen süße Silvaner-Spätlesen aus Franken. Gute Idee. Und von alters her wird halbtrockener Sherry zur Oxtail oder Consommé gereicht.

Sushi? Mit allem Recht der Welt trinken die Japaner dazu Bier. Japanisches Bier kann sehr gut sein. Während der Herstellung wird seine Qualität mit hochgezüchteten Anlagen der industriellen Bildverarbeitung kontrolliert (da ist sie wieder, die Bläschenforschung); in der Kirin-Brauerei stammt die Software von einem amerikanischen Robotiker, der für seinen Robot-Hubschrauber eine vielseitige und schnelle Bildverarbeitung entwickeln wollte, dafür Geldgeber suchte – und an eine japanische Bierfirma geriet. Es muss eine okkulte Beziehung zwischen Hubschrauber-Robotern und Bier bestehen. Der Verband der Dortmunder Bierbrauer beispielsweise finanziert an der Universität seiner Stadt regelmäßig Vorlesungen, und um was ging es am 19. Juni 2000? »Unbemannte Hubschrauber: Kontrolle und Koordination« hieß der Titel des Vortrags. Es gibt übrigens auch Roboter, die Sushi rollen.

Wer Bier nicht mag, verübt kein Unrecht, wenn er beim Sushimann stattdessen einen Muscadet entkorken lässt. Aber dann muss er vom Samurai – oder wie der Messerschwinger heißt – verlangen, dass er keinen Wasabi unter die Fischlappen schmiert, denn der grüne Meerrettich ist ein Weinkiller. Der schärfste Tipp aber ist dieser: Malt Whisky (zum Beispiel Talisker) mit Sushi.

Salat? **ESSIG MORDET WEIN**, und wer will das schon, doch halt – es geht auch anders. Ganz wenig, am

Sushi? Mit allem Recht der Welt trinken die Japaner dazu Bier.

besten molekülweise Essig oder Limettensaft nehmen, mit Traubensaft vermischen, das Olivenöl mit Walnussöl parfümieren, und ein kräftiger, nicht allzu anspruchsvoller Weißwein hält das Ganze durch. Empfehlung: Verdicchio dei Castelli di Jesi, ein frisches Getränk von der Adria; mir hat der von Garofoli einige Male gut gefallen.

KÄSEFONDUE? Die Schweizer schrauben (Drehverschluss, wie praktisch) ihre Chasselas-Flaschen auf, von denen es hierzulande leider nur wenige gibt, weshalb unsereiner mit Tee vorlieb nimmt, wahlweise mit Kirschwasser – es sei denn, in der Nähe lümmelt sich ein trockener und leicht bitterer Traminer herum. Ohnehin passt Weißwein zu Käsegerichten, und namentlich zum Käse selbst, meist besser als Rotwein. Zum Blauschimmelkäse bevorzuge ich Süßweine, außerdem Pumpernickel. Ich wollte schon immer ein Buch schreiben, in dem das komische Wort Pumpernickel vorkommt. Es erinnert an Westfalen, die Region der einfachen Genüsse, und sein Wortklang lässt einen weiteren merkwürdigen Namen auferstehen: Knipperdolling. Der 1536 hingerichtete Westfale gehörte zu den Anführern der Münsteraner Anabaptisten-Kommune, die als anarchokommunistisches (und polygames) Experiment begann und als Schreckensherrschaft endete. Ich wünschte mir, ein Historiker fände heraus, ob Knipperdolling gerne Pumpernickel aß.

Es gibt Käsesorten, die ein wenig **ÜBERWINDUNG** verlangen, bevor es zum Hochgenuss kommt. Ich meine die so genannten Rotschmierkäse, deren Rinde weithin stinkt; sie wird nicht mitgegessen (bei keinem Käse sollte man die Rinde essen, sogar bei Camembert nicht). Das Weiße darinnen ist sanft und köstlich. Der forderndste Rotschmierkäse heißt Epoisses, und er ist dann gut, wenn er läuft. Rennen Sie ihm hinterher! Man kann ihn nicht einwickeln, sondern die Käsefrau tut ihn in ein Töpfchen, welches in drei luftdicht schließende Tüten gepackt wird. Oder in vier. Jedenfalls ha-

Der forderndste Rotschmierkäse heißt Epoisses, und er ist dann gut, wenn er läuft. Rennen Sie ihm hinterher!

ben Sie auf dem Nachhauseweg in der U-Bahn eine Bank für sich allein. Zu Hause trinkt man kräftige, nicht zu feine Weine dazu, weiße und rote.

Epoisses ist nicht der einzige kulinarische Genuss, für den wir eine kleine Hürde nehmen müssen. Eine Zeit lang bekam ich hin und wieder ein komplettes Deichlamm, frisch geschlachtet, zerteilt und eingefroren. Komplett bedeutete in diesem Fall: mitsamt den essbaren Innereien, insbesondere den Nieren. Nun sind Nieren ja nicht jedermanns Sache, selbst wenn sie gut gewässert wurden, und Lammnieren riechen zunächst einmal besonders streng. Egal, ich wässerte die Teile viele Stunden lang, tauschte mehrmals das Wasser aus und briet mir die Nieren schließlich (in Stücke teilen, Fett und Harnstränge rausschneiden, in heißem Öl kurz anbraten, auf einem Sieb abtropfen lassen, Butter in die Pfanne, Schalotten darin anbraten – nicht zu heiß! – und noch mal kurz die Nierenstücke hinein, erst zum Schluss salzen und pfeffern). Ein idealer Begleiter sehr intensiver Burgunderweine, möchte ich meinen, zumal solcher, die ein wenig Stallgeruch haben. Zu diesem Genuss wäre ich nicht ohne ein wenig Mut gekommen.

Zu diesem Genuss wäre ich nicht ohne ein wenig Mut gekommen. Den brauchen Sie vielleicht auch, wenn Sie Kutteln bestellen. Trauen Sie sich!

Den brauchen Sie vielleicht auch, wenn Sie Kutteln bestellen. Trauen Sie sich! **KUTTELN** schmecken kein bisschen fies, denn sie werden vor jeder Verwendung schon beim Schlachter gründlich vorgekocht. Die Schwaben servieren sie in saurer Sauce, sehr rustikal, aber schmackhaft: Man schwitzt die fein geschnittenen Kutteln mit Zwiebeln in Butter an, gibt dann Fleischfond hinzu und einen Schuss Essig. Zweite Variante: hellbraune Mehlschwitze, Zwiebel, Essig und Zitronensaft dazu, Tomatenmark, und dann die Kutteln darin garen. Dritte Variante: beim schwäbischen Metzger selbst eingedoste saure Kutteln verlangen. An die in Württemberg verbreitete Methode, Bratkartoffeln in die Kutteltunke zu matschen, werde ich mich allerdings nie gewöhnen. Kutteln gibt es auch auf die feine Art gekocht, gebraten, gebacken, frittiert; in

Italien aß ich sie mit weißen Trüffeln. Gleichwohl, Kutteln haben keinen guten Ruf. Ein italienischer Restaurantchef in Hamburg servierte eines Tages seinem Personal Kutteln und handelte sich die Beschwerde ein, er gebe seinen Leuten Hundefutter.

Weniger Überwindung, eher Kühnheit braucht, wer den Weg der Schmerzlust gehen will: Die Rede ist von **CHILI**. Ich bin ein bekennender Chilimaniac. Wir sind viele. »Nach Salz ist Chili das populärste Gewürz der Welt«, schreibt der Ethnologe Jeremy MacClancey in seinem empfehlenswerten Werk »Consuming Culture«, das ein deutscher Verlag unter dem irreführenden Titel »Gaumenkitzel« herausgebracht hat. MacClancey hat in mehreren Weltgegenden beobachtet, dass der Chiligenuss zur kulturellen Selbstvergewisserung werden kann: Wer Chili isst, gehört dazu. Es gibt Regionen in Mittel- und Südamerika, in Afrika und Asien, in denen – auf Krugsche Art – die kleinen Kinder systematisch an die Fähigkeit herangeführt werden, den brennenden Schmerz auf der Zunge in Lust zu verwandeln, und MacClancey spricht auch offen aus, um was es sich handelt: »eine milde Form des Masochismus«.

Mild, nun ja. Jedenfalls gibt es für den Genießer in dem Moment, wo der Mund zu brennen beginnt und die Augen tränen, nur noch dieses eine Erlebnis; die Außenwelt ist ausgeblendet – in der Tat kann der plötzliche Chiliüberfall mit der Vision gleißenden Lichts einhergehen, und dann führen Schmerz und Lust aus der Normalwelt hinaus. Es gibt ein Chiligericht, das passenderweise »Weißer Blitz« heißt.

Chili brennt Löcher in den Alltag. Wurmlöcher, die dem Esser erlauben, sekundenlang in einen anderen Kosmos zu gucken.

Auch solcher Genuss will geübt sein. Kaufen Sie sich Chilischoten, und probieren Sie. Besonders im Urlaub, wenn Sie in die Nähe der würfelgroßen roten oder gelben Früchte geraten, die wie Kürbisse geformt sind. Ich erinnere mich an die Ver-

Weniger Überwindung, eher Kühnheit braucht, wer den Weg der Schmerzlust gehen will: Die Rede ist von Chili.

blüffung, die meine Frau und ich hervorriefen, wenn wir im touristisch unerschlossenen Nordosten Thailands, auf dem Weg zum Mekong, ausdrücklich »pet pet« verlangten, also superscharfe Chiligerichte. Was die freundlichen, uns Westler vor ungewohnten Schmerzen warnenden Thais nicht wussten: Beate ist chiligeprüfte Karibikforscherin. Freilich, es gibt in Thailand merkwürdige, entfernt an den koreanischen Kim-Chi erinnernde Kohlsalate mit zerstoßenen Krabbenschalen und Chili, die auch einen hartgesottenen Feuerschlucker in eine andere Umlaufbahn katapultieren. Aber gerade darum geht es ja.

CHILIMASOCHISMUS ist nicht bloß Schmerzlust. Der Chilischmerz weist, weil er sich im Mundraum abspielt und nicht durch Hauen oder Kneifen, sondern durch Gewürz hervorgerufen wird, eine besondere Färbung auf: Er hat eine geschmackliche Dimension. Dieser Schmerz betäubt nicht bloß, er verschiebt vielmehr das Geschmacksempfinden; während und nach dem Genuss von Chili werden Nuancen anders geschmeckt. Fruchtigkeit und Süße zum Beispiel, die in der Chilischote stecken oder von zugefügtem Obst ins Spiel gebracht werden, nimmt der Chilimasochist geradezu mit Überraschung und Dankbarkeit entgegen.

Chili ist »die einzige essbare Frucht, die zurückbeißt«, schreibt Amal Naj in seinem schönen Chilibuch »Scharfe Sachen«. Was da beißt, ist das Capsaicin, die heiße Seele der Pfefferschote. Eigentlich ist es selbst eine beinahe geschmack- und geruchlose Substanz, die sich als kristallines und farbloses Pulver isolieren lässt. Die Stickstoffverbindung stimuliert besondere Rezeptoren in Mund und Gaumen, im Magen piekst er auch noch, dass die Säfte nur so fließen, und den weiteren Weg verfolgen wir von da an nicht mehr.

Interessant, dass wir »Schärfe« nennen, was in anderen Kulturen »**HITZE**« heißt. Chilischmerz ist dem Verbrennungsschmerz nicht unähnlich, und das gilt auch für die körperlichen Reaktionen, es treten sogar Schweißperlen auf die Stirn, und der Körper verlangt nach Kühlung. Anfänger trinken also ganz schnell kaltes Wasser, um den Schmerz zu lindern – und müssen erleben, dass alles noch schlimmer wird, denn das Wasser verteilt das Capsaicin an sämtliche Papillen. So heißen die Hautfalten, in denen die Geschmacksrezeptoren sitzen, und nun dürfen wir fragen: Wieso hat die Evolution auch Rezeptoren für Schärfe eingebaut? Bestimmt nicht, weil Chiliesser irgendwie schärfer oder heißer drauf sind als andere und sich deshalb schneller vermehrten; nein, es gibt wohl einen anderen Grund: Versuche an Mäusen, die ebenfalls über Capsaicin-Rezeptoren verfügen, ergaben, dass die gleichen Sensoren Alarm schlugen, wenn sie mit bestimmten Säuren Kontakt hatten, die bei Entzündungen entstehen. Außerdem reagieren diese Rezeptoren auf echte, reale Hitze. Mit anderen Worten: Capsaicin-Rezeptoren sind ein Meldesystem für Entzündungen und Verbrennungen. Die Hot Sauce trägt ihren Namen zu Recht. Werden diese Rezeptoren gereizt, dann kommt eine Alarmwarnung im Gehirn an, und unser Zentralorgan schüttet schmerzstillende, dem Morphium ähnliche Substanzen aus – danke!

Wenn's im Gaumen brennt, dann löscht man am besten mit Brot oder, wie es die Inder bei ihren Currygerichten halten, mit Joghurt. Auch zu einem guten Chili con carne gehört ein Klacks Sahne. Wir indes begeben uns erst einmal zur Abkühlung in den Norden Alaskas.

Ein Trupp Geografen, der dort die Bodentemperatur messen wollte, musste eines Morgens feststellen, dass jemand die Kabel der Messgeräte angeknabbert hatte. Die Forscher schlossen menschliches Versagen aus, legten sich auf die Lauer und ertappten bald darauf die Missetäter: Füchse, die beim Anblick der mit Plastik umhüllten Kabel wohl an Spaghetti al dente gedacht hatten. »Also suchten wir ein Mittel«, berichtet der Expeditionsteilnehmer Frederick E. Nelson im Wissenschaftsblatt

»Nature«, »unsere Instrumente zu schützen, ohne den Füchsen zu schaden, denn das wäre nicht zu rechtfertigen gewesen.« Bald fanden sie etwas, und zwar in der Kantine: Tabasco Sauce von McIlhenny Co., Louisiana. Die Forscher schmierten eine Kreation aus Silikonabdichter und Tabasco auf die Ersatzkabel, ließen sie trocknen und verlegten die Strecke erneut. Den Füchsen schmeckte es nicht mehr. Damit hatten die Wissenschaftler eine Erfindung zum zweiten Mal gemacht; offenbar wussten sie nicht, dass es früher im Nordosten Amerikas durchaus üblich war, dem Tapetenleim Chili beizugeben, um Ratten fern zu halten.

Wie gut unsere Mägen Capsaicin vertragen, wollte David Y. Graham, ein Mediziner aus Houston (Texas), durch ein Experiment herausfinden. Seine Probanden mussten, natürlich mit Verdauungspausen zwischendurch, vier Mahlzeiten aus der Tex-Mex-Cuisine einnehmen: ungepfeffertes Steak mit Pommes frites, noch einmal Steak mit Pommes, zusätzlich aber Aspirin, danach Chili con carne und schließlich eine Pepperoni-Pizza. Zwischendurch guckte ihnen der Doktor mit einer Videokamera in die Mägen. So wenig erbaulich sich die Schilderung der Versuchsanordnung ausnimmt, so bemerkenswert ist doch das Resultat: Lediglich nach dem Verzehr des Aspirin-Steaks gab es angegriffene Schleimhäute zu sehen.

Gewiss, als gesicherte Schlussfolgerung ließe sich nur der Satz aufstellen: Du kannst einem Texaner alles ins Essen tun außer Aspirin. Aber vielleicht lassen sich die Resultate der Magenguckerei auf andere Menschengruppen übertragen. Hypothese: Ein ordentlicher Schuss **TABASCO** reißt niemandem Löcher in den Magen. Es darf auch eine andere Hot Sauce sein, es gibt im karibischen Raum unendlich viele, auf jeder Insel andere, manche auf Papaya- oder Möhrenbasis; ein wenig milder sind meist die grünen. Es kursieren ebenso viele Chilirezepte, namentlich im Internet. Bereits Mitte der Achtziger drangen Chilirezepte aus der kalifornischen Mailbox-Szene nach draußen, die es schwer in sich hatten; zu ihnen zählte der erwähnte **»WEISSE BLITZ«**. Weiß ist eigentlich keine Chilifarbe. Rot ist richtig, ganz klar, und die rote Chilischote, von fern einem Phallus ähnlich, verspricht Hitze und wird in vielen Kulturen als Grundbestandteil für Aphrodisiaka verwendet. Weiß dagegen ist nur dann sexy, wenn es andeutet, dass da jemand in Wahrheit bloß unschuldig tut. Wie »White Lightning«. Diese Nettigkeit, mit Kalbfleisch, weißen Bohnen und grünen Chilischoten zubereitet, sieht harmlos aus und kann auch freundlich tun, aber wehe. Halten Sie Handtücher bereit. Und teilen Sie den Gästen die frohe Botschaft von Doktor Graham mit: Chili schadet nichts. Auf kurze Sicht jedenfalls. Auf Dauer hingegen schon, denn Capsaicin fördert Krebs – das ist jedenfalls die Mehrheitsmeinung. Es gibt zwei Gegenmeinungen: Nach der einen ist Chili nicht krebserregend, nach der anderen ein Heilmittel gegen Krebs. Dennoch, wäre das Teufelszeug ein Produkt der Lebensmittelchemie, es wäre längst verboten.

Wer nicht wissen will, zu welchem Lieblingsrezept meine eigenen Selbstversuche geführt haben, darf die folgenden Absätze überspringen. Es handelt sich um ein Chiligericht im **CAJUN-STIL**.

Zuerst die Liste der Zutaten.

Schweineschmalz. Empfindsame Gemüter nehmen stattdessen Butter. Aber empfindsame Gemüter essen kein Chili. Alsdann Zwiebeln, viele, grob geschnitten. Knoblauch? Lieber keiner als zu viel. Und Rinderhack. Ja ja, liebe Besserwisser, in Mexiko wird das »Orginalchili« mit klein geschnittenem Fleisch und so weiter, aber ich esse es lieber mit Hack. Man gebe sich nicht dem Wahn hin, schieres Hack sei besser als Rinderhack. Wir machen hier kein Tatar und auch keine Admiralsbällchen, sondern Chili con carne. Was gehört noch dazu? Bier. Nicht zu bitter darf es sein. Malzbier ist auch okay.

Halten Sie Handtücher bereit. Und teilen Sie den Gästen die frohe Botschaft von Doktor Graham mit: Chili schadet nichts.

ROUX. Er wird hergestellt, indem wir Butter und Mehl brav verkneten und dann lang und geduldig in einem schweren Topf sanft erhitzen, immer wieder umrühren, bis eine braune Masse entstanden ist, die wir einfrieren können. Anbrennen darf sie nicht. Ist sie nur ein ganz klein wenig angebrannt: wegwerfen, Topf säubern, neuer Versuch. Für unser Chili con carne brauchen wir ein wenig Roux, denn es ist ja eines nach Cajun-Art, und den Roux haben die Cajun People aus ihrer französischen Urheimat mitgebracht.

Wir machen hier kein Tatar und auch keine Admiralsbällchen, sondern Chili con carne.

Wie war das eben? Roux? Also – Mehl? Nachdem Wolfram Siebeck das Mehl erfolgreich aus der Saucenküche vertrieben hat, kommt jetzt jemand daher und will es in den Topf tun?

Alles hängt von der Art und Weise ab, wie wir es benutzen. Sowohl die helle als auch die dunkle Mehlschwitze haben (ich sag's jetzt!) durchaus ihre Berechtigung, wenn ihnen genug Zeit gegeben wird, zu zerschmurgeln und den leidigen Mehlgeschmack abzustreifen, und wenn sie außerdem nur sparsam benutzt werden, um gewisse Saucen samtiger zu machen. Ich erinnere mich an eine Fernsehsendung, in der ich einem Spitzenkoch ein Gericht vorschlagen durfte. Die Wahl fiel, eine beabsichtigte Provokation, auf **DERB-BÜRGERLICHES**: gepökelte Rinderbrust. Die dazugehörige Meerrettichsauce verlangt traditioneller Weise ein wenig durchgeschwitztes Mehl, und als wir daran gingen, die Sauce zu bereiten, sagte Josef Viehhauser maliziös: »Herr von Randow nimmt Mehl, wir nehmen Crème fraîche.« Das war seine Retourkutsche, kein Problem, aber er dürfte gewusst haben, dass ich den Glibber, der in der so genannten guten alten Zeit die Stelle der Sauce vertrat, wohl kaum im Sinn hatte. Aus dieser Zeit rührt eine Anekdote, der zufolge der Prager Unterhaltungskünstler Max Pallenberg, als er in Berlin mit einer solchen Sauce konfrontiert wurde, diese mit den Worten begrüßte: »Wackel net! I rühr di eh net an!«

Wenn kein Roux da ist und wir dennoch Chili con carne essen müssen, dann machen wir es eben ohne Roux. Was wir dringender, ja geradezu unbedingt brauchen, ist Chiligewürz.

Wer Zeit hat, mörsert dafür Cumin (Kreuzkümmel), Schotenfleisch (ohne Haut und Kerne, man gewinnt es, indem die Schoten im Ofen schwarz geröstet und anschließend gehäutet werden) und Oregano. Bei der Arbeit mit frischen Chilischoten oder beim Entkernen von getrocknetem Chili ist äußerste Vorsicht geboten; Hände waschen reicht nicht – ein subatomares Teilchen Chili und eine unwillkürliche Handbewegung zu einer Körperöffnung (die Augen, die Augen!), und die Welt brennt. Gummihandschuhe sind sinnvoll.

Wer wissen will, wie Chili nicht und niemals schmecken soll, nimmt fertige Gewürzmischungen, in denen noch viel mehr drin ist als Cumin, Chili, Oregano, Salz und Knoblauch – Dickmittel zum Beispiel oder womöglich Plutonium. Es gibt gute fertige Mischungen, aber probieren Sie sie aus, in manchen ist Sand. Doch, ganz im Ernst, er heißt dann »Trennmittel«.

Weitere Zutaten: Zeit, außerdem Kidney-Bohnen aus der Dose. Aber ja, aus der Dose, denn es handelt sich um ein Lebensmittel, das durchs Eindosen nicht weniger schmackhaft wird. Vorsicht, die Bohnen dürfen nicht vorgewürzt sein, für so was ist der Koch und nicht der Dosenbohnengroßkonzern zuständig. Noch etwas vergessen? Rinderfond, Zitronensaft, Tabasco-Sauce, aber auf gar keinen Fall die Ketchuppampe, die als Chilisauce verkauft wird. Es handelt sich um übrig gebliebenen Tapetenleim aus dem amerikanischen Nordosten.

Nun die Prozedur.

Ein Bier trinken, denn wir brauchen Mut und Kraft. Sodann Zwiebeln ins heiße Schmalz, eventuell Knoblauch, Fleisch dazu und rühren. Danach rühren. Dann wieder rühren (KRAFT!), Salz dazu, damit das Fleisch Saft zieht. Sobald der wieder weg ist, ein bisschen Bier hinein – und ess-löffelweise Chilimischung (**MUT!**). Und immer so viel Bier und Fond und Dosenbohnensaft, dass der Spaß auf kleiner Flamme schmurgelt, immer wieder umrühren, immer wieder nachgießen, ohne dass hier dünne Chilisuppe entsteht, bitte schön, und das mindestens eine Stunde lang. Lieber länger. Halt: Wir haben den Roux vergessen. Ein paar Bröckchen von der tiefgefrorenen Masse hinein, und schon mal mit Zucker abschmecken. Und rühren, ein Bier trinken, rühren. Schreien die Lieben nach einer guten Stunde vor Hunger, dann dürfen wir den Reis aufsetzen, der das Chili mit weißer Unschuld begleitet, sodann applizieren wir die Bohnen. Nein, die Tabasco-Sauce habe ich nicht vergessen. Aber Sie wollten sie doch nicht mitkochen? Dann ginge die Fruchtigkeit perdu, und nur die ätzende Schärfe bliebe.

Das **CHILI** ist fertig. Es kommt, begleitet von einer Flasche Tabasco, heiß auf den Tisch. Es schmeckt übrigens auch kalt. Zum Frühstück. Hoho, und ne Buddel voll Rum.

»Und was ist mit den Austern?«, fragt der Besserwisser. Klar doch, man kann auch noch Austern draufklatschen. Das machen sie in Louisiana, und es schmeckt. Aber wenn welche da sind, machen sie sich extra, als Vorspeise, besser. Denn ihr Geschmack ist zu fein für so ein Piratengericht, wie es Chili nun mal ist.

Ein Bier trinken, denn wir brauchen Mut und Kraft.

Zum Schluss dieser **CHILIORGIE** noch drei Hinweise: mit dem Fleisch eine Tasse Kaffee ins Essen – alter Trick aus dem Land, durch das der Mississippi fließt. Zweitens: Ein Stück Blockschokolade passt auch hinein. Gruß aus Mexiko. Drittens: Es gibt wunderbare vegetarische Chilis; nach etlichen Versuchen rate ich zu getrockneten Tomaten, die gekocht jene fleischfaserige Konsistenz aufweisen, die Gemüse sonst nicht hinkriegt – aber bitte nicht gleich zu Anfang mitkochen, sonst wird alles Matsch, und: die Trockentomaten dürfen nicht zu salzig sein.

Dazu passt Bier. Denn welcher Wein soll in dieser Hölle überleben? Schwerer Roter, lautet die Standardempfehlung, aber das klingt nicht nur nach Arbeit, sondern ist es auch. Mehr Spaß macht gekühlter Beaujolais Cru, etwa ein Chénas, der meist über ausreichende Kraft verfügt. Er ist vielleicht die einzige Alternative zu Bier.

Ein **CHILITRIP** an die Schmerzgrenze kann den Genuss so intensiv machen, dass ihm keine andere Empfindung mehr entgegensteht – und wir gelangen in den entrückten Zustand des ungehemmten Fließens.

Die Schmerzlust ist ein Weg dorthin, es gibt viele andere. Das Eintauchen in einen großen Wein zum Beispiel, die kontemplative Betrachtung des Ozeans oder die erotische Begegnung. Das Ziel ist immer wieder dieses kostbare Phänomen, in dem der Augenblick mit dem Unendlichen verschmilzt. Das Entkommen aus dem Alltagszwang, für einen Moment, der als gedehnt empfunden wird.

Und auf einmal stellt sich reines Glück ein.

»Es ist wunderbar, in wie nahen Beziehungen Menschenglück und Putenbraten zueinander stehen und welche Püffe das Herz verträgt, wenn man jeden Schlag mit einer Flasche Marcobrunn parieren kann«, schrieb Theodor Fontane an Theodor Storm. Mit Pute oder Erbacher Marcobrunn, also einem Riesling aus berühmtester Lage im Rheingau, kann niemand nur unglücklich sein.

So einfach ist es manchmal, dem Leben einen warmen Glanz zu verleihen.

Das kann ohne weiteres zur Angewohnheit werden. Und weil wir nicht pausenlos mit voller Hingabe genießen können, wählen wir zwischen den Höhepunkten eine andere Form des Genießens: die **BEILÄUFIGKEIT.**

Nicht: Unachtsamkeit oder Belanglosigkeit. Nein, es geht um den nebenbei laufenden, mitlaufenden Genuss, durchaus eine hohe Form, wenn er eben nicht bloß darin besteht, im Klassik-Radio die größten Mozart-Hits vor sich hin zirpen zu lassen, ge-

Dazu passt Bier. Denn welcher Wein soll in dieser Hölle überleben?

dankenlos einen großen Wein zu trinken, hingebungslos einen Menschen zu streicheln. Aber es gibt Genüsse, die wir als fortlaufenden Faden ins Leben weben können, ohne dass wir unausgesetzt auf sie achten müssen.

Vielen Menschen bereitet zum Beispiel schöne Kleidung solchen Genuss, oder eine ästhetische Wohnung; es gibt sogar Musik, die als Hintergrundmusik konzipiert ist und dennoch Genuss verschafft, also nicht die »funktionelle Musik« in Fahrstühlen oder Supermärkten, sondern zum Beispiel die »Musique d'ameublement« von Erik Satie und manche Komposition von John Cage. Unsere Fähigkeit, Gewohnheiten zu bilden, lässt es sogar zu, zum bewussten Hören geschriebene oder improvisierte Musik dermaßen oft abzuspielen, dass wir sie irgendwann auch als Nebengeräusch laufen lassen können – und dennoch ihre Stimmung in uns aufnehmen.

Genuss kann also sehr wohl in Form der Beiläufigkeit daherkommen: als ein Fluidum, das uns umgibt. Eine verfeinerte Welt.

Der Genießer schafft sich eine Welt, in der er immer wieder Schönes entdeckt, die ihm immer wieder eine Lust sein kein, die ihn immer wieder beschenkt. Das kann man lernen, und es fällt nicht schwer, verlangt nur ein wenig Übung, Aufmerksamkeit für die Einzelheiten, Liebe zum Detail. Der Geniesser widersteht der Lieblosigkeit.

Lieblosigkeit stumpft die Menschen ab. Wie jenen Pfeifenraucher am Nachbartisch im Sterne-Restaurant, der die Weinkarte ungelesen beiseite legte und meinte: »Wir trinken Rosé, der passt zu allem.« Oder das piekfeine Pärchen, das im venezianischen Caffè Quadri ein fünfgängiges Menü bestellte, und dazu? »Einen guten Wein – Chablis, please.« Die beiden hätten sich stattdessen passende Weine empfehlen lassen können, darunter gar einen aus der Region. Aber das hätte bedeutet: Risiko. Beurteilen. Sich überhaupt in irgendeiner Weise mit dem beschäftigen, was da im Glas ist.

Genuss kann also sehr wohl in Form der Beiläufigkeit daherkommen: als ein Fluidum, das uns umgibt. Eine verfeinerte Welt.

Ohne Liebe kein Genuss. Und ohne Hingabe keine Liebe.

Diese Hingabe setzt nicht irgendein geheimnisvolles Expertentum voraus, sondern macht Sie zum Experten.

Weinkenner zu werden, zum Beispiel, ist nicht schwer. Es gibt Menschen, deren Beruf es ist, **UNBEKANNTE WEINGENÜSSE** zu eröffnen: Weinkellner (»Sommeliers«). In einem guten Restaurant reagiert der Sommelier nicht mit Herablassung, sondern mit professionellem Vergnügen, sobald ihm ein Gast bedeutet, dass er kein Fachmann, aber neugierig ist. Es finden sich auch immer wieder Weinhändler, die Freude daran haben, ihre Kunden mit Neuem zu überraschen.

Gehen Sie regelrecht auf die Suche nach solchen Leuten, Sie brauchen **VERBÜNDETE**. Und besuchen Sie »Wein-Seminare«, öffentliche Präsentationen, veranstalten Sie im Freundeskreis eigene kleine Weinproben, oder gehen Sie mit zwei, drei Freunden in solche Restaurants, die »halbe Flaschen« (0,375 Liter) anbieten, und probieren Sie ein paar davon. Wenn ein Wein dabei ist, den Sie ganz außerordentlich finden, dann trinken Sie den gleichen Jahrgang später einmal aus der »Eintelflasche« (0,75 Liter) oder aus der »Magnum« (1,5 Liter). Schmecken Sie einen Unterschied?

Lernen kann der Laie allerhand, wenn er bei Gelegenheit Winzer besucht und sich Weinbau und Kellertechnik erklären lässt. Fassen Sie einmal die unterschiedlichen Böden an, lassen Sie sich eine Fassprobe geben – und keine Angst, Sie müssen danach nicht Wein kaufen. Kluge Winzer wissen, dass nicht der Einzelverkauf bei Führungen den Gewinn bringt, sondern die anschließende Mundpropaganda.

Der Mund, auf den kommt es eben an. Probieren – und darüber sprechen. Und indem wir versuchen, dem Geschmack einen sprachlichen Ausdruck zu geben (durch Vergleiche wie »Leder«, Metaphern wie »rund«), ordnen wir die Sinneseindrücke und speichern sie langfristig im Gedächtnis. Im Gespräch mit anderen kommen wir auf Vergleiche, die uns nicht eingefallen wären, und oft bedarf es eines Hinweises, um einen bestimmten Ton zu bemerken. Krasser Fall: Ich öffne eine Flasche Rotwein, preise sie mit allerlei Superlativen, probiere genüsslich – und meine Tochter verzieht das Gesicht: »Puh, ist der sauer.« Herrje, sie hatte Recht. Das ist der »Jetzt, wo du's sagst«-Effekt. Er tritt regelmäßig bei korkigen Weinen auf.

Es gilt folgende Regel: Wenn Sie nicht sicher sind, ob der Wein korkig schmeckt oder nicht, dann schmeckt er korkig. Lassen Sie ihn zurückgehen. Mut! Mut zu neuen Weinen, aber auch dazu, jeden Wein abzulehnen, der Ihnen fies vorkommt. Weinliebhaber sein heißt, seine Urteilskraft zu schärfen.

Notizbücher können helfen. Viele Jahre lang habe ich jeden Wein, der mir irgendwie bemerkenswert erschien, brav notiert. Heute kann ich anhand eines großformatigen Buches, meines Journals, die Entwicklung bestimmter Weine nachvollziehen. Insbesondere, wenn ich ein, zwei Kisten davon gekauft hatte und – in gebührendem Abstand, versteht sich – die Flaschen nach und nach austrank. Gewiss, man kann anderswo mehr und Besseres über Wein lesen, aber anhand eines solchen Journals die eigenen Trinkerfahrungen zu rekapitulieren ist eine besondere Freude und lehrreich noch dazu.

Manchmal allerdings ist die Lehre auch bitter. Davon wird jetzt erzählt.

Vor zehn Jahren entdeckte ich Château Branaire-Ducru für mich, einen Roten aus St. Julien, und das ist eines jener Dörfer bei Bordeaux, die so berühmt wie unauffällig sind. Das Besitztum mit dem Namen Braneyre entstand in der zweiten Hälfte des siebzehnten Jahrhunderts. Es war der 1982-er Jahrgang, dessen Schmelz die Begeisterung dermaßen überschießen ließ, dass es unbedingt drei Kisten sein mussten plus einige Magnumflaschen. In den folgenden Jahren nun konnte die Entwicklung des Weines wissenschaftlich, also Flasche für Flasche, protokolliert werden. Das Trinkjournal verzeichnet enthusiastische Beschreibungen, nicht selten in allmählich größer werdender Schrift verfasst: Spuren jener Abende, in deren Verlauf die Aromen wahre Reife und Komplexität erreichten, und der Genießer gleichermaßen.

Zwei Kisten 1983-er kamen noch dazu. Der roch eher landwirtschaftlich.

Und irgendwann beginnen Eintragungen im Journal, die nichts Gutes ahnen lassen. Im Juni 1992 schmeckt der 1982-er nur mehr »kräftig«, während dem 83-er wenigstens **»SANFTER HAUTGOUT«** attestiert wird. Im Herbst 1994 kommt eine Flasche 78-er auf den Tisch – prima Jahrgang, aber der Wein? »Eher dünn.« Ist ein Branaire nicht fähig, in Würde zu altern? Über den 82-er heißt es in dessen zwölften Jahr lapidar: »Klassischer St. Julien.« Von Verliebtheit keine Spur mehr.

Dann war er hin. Mittlerweile taugen auch die Magnumflaschen nichts mehr. Der 1983-er macht ebenfalls schlapp. Ende einer Beziehungskiste.

Wein lebt, also altert er. Chemische und biologische Prozesse, gefüttert durch den Sauerstoff im Flaschenhals, erlauben ihm diese Entwicklung. Und es ist schwer vorherzusagen, wie lange er sich seinem geschmacklichen Höhepunkt nähert und wann er schwach wird. Die Kurve verläuft stets so, dass das Optimum allmählich erreicht wird und der Abfall sich danach rasend schnell vollzieht. Wie soll man aber seinen Wein lagern, damit sich die Reifung bis zum Optimum ungestört entfalten kann? Es gibt ein paar Faktoren, die wichtig sind. Am schädlichsten ist Licht. Der Wein gehört also ins Dunkle. Zweitens sind arg schwankende Temperaturen nicht gut, weil das Zusammenziehen und Ausdehnen des Weins den Korken durchlässig werden lassen. Aber was heißt »arg«, und von welchem Temperaturbereich reden wir hier? An dieser Stelle gibt es Streit. Die Erfahrungen in

Es war der 1982-er Jahrgang, dessen Schmelz die Begeisterung dermaßen überschießen ließ, dass es unbedingt drei Kisten sein mussten plus einige Magnumflaschen.

Weinregionen lehren uns, dass zwischen acht und vierzehn Grad geschwankt werden darf, aber nur mit der Jahreszeit, nicht durch gelegentliches Heizen. Ich kenne jemanden, dem sind große Weine kaputtgegangen, weil er sie an der Rückwand seiner Sauna lagerte. Nächster Faktor: Feuchtigkeit. Lieber etwas zu viel als zu wenig, bis zu siebzig Prozent sind hinnehmbar. Der Wein braucht Ruhe, auch das ist wichtig: Je mehr er durchgeschüttelt wird, desto aktiver werden die Prozesse in der Flasche. Weinkisten gehören also nicht neben Apparate, die vibrieren, und auch nicht in Keller, die unausgesetzt durch LKWs erschüttert werden.

Apropos. Kistenweise Wein kaufen – wer kann sich das leisten?

Apropos. Kistenweise Wein kaufen – wer kann sich das leisten? Guter Wein ist beliebig teuer, nicht beliebig billig, das ist leider wahr. Aber es ist immer eine Frage des Verhältnisses; wenn man bedenkt, was viele Deutsche für Auto, Urlaub oder Unterhaltung ausgeben, wäre die eine oder andere lagerfähige Kiste für die meisten sehr wohl drin. Mit ein paar Freunden habe ich acht Jahre lang in eine einzige Weinprobe investiert, immer mal wieder einen Betrag, der nicht weh tat. Und zum Schluss hatten wir Weine vom Château Haut-Brion beisammen, großartigen Bordeaux, und zwar alle bedeutenden Jahrgänge aus dem zwanzigsten Jahrhundert. Zwei Abende lang haben wir sie dann mit eingeladenen Gästen ausgetrunken. Wein im Wert eines ansehnlichen Autos, und trotzdem kein Luxus, sondern in kleinen Summen sparklubmäßig zusammengetragen.

Gewiss, am Schluss ist ausgetrunken eben ausgetrunken, vorbei ist vorbei. Gleichwohl bleibt etwas von Bestand übrig: die **ERFAHRUNG**. Sie ist unbezahlbar und steigert das Vergnügen beim nächsten Mal. Ein Weinliebhaber investiert nicht in Wein, sondern in sich selbst.

Der liebevolle Umgang mit Wein und anderen Genussdingen wird oft als Affektiertheit belächelt. Die **RITEN DER GENIESSER** werden gerne verlacht. Aber sie dienen dazu, das Genusserlebnis einzurahmen, dem Genuss einen Auftritt zu verschaffen. Etwa die Handlungen, die vom Weinkellner verrichtet werden. Zuerst zeigt er das Etikett, damit alle Missverständnisse ausgeräumt sind. Außerdem erhöht das Etikett eines Weines die Vorfreude; es hat daher Sinn, diese durch ansprechende Klebebildchen auf der Flasche zu steigern, was einige Produzenten auch wissen. Tja, und nun schneidet der Mann die Kapsel knapp unterhalb der Flaschenöffnung rundum ab, setzt den Korkenzieher an – natürlich hat er einen besonders schönen Korkenzieher.

Diese bedeutenden Werkzeuge des Homo faber kommen in unendlich vielen Modellen und Materialien daher. Die Artenvielfalt der Korkenzieher explodierte namentlich im neunzehnten Jahrhundert; der Historiker Horst Dippel geht so weit, es »das Zeitalter der Korkenzieherpatente« zu nennen. Die Werkzeuge nahmen zum Teil bizarre Formen an – Papageien, Maggiflaschen, aufklappbare Damenbeine, ein Furcht erregender Anblick, eine Vagina dentata ist nichts dagegen. Bis heute gelangen immer wieder neue Formen und sogar neue Prinzipien auf den Markt, simple und hochtechnische, Letztere arbeiten mit Druckluft oder bestehen aus Hochleistungskeramik. Wie zu erwarten, gibt es leidenschaftliche Korkenziehersammler, einen eigenen Markt für historische Korkenzieher, außerdem eine weltweit organisierte Gruppe namens »Limited Fifty«: ein Verein von fünfzig Mitgliedern, der sich »International Correspondence of Corkscrew Addicts« nennt. Denn Korkenzieher sind **FETISCHE**. Das heißt, die Lust am Wein, weil sie nicht immer und unausgesetzt befriedigt wird, sucht sich ein weiteres Objekt, und sie verschiebt sich auf den Korkenzieher.

Kein ungewöhnliches Phänomen. Die höfische Gesellschaft des achtzehnten Jahrhunderts zum Beispiel umgab den Kaffee mit Kostbarkeiten: Auf das Porzellangeschirr kam es an. Das Hantieren mit all den Kännchen und Tässchen und Döschen und

Ein Weinliebhaber investiert nicht in Wein, sondern in sich selbst.

Löffelchen verdrängte den Genuss der dunklen Brühe bald aus der Hauptrolle. Nicht nur der hohe Preis für derlei Dinge, sondern auch die Tatsache, dass ihre dezente Handhabung viel Feinmotorik erforderte, machten sie zu Werkzeugen der sozialen Abgrenzung.

Wenn die **LUSTSTEIGERNDEN ACCESSOIRES** zum eigentlichen Lustobjekt werden, spricht der Fachmann von Fetischismus. Ein bekannter Fall ist die Bibliophilie, die Karl Kraus die Perversion der Gebildeten nannte; Musikliebhaber wiederum driften gelegentlich ins Lager der Audiofans ab. Das sind Menschen, die sich selbst »Highender« nennen, weil sie fürs Abspielen von Musik eben einen High-End-Technokasten brauchen.

Wer sich mit ihnen unterhält, erfährt vom unstillbaren Verlangen nach dem vollkommenen Klanggenuss. Wie alles Vollkommene ist er freilich mit bloßen Worten nicht zu fassen, denn Worte engen ein. Eine technische Definition könnte lauten: Je genauer die Signale aus dem Lautsprecher den Signalen entsprechen, die ins Mikrophon wanderten, desto besser ist die Wiedergabe. Aber Highender empfinden anders. Sie sind beileibe nicht nur Ohrenmenschen, sie genießen mit allen Sinnen, betrachten und befühlen die begehrten Objekte; »die Spulenwindungen bestehen aus ultrareinem 6N-Kupfer und schmiegen sich um einen Kern aus kaum weniger jungfräulichem 5N-Eisen«, so dichtete beispielsweise ein journalistischer Audioerotiker einen Tonabnehmer namens »Lyra« an, und auch der Stil, in dem die vergötterten Geräte in den High-End-Zeitschriften abgebildet werden, erinnert an die Glanzschönen in den weniger technischen Männermagazinen.

Die Erkenntnis der Gehörforschung, dass es sich beim Hörgenuss aus edlen Kästen weitgehend um Einbildung handelt, stößt in der Szene auf taube Ohren. Selbst wenn ihr, wie vor Jahren geschehen, ein Verstärkerfachmann vorführt, dass er mit Material für wenige hundert Mark jeden beliebigen

Zigtausender perfekt simulieren kann, hält sie an ihrem Kult fest und zieht, beispielsweise, die guten alten Elektronenröhren den elektronischen Schaltungen von heute vor, weil sie nicht nur das Gerät wärmen, sondern angeblich auch dessen Klang.

Hören wir hin: Leise macht es »plop«. Der Wein meldet sich zurück. In dieser Situation bieten uns manche Weinkellner an, am Korken zu riechen – schauderhaft. Stattdessen sollten sie besser ein Probeschlückchen nehmen, um uns, im Falle eines Falles, vor dem **BÄH-ERLEBNIS** oder unangenehmen Verhandlungen zu bewahren. So, und nun wird dekantiert: Der Wein wird behutsam in eine Karaffe umgefüllt.

Ist Dekantieren nötig oder affig? Ist die Karaffe die Elektronenröhre des Weinfreaks?

Es lassen sich Gründe anführen, gewisse Weine zu dekantieren. Beginnen wir damit, dass umsichtiges **DEKANTIEREN** allerhand Schwebstoffe von der Karaffe fern hält. Selbst wenn die Flasche, wie es am besten, aber nicht immer zu verwirklichen ist, einen oder zwei Tage vor dem Servieren aufrecht stand, selbst dann also schwimmt Schmodder umher, der zwar nicht irgendwie schlecht schmeckt, aber doch unappetitlich aussieht.

Diese Begründung für das Dekantieren verfängt nicht, wenn der Wein klar und rein ist. Es gibt indes einen anderen Grund, und er ist der umstrittene: Der Wein schmeckt anders, wenn er dekantiert wurde, und erst recht, wenn er dann eine Zeit lang stand. Beim Dekantieren, so viel steht fest, wird Sauerstoff untergemischt (ein Effekt freilich, der durch die gängige, also sehr langsame und vorsichtige Methode des Dekantierens aufs Äußerste reduziert wird); danach steht der Wein in einer Karaffe, und sein Oberflächenspiegel, also das Interface zur Luft, ist weitaus größer als an seinem vorherigen Aufenthaltsort in der Flasche. Sauerstoff soll biologische und chemische Prozesse im Wein wieder erwecken, die in der Flasche, nachdem der größte Teil des Sauerstoffs aufge-

Ist Dekantieren nötig oder affig? Ist die Karaffe die Elektronenröhre des Weinfreaks?

braucht war, zum Erliegen gekommen waren. Die herrschende Lehre will es, dass die meisten Weine von dieser Sauerstoffbehandlung geschmacklich profitieren, insbesondere, dass eine gewisse Härte, die sie nach der Befreiung aus der Flasche aufweisen, allmählich zurücktritt. Es kommt auch vor, dass ein anfänglich vorliegender Muffton nach dem Dekantieren verschwindet.

Die Forschung gibt leider keine nähere Auskunft. Und den Erfahrungen der Weintrinker darf man nicht trauen, denn das zweite Glas eines Weines schmeckt eh weicher als das erste – der Mensch passt sich eben an. Gleichwohl, ich dekantiere auch, sogar gewisse wuchtige Weißweine, und ich bilde mir ein, enorme Unterschiede zu schmecken; ich würde auch beschwören, es erlebt zu haben, dass alte Rotweine allzu frühzeitiges Dekantieren nicht gut überstehen.

Aber das ist subjektiv. Wahr ist nur: Das Dekantieren ist ein Zeremoniell. Angenommen, die Sauerstoffbehandlung wäre sinnvoll: Warum dann nicht etwas reinen Sauerstoff in den Wein leiten? Oder den dekantierten Wein wenigstens kräftig durchquirlen? Das tut niemand, und zwar aus ästhetischen Gründen.

Das Dekantieren muss mit äußerster Zartheit vor sich gehen. Es ist ein symbolischer Akt.

Wir gehen mit dem Wein so um, wie wir mit unseren Gästen oder mit uns selbst umgehen wollen.

Das Dekantieren gibt dem Genuss: Liebe.

Liebevolle Hingabe an die Dinge, an die Freunde, an uns selbst. Ein Überströmen. Genuss kommt von Küssen. Der Genuss ist ein Kuss.

Oder die vollkommene Hingabe des Karatekämpfers im Moment des Schlags: kein Strömen diesmal, sondern blitzartiges Einswerden mit dem entscheidenden Augenblick. Dieser Moment ist Anspannung und Loslassen zugleich, ein Schrei entringt sich der Kehle, es ist ein kleiner Orgasmus. Oder das Gefühl, das sich einstellt, wenn der Rennreifen auf dem Asphalt schnurrt: der optische Reiz des Tempos, außerdem die körperlich gefühlte Beschleunigung, die Leichtigkeit – es gibt Momente, in denen der Rennradfahrer mit der Maschine und der Straße verschmilzt. Wie der Schwimmer mit dem Wasser: wenn er keine Temperatur mehr fühlt und alles nur noch Rhythmus ist. Oder der Ruderer, der mit den anderen und dem Boot und dem Wasser zu einem einzigen, kraftvollen Wesen wird.

Dieses **EINSWERDEN**, für das Buddhisten lange meditieren, ist gar nicht so schwer zu erlernen. Üben Sie das **VERSCHMELZEN**, in den normalsten Situationen ist es möglich. Im Bus, von mir aus, indem Sie Kinder beobachten oder eine alte Frau oder sonst wen: Versuchen Sie einmal eine Zeit lang, das Einswerden zu trainieren – Hineinversetzen, Miterleben, die Existenz des Anderen genießen. Ein schöner Zeitvertreib. Wer die Hingabe übt, kann fast überall irgendetwas genießen, und sei es nur, zu atmen oder zu gehen oder das Ineinanderfließen der Umgebungsgeräusche zu hören. Der Genießer muss nicht unentwegt von Höhepunkt zu Höhepunkt eilen, feine Restaurants aufsuchen, Flaschen entkorken, Konzerte besuchen oder was auch immer; er braucht nur irgendwo zu sein und genießen zu wollen.

Er kann sich eine Schale Basmati-Reis kochen, ohne alle Zutaten, und sich auf das Aroma der Körner konzentrieren.

Oder er genehmigt sich ein Cassoulet. Das ist schmelzender Genuss, fett und sämig und sündig. Es handelt sich um ein viele Stunden lang im Ofen gebackenes Ragout nach altrömischem Vorbild, dessen Hauptbestandteile Bohnen, Wurst und fettes Fleisch sind. Immer ist es eine Kombination von Fleischsorten, aber ob unbedingt und in jedem Fall Schwein, Lamm, Ente oder in Schmalz eingelegte Gans im Topf zu finden sein muss, darüber streiten die Fans. In Frankreich gibt es Cassoulet-Clubs, die um die reine Lehre ringen wie einst die christlichen Kirchen. Meiner Ansicht

Wer die Hingabe übt, kann fast überall irgendetwas genießen, und sei es nur, zu atmen oder zu gehen oder das Ineinanderfließen der Umgebungsgeräusche zu hören.

nach schmeckt die Dreifaltigkeit aus Gans, Lamm und Schwein am besten.

Nach dem Cassoulet mögen Sie, anders als beim elsässischen Sauerkraut, bestimmt nichts mehr tun, schon gar nicht essen. Es ist kein Liebesmahl, aber ein liebes Mahl.

Ja ja, die Kalorien. Haben Sie Angst? Der wahre Genießer legt seine Angst ab. Er gibt sich hin.

Und hinterher bekommt er einen Schnaps.

Die Sinne

**»Denken ist wundervoll. Aber noch wundervoller ist das Erlebnis.«
Oscar Wilde**

Und da kommt die **VORSPEISE** – hübsch anzusehen, fein duftend, bestimmt lecker. Wir schmecken heraus, ob die Küche etwas kann, unsere Zunge tastet sich vor, und wir können hören, wie die gerösteten Weißbrotwürfel (Croutons) oder die Blätterteighörnchen im Munde knistern.

Fünf Sinne hat der Mensch, heißt es seit Demokrit. Oder sind es mehr? Jedenfalls dürfen wir ihnen dankbar sein, denn, um einen philosophischen Lehrsatz abzuwandeln, es ist nichts im Genuss, das nicht vorher in den Sinnen war.

Die Sinne und das Gehirn arbeiten zusammen, um die Lust am Leben zu entfachen.

Die meisten Hochkulturen haben eine **HIERARCHIE DER SINNE** festgelegt. Unserer Kultur gilt das Tasten als die niedrigste, Sehen als höchste Sinnesleistung. Die von Aristoteles übernommene Stufenfolge geht so: tasten, schmecken, riechen, hören, sehen. Eine Reihenfolge vom Nahsinn zum Fernsinn, nicht immer unumstritten, aber sie hat sich durchgesetzt.

Es gibt Sinne, von denen die Philosophen nie sprechen, die Parias sozusagen: die **INNENSINNE**.

Die viszerale ist die Sensibilität unserer inneren Organe, zum Beispiel des Magens, des Gedärms, der Leber, der Lunge, des Herzens. Auf ihr beruht unser Innengefühl. Sensibilität für Blutdruck und Körpertemperatur kommt hinzu. Auf ihr beruht unser Innengefühl. Achten Sie einmal darauf – während wir so gehen und stehen, wird in unserem Innern eine ganze Symphonie der Körpergefühle aufgeführt. Wir können sie genießen: das Durchatmen beispielsweise oder den erhöhten Pulsschlag beim Sport.

Wie fast überall im Körper finden sich auch in diesen Organen spezialisierte Wahrnehmungsorgane, die so genannten **REZEPTOREN**. Sie registrieren mechanische Vorgänge wie Druck oder Vibration, thermische Vorgänge (Abkühlung oder Erwärmung), chemische Reize und Gewebsschädigungen. Dem Chiliesser zum Beispiel, der sich vom vorangegangenen Kapitel kaum erholt hat, dürften noch allerhand viszerale Sinneserlebnisse widerfahren.

Viszerale Signale lösen den Appetit, den Hunger und den Durst aus, also Bedürfnisse, deren Befriedigung wiederum zur Ausschüttung von Luststoffen führt; am lebenswichtigen Wechselspiel von Hunger und Sättigung sind außerdem Hormon-, Zucker- und Fettspiegel beteiligt, die gleichfalls von Rezeptoren gemessen und dem Gehirn signalisiert werden.

Der Mensch läuft durch die Welt, und in ihm arbeitet sein Genussapparat.

VISZERALE SIGNALE aus dem Bauch oder aus der Lunge, dem Herzen oder sonst woher können das Lustempfinden beim Essen, Trinken, Rauchen, beim Sport oder beim Sex steigern. Die empfundene Magendehnung beispielsweise trägt dazu bei, das Gefühl des vollen Magens zu erleben, das innerhalb bestimmter Grenzen ja durchaus lustvoll sein kann. Und wenn's ein bisschen viel geworden ist, hilft hinterher ein Digestif, also ein Schnaps. Und Kaffee. Und ein Spaziergang.

Beim Spazierengehen merken wir, wie die Tiefensensibilität zum Körpergefühl beiträgt. Sie wird von Rezeptoren erzeugt, die in Gelenken, an Sehnen und Skelettmuskeln sitzen. Auch diese **FÜHL-**

Der Mensch läuft durch die Welt, und in ihm arbeitet sein Genussapparat.

KÖRPERCHEN reagieren auf mechanische, thermische und chemische Veränderungen. Sie schenken uns Lustgefühle, wenn der Genuss mit körperlicher Bewegung erzielt wird oder mit wechselnden Körperstellungen. Ein weiterer Tiefensinn ist der Gleichgewichtssinn, den wir lustvoll beim Schaukeln reizen.

Dies alles sind innere Sinne, die wir zum »Innensinn« zusammenfassen können, im Gegensatz zum Tastsinn, der ein Außensinn ist. Und wenn die Innensinne die Parias sind, dann ist der Tastsinn der Proletarier. Ohne ihn stehen alle Räder still. Das Tasten erfüllt eine elementare Lebensfunktion, weitaus bedeutsamer als die anderen Sinne. Taube und Blinde sind in der Lage, sich im Leben einzurichten, ebenso jene Menschen, die nicht riechen oder schmecken können. Ein Mensch hingegen, dessen Haut nichts fühlt, wäre ohne fremde Hilfe zum Tode verurteilt.

Als Genusssinn gilt er wenig. Alle bisherige Kultur bot den vier Sinnen des Schmeckens, Riechens, Hörens und Sehens immer neues, verfeinertes Material – mit Kochkunst und Weinbau, Konzertsaal und Hi-Fi-Technik, Buchdruck und Fotografie, Fernsehen und Internet. Der Tastsinn hingegen wurde vernachlässigt. Kein Michelangelo, kein Beethoven fand sich, der ihn angesprochen hätte. Gut, Textilien sollen sich schön anfühlen, ebenso Autositze und Tabakspfeifen, Füllfederhalter und Möbel, außerdem sollen Speisen eine bestimmte Konsistenz haben, aber das sind nur begleitende, dienende Qualitäten. Selbst Skulpturen, die doch die Tastlust erregen, dürfen im Museum nicht angefasst werden. Es gibt Ausnahmen: Ausstellungen, die gerade das Tasten ansprechen – aber es ist so ungewohnt, es in den Mittelpunkt zu rücken, dass den Besuchern dabei ein Schauer über den Rücken läuft.

Die Lust am Tasten wird verdrängt, weil sie sich nicht domestizieren lässt. Die Organe aller anderen Außensinne sitzen an speziellen Orten (Mund,

Nase, Ohren, Augen), der Tastsinn hingegen ist überall, er umfasst den ganzen Körper. Man bekommt ihn nicht in den Griff. Der Tastsinn ist primär, hautnah und trotzt jedem Verbot, er ist der subversivste und persönlichste Sinn; er führt die anderen Sinne ausgerechnet bei dem Genuss, dem die meisten Vorschriften gelten: beim Sex.

Jeder Mensch, ob Kanzler, Kardinal oder Kindergärtnerin, tastet heimlich nach Tabus. Daher die unheimliche Macht des Tastens. Daher die irritierende, Sittenwächter auf den Plan rufende Wirkung der Kunstaktion »Tastkino« von Valie Export, die 1968 ihre freigelegte Brust mit einer Pappschachtel drapierte, durch deren Öffnung jeder mal hineinlangen durfte. Und daher auch das Misstrauen, mit dem das lustfeindliche Christentum zu allen Zeiten diesem Sinn begegnet ist – im Mittelalter expressis verbis, später implizit: Tasten ist der Inbegriff der Sinneslust. Daher rührt wohl auch die Frivolität des Spruches, den ich in der Küche eines Restaurants zu hören bekam: »Ärzte, Hebammen und Köche dürfen alles anfassen.«

Die Lust am Tasten wird verdrängt, weil sie sich nicht domestizieren lässt.

Die Haut ist unser größtes Sinnesorgan. Es umhüllt uns. Der Mensch ist ein tastendes Wesen, und da sich das meiste angenehm anfühlt, dürfen wir auch sagen: Der Mensch ist ein Lustwesen, von Kopf bis Fuß. Versuchen Sie einmal, sich auf die Tastempfindungen zu konzentrieren: Ist die Welt nicht erotisch?

In die Haut sind mannigfaltige Fühlkörperchen eingelassen, die jeweils Verschiedenes spüren und melden; sie alle zusammen ergeben den Tastsinn. Er ist in Wahrheit eine ganze Population von Teilsinnen, für die jeweils spezifische Rezeptoren zuständig sind: Die einen reagieren auf sanfte Berührung, die anderen auf Stiche, manche nur auf schwachen und andere nur auf starken Druck oder auf die Veränderung des Drucks oder auf die Beschleunigung dieser Veränderung oder auf die Eindringtiefe; spezialisierte Rezeptoren registrieren Hautverschiebungen oder Vibration, und die

Härchen auf der Haut fühlen Nähe: Sie sind Hebel, die noch den schwächsten Luftzug verstärken und an Tastzellen in der Haut melden. Auf diesem Prinzip beruht übrigens auch der Hörsinn bei Mensch und Tier; in der Tat ist das Hören evolutionsgeschichtlich aus dem Tasten entstanden: Drucksensoren spezialisierten sich auf die Wahrnehmung des Schalldrucks im Wasser, später in der Luft. Wussten Sie, dass Kakerlaken ihre Hörhärchen an den Beinen tragen? Man stelle sich vor, unsereins könnte mit den Beinhaaren hören.

Eine Vielzahl unterschiedlicher Rezeptoren in der Haut reagiert auf Wärme, auf Kälte, auf Übergänge von warm zu kalt oder umgekehrt. Unsere Wärmerezeptoren lassen sich besonders gerne von der Sonne kitzeln. Das Gehirn registriert: Oh, Sonne, da bilden sich bald Vitamin D und Melatonin und Pigmente, der Mensch sieht besser aus und ist besser drauf und hat deshalb vielleicht mehr Sex – schon schüttet das Gehirn Luststoffe aus. Wohl auch aus diesem Grund und nicht nur wegen der leichten Kleidung ist im Sommer die Erotik lebhafter.

Was nur scheinbar dem Befund widerspricht, dass in Winternächten die meisten Kinder gezeugt werden. Die »Abteilung für Entwicklung der Säugetiere« am Medizinischen Forschungsinstitut des Londoner University College hat einmal die saisonale Verteilung der Geburten (von Menschen) in europäischen Ländern untersucht. Früher habe, informierten die Wissenschaftler, die Geburtenrate in den Frühlingsmonaten Höchstwerte erreicht; in den vergangenen Jahren hingegen lägen die Rekorde zumeist im Herbst, und schuld sei das Fest der Liebe. Heutzutage, schrieb einer der Forscher, seien die Paare aufgrund der flexibilisierten Arbeitsbeziehungen häufiger voneinander getrennt, weshalb sie versuchten, wenigstens zu Weihnachten und im Sommer zusammen zu sein. Das führe erstens dazu, dass die Geburtenrate stärker schwankt. Und zweitens: Da die Sommerferien ausgedehnter seien, verteile sich die Zahl der sommerlichen Schwängerungen und mithin neun Monate später die Zahl der geborenen Babys über einen größeren Zeitraum, wohingegen die Weihnachtszeit recht kurz sei, so dass alles in wenigen Tagen erledigt werden müsse – mit der Folge, dass im folgenden September die Geburten nur so purzeln.

Ein dreifaches Hurra auf die Sommerferien! Gerade in der heißen Jahreszeit spüren wir, dass unser Körper mit Rezeptoren übersät ist und einige Partien besonders.

Die vielfältigen Signale dieser Fühlkörperchen werden vom Gehirn in einer Weise zusammengerechnet, die nur ansatzweise erforscht ist. Gewiss spielt das Vorstellungsvermögen dabei eine große Rolle – wie anders wäre es zu erklären, dass bei einer **EROTISCHEN MASSAGE** alle beide ihren Spaß haben? Die erotische Massage liefert uns ein schönes Beispiel dafür, was Genuss ist: Sie lockert und erregt zugleich, löst und spannt, und es gehören Schmerz und Zärtlichkeit dazu. Genuss ist immer ein Spiel der Widersprüche und genau deshalb auch das lebendigste aller Gefühle.

Es muss im Gehirn bestimmte, biologisch festgelegte Operationen dieses Zusammenrechnens von Fühlsignalen geben, denn wie beim Sehen gibt es auch beim Hautfühlen einige Täuschungen, denen niemand entgehen kann. Überkreuzen Sie einmal Mittel- und Zeigefinger, und fahren Sie dann mit den vertauschten Fingerkuppen über Ihr Nasenbein: Manche Menschen haben dabei den sinnlichen Eindruck, sie hätten auf einmal zwei Nasen. Weitere Experimente sind möglich.

Von allen anderen Sinnen unterscheidet sich der Tastsinn dadurch, dass er unmittelbar in die Welt eingreift. Er ist niemals nur rezeptiv, und er wird um so effektiver, je mehr Aktivität er entfaltet. Wir fahren über das Holz, kratzen am Stein, streicheln den Stoff, formen den Ton, knacken die Nuss und begreifen die Welt, indem wir handeln, Hand anlegen, hantieren, handhaben, Händel suchen, jemandem die Hand geben. Ist es nicht ungerecht, dass dieser Sinn als Mauerblümchen der Kultur be-handelt wird?

Brillat-Savarin, der Autor des geistreichen Buches »Physiologie des Geschmacks« (1825), träumte davon, dass es fernen Generationen gelingen möge, nach dem Geschmacks- auch den Tastsinn zu verfeinern: »Wer weiß, ob nicht auch einmal der Tastsinn an die Reihe kommt und ob uns nicht irgendein glücklicher Zufall von dieser Seite her eine Quelle neuer Genüsse erschließt! Dies ist umso wahrscheinlicher, als sich der Tastsinn über den ganzen Körper erstreckt und folglich auch überall erregt werden kann.«

Es gibt Ingenieure des **CYBERSEX**, die über so etwas nachdenken. Noch aber leben wir in der Zeit vor der taktilen Revolution. Im Prätaktilium. Der Tastsinn dient fast immer nur den anderen Sinnen, die Tastlust den anderen Lüsten.

Aber: immerhin! Die Finger streichen über die samtene Haut der Zigarre. Die Handfläche fühlt die Temperatur der Weinflasche. Die Zunge und der Gaumen ertasten die Konsistenz der Speise, was das Geschmackserleben vertieft. Dies ist der Sinn des Blätterteigs. Ist er irgendwo matschig, dann wird's eklig, doch wenn er überall trocken knistert, dann erlebt der Tastsinn im Mund eine Kaskade der Sensationen. Wie die meisten Menschen habe ich Blätterteig im Kühlfach, aber seit ich einmal im Restaurant frisch zubereiteten Blätterteig gegessen habe, kenne ich den Unterschied zwischen Backzeug, das sein kann oder auch nicht sein kann, und dem unvergleichlich erotischen Brechen all der vielen kleinen Widerstände, bis Zähne und Zunge im Innern angekommen sind, dort, wo die Füllung den Geschmack bietet. Um diesen Vorgang geht's, um dieses Vortasten; rein geschmacklich gibt auch der feinste Blätterteig nicht viel her. Ich sehe übrigens davon ab, den optimalen Blätterteig namens »Millefeuille« (französisch für »tausend Blätter«) selbst zu machen. Das erfordert nicht nur viel Übung, sondern auch eine Marmorplatte, damit er nicht festklebt – und beides fehlt mir. Beides fehlte auch einem nahen Verwandten, der sich einmal mit Millefeuille versucht hatte und bei meinen Eltern anrief: »Habt ihr ne Marmorplatte übrig?« Daraufhin wurde ein kleiner Tisch auseinander montiert und die Platte per Taxi zu ihm geschickt.

Den Tastsinn der Zunge spricht auch die **ZUCKER-WATTE** an. Kinder lieben das Gefühl, das Gesicht mit herausgestreckter Zunge in eine große Wolke Zuckerwatte zu stecken. Übrigens haben im Jahr 2000 Radioastronomen in New Mexico entdeckt, dass sich in einer Gaswolke mitten in unserer Galaxis Zuckermoleküle herumtreiben. Man darf gespannt sein, wann sie kandierte Äpfel finden.

Mancher Geschmack scheint altersbedingt zu sein, wobei offenbar die Konsistenz, also das Tasten, eine wichtige Rolle spielt. Kinder lieben insbesondere Gerichte, die ihnen nicht viel Arbeit machen. Brei, Pampe, Püree, Fischstäbchen, Hamburger. Spinat nicht, komischerweise, vielleicht deshalb, weil er als gesund angepriesen wird. Und wieso um alles in der Welt sind sie so scharf auf Ketchup? Ich war es früher auch, hatte sogar eine Ketchupflasche in der Schultüte. Nun, vielleicht lieben Kinder Ketchup, weil es gerade nicht nach Gesundheit schmeckt. Sie müssen so viel Gesundes essen! Doch wo ein Muss, ist kein Genuss: Also gieren sie nach Ungesundem, nach Brausepulver, Gummimäusen, Schaumwaffeln.

An Scharfes sind sie noch nicht gewöhnt. Erst später lernen sie, wie die Schmerzrezeptoren der Zunge zum Ess- oder Trinkerlebnis beitragen – nicht zuletzt die Brandmelder im Gaumen, wie wir wissen. Kältemelder gibt es auch; im Sommer melden sie Eis. Kaltes kann paradoxerweise auch im Winter ein Genuss sein, etwa das Pils nach der Schneewanderung; und umgekehrt: Heißes in der Hitze, etwa der Espresso unter brennender Sonne.

Vielleicht lieben Kinder Ketchup, weil es gerade nicht nach Gesundheit schmeckt.

Zwischen Kälte und Hitze zu wechseln gehört ebenfalls zu den Genussspielchen, mit denen wir uns das Leben verschönern können. Zu einer gekochten Lammkeule (vom Fett befreien, salzen und pfeffern, mit Gemüse in Lammfond oder Wasser kräftig kochen, bis sie weich ist, und fertig) serviere ich gern eine Sauce aus dem Kühlschrank: Joghurt und Crème fraîche, vermischt mit geriebener Zwiebel, Zucker, Salz, Pfeffer und vielen, vielen frischen Kräutern (einer der wenigen Fälle, in denen viele Kräuter das Essen nicht verderben). Der Heiß-kalt-Gegensatz spielt eine Hauptrolle in dem Klassiker »**ENTRECOTE MIT AUSTERN**«: Sie bereiten ein Roastbeef vor (anbraten, mit Gemüse in einem offenen Bräter sechs Stunden lang bei nur achtzig Grad im Ofen fertig garen), dazu servieren Sie Schalottensauce (Schalotten fein hacken, mit Rotwein, Salz, Zucker und Balsamico etwa eine halbe Stunde lang einkochen, gegebenenfalls Flüssigkeit nachgießen) und scharfen Dijon-Senf. Gegessen wird so: ein Stück Roastbeef mit Sauce oder Senf und dann die Schärfe sofort mit einer Auster beruhigen. Dazu Bier.

Geschmack, Hitze und Kälte, da hat der Mund reichlich zu tun. Aber er ist ja Schwerarbeit gewohnt, wichtige, bedeutsame, denn im Mund wird verifiziert. Wenn sehr kleine Kinder etwas in die Hand bekommen, dann betasten sie es und stecken es danach in den Mund. Der Mund ist ihre zentrale Materialprüfstelle. Im Mund wird untersucht, ob das Aussehen die Wahrheit sagt – ein Prüfvorgang mit Risiko, weshalb Ansehen, Anfassen und Schnuppern vorgeschaltet werden.

Als Nahsinn ist der Geschmack dem Tastsinn verwandt. Aristoteles sah im Geschmack ohnehin nur eine verfeinerte Form des Tastsinns, eine auch später weithin vertretene Theorie, die psychologisch interessant, physiologisch aber falsch ist, denn der Geschmackssinn arbeitet mit anderen Sinnesorganen als der Tastsinn: Seine Organe funktionieren chemisch.

Sie sitzen in der Mundhöhle, vor allem auf der Zunge: die **GESCHMACKSKNOSPEN**. Diese bestehen aus Sinnes-, Stütz- und Basalzellen (aus Letzteren entstehen die anderen beiden) und sind an so genannten Papillen angebracht – Papillen sind Schleimhautfalten, die je nach Form in Wall-, Blätter- und Pilzpapillen unterteilt werden. All das hört sich nicht gerade appetitlich an. Immerhin werden die Geschmacksknospen von extra Spüldrüsen gereinigt, außerdem wird jede Sinneszelle nur ungefähr zehn Tage alt, danach wird sie erneuert: »Zellmauser« heißt der Vorgang.

Geschmacksknospen sind sehr klein, etwa siebzig Mikrometer hoch und vierzig Mikrometer breit. Jede Knospe enthält vierzig bis sechzig Zellen, meist Sinneszellen, und in jede Knospe treten etwa fünfzig Nervenfasern und verzweigen sich in ihr. Der Mensch hat zwei- bis dreitausend solcher Knospen. Das Schwein hat fünfzehntausend. Das Huhn fünfzehn. Ich wüsste nicht, welche Schlüsse aus dem Vergleich zu ziehen sind.

Es sind also über hunderttausend Geschmacksleitungen, die, gebündelt zu zwei Fatsersträngen, Daten aus dem Mund ins Gehirn führen, vorrangig Signale, die vier Grundempfindungen wiedergeben: süß, sauer, salzig, bitter, außerdem zwei Nebenempfindungen, nämlich seifig und metallisch (es wird behauptet, der in asiatischem Essen anzutreffende Eigengeschmack von Natriumglutamat korrespondiere mit einer siebten Empfindung, aber das ist nicht gesichert; Aristoteles übrigens unterschied zwischen süß, scharf, herb, stechend und ölig).

Dass es vier Grundtypen gibt, hat durchaus Sinn, wenn wir bedenken, dass der Mensch ein Allesfresser ist: Süßer Geschmack signalisiert Kohlehydrate, auch Salz ist überlebenswichtig, bitterer Geschmack warnt im Großen und Ganzen gut vor Gift, und sauer – nun ja, dafür weiß man keine Erklärung, vielleicht wäre das einmal ein Thema für die Sauregurkenzeit. In seinem interessanten

Buch »GESCHICHTE DER SINNE« weist der Medizinhistoriker Robert Jütte darauf hin, dass die Zahl der Sinne und auch der Geschmacksarten im Altertum, ja schon in frühen indischen Texten keineswegs bloß empirisch begründet wurde, vielmehr spielte Zahlenmagie eine Rolle – mal war fünf, dann sechs, dann sieben die Zahl der Zahlen, mit denen sich Körper und Raum, Elemente und Sinne und Götter und überhaupt alles und jedes abschließend nummerieren ließen. Der Sinologe Marcel Granet beschrieb in seinem 1934 erschienenen Buch »Das chinesische Denken« die fünf Eingeweide, fünf Elemente, fünf Farben, fünf Glücksfälle, ebenso viele Haupttugenden, Haustiere, Insignien, Lehren, Richtungen, Tätigkeiten, Töne, Wirksamkeiten und natürlich die fünf Gerüche (»ranzig, verbrannt, wohlriechend, nach rohem Fleisch, faulig«) und Geschmäcke (»sauer, bitter, süß, scharf, salzig«).

Jütte zählt übrigens zu jenen Theoretikern, die allen Ernstes behaupten, die Vorliebe der Menschen für SÜSSES sei nicht angeboren, sondern erst mit den Rohrzuckerimporten der Kolonialzeit aufgekommen und daher gesellschaftlich konstruiert. Leider beobachten diese Leute nur die Zunahme des europäischen Konsums süßer Nahrung über die Jahrhunderte, nicht aber den Genuss von Süßspeisen überall dort, wo die Menschen sie herstellen konnten, ob mit oder ohne Kolonialerfahrung; überdies sollte die Vorliebe der uns nahe verwandten Primaten – ach was: der meisten Tiere – für Süßes zu denken geben.

Sauer, bitter, süß und salzig sowie die Nebengeschmäcke seifig und metallisch sind also die klassischen und auch physiologisch nachgewiesenen GESCHMACKSFARBEN; es kommen diejenigen hinzu, die von mechanischen und thermischen sowie Schmerzrezeptoren im Mund (Chili, wir erinnern uns) ins Gehirn gesendet werden. Nehmen wir aufgrund dieses Befundes nur einmal an, es gäbe zwölf Signaltypen (sechs Geschmäcke plus sechs weitere Signale), die in jeweils drei verschiedenen Intensitäten aufträten (null, bisschen und stark – eine extrem konservative Schätzung), dann kämen wir nach den mathematischen Regeln der Kombinatorik auf zwölf hoch drei verschiedene Geschmackskombinationen, also 1728; bei durchschnittlich sechs Intensitätsstufen wären es sogar 2 985 984.

Diese Berechnung ist rein spekulativ, macht aber anschaulich, dass unser Geschmackssinn, trotz der viel zitierten vier Grundempfindungen, ein ganzes Spektrum von Reizen aufnimmt und ans Gehirn meldet.

Dies geschieht parallel und seriell. Ein Maul voll Sushi zum Beispiel oder eine Plinse mit Sauerrahm und Kaviar attackieren die Geschmacksnerven mit mehreren Genusssignalen zugleich; geradezu massiv parallel sind Gerichte wie das beschriebene Chili con carne oder gewisse Pasteten. In hohem Maße seriell hingegen arbeitet sich der Genießer durch die Geschmackssignale, wenn er erst ein Blättchen japanischen Rettichs zu sich nimmt, danach die Sashimi genannte Scheibe Fisch, anschließend ein bisschen Gurke. Ein gelungenes Menü bietet ein Wechselspiel von seriellen und parallelen Geschmackskombinationen.

Wie das Gehirn auf die Geschmackssignale reagiert, das hängt von vielerlei Faktoren ab. Irgend etwas Besonderes muss sich im rechten Frontallappen abspielen. In der Schweiz beobachteten Mediziner, wie Menschen mit Schädigungen dieses Gehirnareals mit einem Mal zu Gourmets wurden; daraufhin untersuchten sie weitere Gourmets und stellten auch bei ihnen Anomalien in den rechten Frontallappen fest. Vielleicht sind manche Menschen geborene Gourmets, weil sie es am Frontallappen haben?

Mit großer Verlässlichkeit ist in den vergangenen Jahren nachgewiesen worden, dass zumindest die Fähigkeit, bestimmte Bitterstoffe zu schmecken, erblich ist. Es handelt sich insbesondere um Fla-

Ein gelungenes Menü bietet ein Wechselspiel von seriellen und parallelen Geschmackskombinationen.

vonoide, die namentlich in Blumenkohl und Brokkoli, Chicoree und Grapefruit auftreten und denen eine krebshemmende Wirkung nachgesagt wird. Manche Menschen schmecken diese Substanzen gar nicht, die meisten nur leicht, aber viele nehmen sie überdeutlich wahr, weshalb sie Nahrungsmittel mit solchen Stoffen nicht mögen.

Wie kommt man auf angenehmste Weise an Flavonoide heran? Rotwein trinken! Da sind krebshemmende Flavonoide drin. Sie stammen aus den Schalen der Weintrauben; man kann also auch Weintrauben essen, wenn es auf die Flavonoide ankommen soll.

Brillat-Savarin berichtet von einem Weintrinker, dem zum Dessert Trauben gereicht wurden: »Vielen Dank«, sagte der und schob die Schale zurück, »ich pflege meinen Wein nicht in Pillenform zu nehmen.«

175 Jahre später entstand Wein in Pillenform. Allen Ernstes! Eine **ROTWEIN-LUTSCHTABLETTE** der Firma Biolabor. Warum soll jemand so etwas in den Mund nehmen? Weil, so steht es auf der Packung, Rotwein »bioaktive Schutzstoffe« enthalte. Was die Weinpille enthält, ist gleichfalls dem Packungstext zu entnehmen: »Sorbit, Säuerungsmittel Zitronensäure, gehärtetes Pflanzenfett, Trennmittel, Salze der Speisefettsäuren, Aroma« und – »Rotweinpulver«.

Es folgt das Verkostungsprotokoll.

Farbe: weiß marmoriertes Bordeauxrot. Das Ding sieht aus wie ein Bonbon, der unverpackt in der Hosentasche lag und aus Versehen mitgewaschen wurde. Bouquet: künstliches Kirscharoma, eindimensional, ohne Entfaltung.

Und jetzt nehmen wir allen Mut zusammen. Geschmack: erst säuerlich, mit milchig-kreidigen Noten. Verhaltene Kirschtöne, durch Seife maskiert. Beim Kauen ein Anflug von Brausepulver. Kurzer, klebriger Abgang; es bleibt das Gefühl, Leim gegessen zu haben. Die Geschmackszellen treten kollektiv in die Gewerkschaft Nahrung, Genuss, Gaststätten ein.

Wie heißt es so schön in dem Buch »Soziologie des Essens« von Eva Barlösius? »Der Geschmack erfordert eine bewusste Zuwendung, weshalb man im Allgemeinen nur begehrenswerte Objekte in den Mund nimmt.« Die Weinpille gehört nicht dazu. Die zitierte Stelle geht übrigens auf interessante Weise weiter: »Der Geschmack ist deshalb mehr als die anderen Sinne darauf spezialisiert, innige und mit Affekten aufgeladene und intime Beziehungen zu knüpfen«, was gedanklich fortzusetzen dem Leser überlassen bleiben soll. Jedenfalls ist das Schmecken der intimste Nahsinn: Der Geschmack entsteht, indem wir uns das Objekt einverleiben. Weshalb der Satz Rousseaus gilt: »Tausend Dinge sind dem Getast, Gehör, Gesicht gleichgültig, fast nichts aber dem Geschmack.«

Vielleicht ist dies der Grund, warum das Wort »Geschmack« auch im übertragenen Sinne benutzt wird. Denn wer Geschmack hat, dem sind die Dinge eben nicht gleichgültig. Die Möbel, die Kleidung, die Sprache. Darin liegt die Botschaft: Geschmack zu haben bedeutet, der Gleichgültigkeit zu widerstehen, der Lieblosigkeit. So, wie auch der Genießer Widerstand leistet: Wenn sie ihm nicht schmeckt, dann ruft er: »Nein, meine Suppe ess ich nicht!« Und bestellt sich etwas anderes.

An dieser Stelle kommt wieder Brillat-Savarin zu Wort. Ihm zufolge ist der Geschmack jener Sinn, der uns »die meisten Genüsse verschafft:

1. Weil das Essvergnügen das einzige ist, das, maßvoll genossen, keine Müdigkeit nach sich zieht.

2. Weil es zu jeder Zeit, in jedem Alter und von jedem Stand ausgeübt werden kann.

3. Weil es jeden Tag mindestens einmal wiederkehrt und ohne Nachteil zwei- oder dreimal innerhalb desselben Zeitraumes wiederholt werden kann.

4. Weil es sich mit allen anderen Vergnügen verbinden lässt oder sogar über deren Fehlen hinwegtrösten kann.

Verhaltene Kirschtöne, durch Seife maskiert. Beim Kauen ein Anflug von Brausepulver. Kurzer, klebriger Abgang; es bleibt das Gefühl, Leim gegessen zu haben.

Fische können in
die Ferne
schmecken, unse-
reins kann das
nicht.

5. Weil die hervorgerufenen Empfindungen gleichzeitig dauerhafter und stärker von unserem Willen abhängig sind.

6. Und nicht zuletzt, weil wir beim Essen ein gewisses undefinierbares und eigenartiges Wohlergehen verspüren, das dem Instinkt entspringt, dass wir durch diesen Esstrieb unsere Verluste ausgleichen und dadurch unser Dasein verlängern.«

Fische können in die Ferne schmecken, unsereins kann das nicht. Dazu dient uns ein anderer Sinn: der **GERUCHSSINN**.

Er ist der Nachbar des Geschmackssinns. Noch einmal Brillat-Savarin: »Der Mund ist die Werkstatt und die Nase der Schornstein.« Allerdings gibt es da einen wesentlichen Unterschied: Die Geruchsrezeptoren in der Nase funken direkt ins limbische System, also in den Teil des Gehirns, der ein altes Erbe der Evolution ist und unsere Emotionen entstehen lässt.

Kein Sinn ist so gefühlsverwoben wie der Geruchssinn, und kein anderer ruft derart starke Erinnerungen hervor.

Die Nase nimmt am Genuss der Speisen und Getränke teil – nicht immer gleichberechtigt, aber für den Weintrinker ist der Duft, das **BOUQUET**, ebenso wichtig wie der Geschmack.

Wenn wir Wein trinken, werden dessen flüchtige Stoffe durch die Mundbearbeitung (Umrühren, Erwärmen) mobilisiert und in den Nasenraum getrieben. Um die Duftstoffe im Wein zu analysieren, wird in den Weinlabors dieser Welt eine Maschine namens Gas-Chromatograph angeworfen. Der Wein wird darin erhitzt, und da sich die Substanzen an unterschiedlichen Stellen des Geräts niederschlagen, wird der Wein gewissermaßen zerlegt, und die Bestandteile können einzeln untersucht werden. Der Chemiker bestimmt ihre Zusammensetzung und ihren Anteil am Wein, der Önologe charakterisiert ihr Aroma und überlegt sich, welche Rolle es im Blumenstrauß der Düfte spielt, also im Bouquet. Es folgen Beispiele.

CARVON: ein Molekül, das in zwei verschiedenen Formen (Isomeren) auftritt, die danach unterschieden werden, ob sie die Ebene polarisierten Lichts nach links oder nach rechts verdrehen. Das linksdrehende Isomer erinnert an süße Minze, wie beim Kaugummi, das rechtsdrehende dagegen riecht wie Pfefferminz.

MERKAPTANE: Substanzen, die eine »Thiol-Verbindung« aus Schwefel und Wasserstoff enthalten. Merkaptane können sich mit Metallen verbinden, und etliche dieser Produkte riechen ausgesprochen mephistophelisch, beispielsweise nach Hühnermist (was im Wein natürlich unwillkommen ist; dieser Weinfehler heißt bezeichnenderweise »Böckser«).

GLYZYRRHIZIN: ein Duftstoff, der sich auch im Süßholz findet und für Lakritzgeschmack verantwortlich ist. Es bildet sich bei der Kombination von Tanninen aus Wein und Fass.

DIAZETYL: wird von Bakterien produziert und riecht deutlich nach Butter – und zusammen mit Äthylmalat leider nach geronnener Milch.

2-4-6-TRICHLORANISOL: ein Name, den man sich merken sollte. Es ist der Korkton.

ÄTHYLBUTYRAT UND ISOAMYLBUTYRAT: Ananas. Sie oxidieren im Laufe der Zeit, sodass sich der Ananasduft junger Weißweine schnell verliert.

ISOAMYLAZETAT: Banane; vergeht gleichfalls schnell durch Reifung.

KUMARIN: Heu.

Es lässt sich eine lange Liste aufstellen. Doch der Genießer hat nichts davon, sie zu memorieren. Das ist alles Wissenschaft, während der Genießer das Gefühl sucht.

Für ihn ist es sinnvoller, Gerüche in eine Art begrifflicher Ordnung zu bringen. Für den französischen Philosophen Michel Serres gibt es zumindest im Weinbouquet eine Stufenordnung, »von oben nach unten, aus der Luft zum Boden hin. Die fragilsten oder leichtesten Düfte ergeben die Familie der hochsitzenden Blüten: Rose, Flieder,

Linde, Jasmin« – und dann geht es weiter hinab, zu den Früchten, dem Boden, ins Erdreich zu den Trüffeln. »Die Progression ist nur allzu deutlich, sie geht vom Hellen ins Dunkle, vom Leichten ins Schwere oder Dichte, vom Jugendlichen bis hin zur ausgebildeten Kennerschaft.«

Das ist poetisch wahr, für die praktischen Zwecke des Genießers aber ungeeignet. Er möchte den anderen seine Eindrücke mitteilen oder sie für sich selbst aufschreiben – aber in welchen Worten? Erfahrene Weintrinker gehen dieses Problem mittels der Konstruktion von Ähnlichkeiten und von Analogien an. Sir Michael Broadbent, einer der großen alten Briten in der Welt des Weines, geht virtuos damit um: In seinen Weinnotizen lesen wir von »Hühnerhausduft«, »Sattelgeruch« oder gar, im Fall des Bouquets des 1869-er Château Lafite, von einem Geruch nach »Castrol/XL/Motoröl« (an anderer Stelle schreibt er allerdings wenig erhellend, ein Wein schmecke »weinig«). So viel zu den Ähnlichkeiten. Die zweite, die analogische Methode, ist schwerer zu handhaben. Denn was, bitte sehr, soll uns die Bemerkung eines Weintesters sagen, ein bestimmter Wein sei »rund«?

Nun, so ein Wein ist rund, weil er keine Ecken hat. Also keine auffällige Bitterkeit oder Säure, kein Stich in die Nase oder in die Zunge: Die »Ecke« ist ein Bild, das eine direkte Entsprechung im Geschmack (bitter, sauer) oder im Bouquet (flüchtige Säuren) hat, und das »Runde« ergibt sich aus dem Gegensatz zum Eckigen. Doch in der analogischen Weinsprache gibt es viele Ausdrücke, deren direkte Beziehung zum Duft und Geschmack nicht mehr nachvollziehbar ist und die nur aufgrund ihrer bildlichen Kraft etwas sagen: füllig oder sinnlich, stumpf oder poliert, stahlig, harmonisch, elegant. Diese Begriffe tun ihren Zweck, weil Menschen sich im Gespräch immer und immer wieder auf sie einigen konnten, wobei das, was als besonders angenehm empfunden wird, von Land

Nun, so ein Wein ist rund, weil er keine Ecken hat.

zu Land, also von Kultur zu Kultur, sehr unterschiedlich ausfallen kann. Um einmal nur im engen Umkreis von Europa zu bleiben: Deutsche bevorzugen Fichtennadelaromen als Badezusatz, Briten Patschouli, Franzosen und Italiener Lavendel, Spanier Farnkraut, und keiner weiß, wieso.

Ein praktisches Hilfsmittel für forschende Weinnasen ist das so genannte Aromarad. An der University of California in Davis hat die Önologin Ann C. Noble bereits vor mehr als zehn Jahren eine grafische Hierarchie von Aromabegriffen zusammengestellt, die sich seither großer Beliebtheit erfreut. Auf einer Scheibe ist ein Ring aufgetragen, der mit folgenden Begriffen bedruckt wurde: **»FRUCHTIG, BLUMIG, PFLANZLICH, WÜRZIG, KARAMELISIERT, RAUCHIG, MIKROBIOLOGISCH«** (was Letzterer besagen soll, ist nicht ganz klar). Jedem von ihnen sind, von der Innenseite des Rings zum Zentrum der Scheibe hin, bestimmte Unterbegriffe zugeordnet; bei »fruchtig« zum Beispiel »heimische Frucht, tropische Frucht, künstliche Frucht, gekochte Frucht, Dörrobst«. Auf der Außenseite des Rings, zum Rand hin, werden diese Subkategorien weiter aufgefächert; bei »heimische Frucht« lesen wir also »Apfel, Birne, Pfirsich, Aprikose, Quitte, schwarze Johannisbeere«. Dieses Aromarad (für Weißweine; auf dem Rotweinrad stehen andere Begriffe) hilft, die eigene Aromarezeption ein wenig zu systematisieren; der forschende Weinfreund notiert seine Trinkerfahrungen und ordnet sie anhand des Rades ein (er erhält es beim Deutschen Weininstitut in Mainz).

Die Systematisierung der Gerüche ist für die Hersteller von Parfüms und Sprays, aber auch für Leute mit der Berufsbezeichnung Food-Designer von enormer Wichtigkeit, ebenso für die Automobilindustrie (ein Benz soll sich nicht nur anhören wie ein Benz, sondern auch so riechen – im Ernst!). Seit den siebziger Jahren hat man sich weitgehend auf sieben Duftklassen eingeschossen: blumig, ätherisch, moschusartig, kampherartig, schweißig,

Seit den siebziger Jahren hat man sich weitgehend auf sieben Duftklassen eingeschossen: blumig, ätherisch, moschusartig, kampherartig, schweißig, faulig, stechend.

faulig, stechend. Just diese Klassen entsprechen den so genannten partiellen Anosmien: Es gibt Menschen, die einzelne solcher Geruchsgruppen nicht wahrnehmen können, und diese Unfähigkeit ist erblich. Das verleiht der Einteilung eine gewisse biologische Plausibilität.

Vor zehn Jahren fand die amerikanische Molekularbiologin Linda Buck eine Gruppe von Genen, von denen jedes den Plan für einen eigenen Geruchsrezeptor enthielt – insgesamt rund fünfhundert verschiedene Rezeptoren. So gesehen gibt es fünfhundert Grundgerüche. Und wie viele unterscheidbare Kombinationen? Die Psychologie sagt: fünftausend. Parfümeure müssen davon mehr als tausend kennen. Der Normalmensch kommt in Tests auf etwa sechzehn.

Der Geruchssinn ist nicht ganz so ein Nahsinn wie der Geschmack.

Wer seine Nase schulen will, dem stehen gewisse Köfferchen zur Verfügung, in denen nummerierte Flacons mit duftenden Essenzen aufbewahrt werden. Die Kunst besteht nun darin, den Stoff riechend zu erraten. Der liebevoll zusammengestellte Koffer »Le Nez du Vin« (Édition Jean Lenoir, 13470 Carnoux en Provence) beispielsweise enthält vierundfünfzig solcher Fläschlein, deren Inhalt unter anderem nach Akazie, Teer, Farn, Moschus oder Trüffel riecht. Mit ihnen lässt sich gut trainieren. Aber Vorsicht: Es braucht nur ein Flacon auszulaufen, womöglich der mit Korkmoder, und Ihre Wohnung ist wochenlang parfümiert. In diesem Fall lernen Sie: Der Geruchssinn ist nicht ganz so ein Nahsinn wie der Geschmack. Er lehrt uns vielmehr Distanz. Doch riechen wir nur Menschen, die wir nahe an uns heranlassen. Und dann müssen wir sie auch im übertragenen Sinne riechen können, sonst wird's unangenehm. Der Geruch ist gewissermaßen ein Sozialsinn.

Nasenmäßig ist Homo sapiens keineswegs die Krone der Schöpfung. Bestimmte Tiere, Hunde zum Beispiel, können auf große Entfernungen schnuppern, und sie erkennen feinste Unterschiede. Hunde machen es wie erfahrene Weintester: Wenn sie ausatmen, dann schnauben sie die Luft nicht etwa in Richtung des beschnüffelten Objekts, sondern an ihm vorbei – sodass die Geruchsstoffe nicht von ihrer Nase weggeblasen werden. Dazu müssen sie noch nicht einmal den Kopf wegdrehen, vielmehr verformt sich die Hundenase entsprechend; ein Trick, den Menschen leider nicht beherrschen.

Außerdem kann Bello Pheromone riechen. Viele Tiere können Pheromone riechen, nur ausgerechnet wir nicht, obwohl es sich doch allem Anschein nach um exquisite Sexuallockstoffe handelt. Das heißt, wir konnten es mal und produzieren solche hormonähnlichen Stoffe auch noch, nur leider, leider sind die Nervenleitungen unserer Pheromonrezeptoren zum Hirn im Laufe der Jahrmillionen verkümmert (das Gen dafür gibt's noch, aber es hat nicht viel zu melden). Und warum? Weil unsere Vorfahren keine Pheromone mehr brauchten; sie kannten genügend andere lockende Signale, zum Beispiel »Kommst du mit in meine Höhle, meine Steinesammlung angucken?«

Entweder haben die japanischen Menschen feinere Nasen, oder aber die Westler haben einen höheren olf.

Gottlob gibt es andere, für uns riechbare **SEXUALLOCKSTOFFE**. So viel ist sicher: Körpergeruch ist ein Signalsystem. Er wird nicht zuletzt von Sexualhormonen gesteuert, ebenso seine Wahrnehmung, und er dient unter anderem dazu, dass sich bestimmte Menschengruppen einander zugehörig fühlen. Dieses Wissen machte mir bei einem Besuch in Japan sehr zu schaffen; ich hatte mir sagen lassen, dass wir Westler dort **»BUTTERSTINKER«** genannt werden, und allein das gab mir ein Gefühl des Ausgeschlossenseins.

Entweder haben die japanischen Menschen feinere Nasen, oder aber die Westler haben einen höheren olf. Und nun werden Sie erfahren, was ein olf ist. Es handelt sich um eine Einheit, die wir dem Raumluftwissenschaftler Per Olof Fanger verdanken (sein bahnbrechender Aufsatz »Hidden Olfs in Sick Buildings« erschien im Jahr 1988): Ein olf ist, wissenschaftlich ausgedrückt, die Ein-

heit für die Luftverunreinigungslast einer Standard-
person (die sich täglich duscht und die Unterwä-
sche wechselt) bei sitzender Beschäftigung; »jede
andere Luftverunreinigung wird durch die Verun-
reinigungslast in olf einer entsprechenden Anzahl
von Standardpersonen ausgedrückt, die die gleiche Unzufriedenheit hervorruft wie die tatsäch-
lichen Quellen«, so will es die Definition aus dem
Hermann-Ritschel-Institut der Technischen Universität Berlin. An diesem Institut gibt es ein Ge-
ruchslabor, was eine seltene Einrichtung ist; ein
weiteres gibt es in Dijon und dann noch eines in
Philadelphia, das Monell Chemical Senses Center.
Dort wurden in einer Versuchsreihe im Jahre 1998
einer Freiwilligentruppe von dreihundert Studenten verschiedene Gazebällchen unter die Nase gehalten, die mit Körpergeruch angereichert waren;
dreißig weitere Freiwillige hatten die Bällchen zuvor zehn Stunden lang unter dem Arm getragen.
Die so entstandenen Geruchsproben von Kindern
zwischen drei und acht Jahren, von Twens und
von Senioren über siebzig wurden nun von den
Studenten erschnüffelt, und die Überlebenden
füllten anschließend Fragebögen aus. Das Ergebnis: Der Geruch alter Frauen wurde am positivs-
ten empfunden, er hob geradezu die Stimmung,
während der Geruch junger Männer eher depres-
sive Gefühle auslöste. Sogar bei den Frauen. Ein
Resultat, das sich dermaßen merkwürdig ausnimmt, dass der Versuch vielleicht andernorts einmal wiederholt werden sollte. Ich möchte allerdings nicht mitmachen.

In der aristotelischen Reihenfolge kommen wir
nun zum Hören. Im Vergleich zum Riechen ist
das Hören ein Fernsinn.

Es gibt Geräusche, die kündigen genussvolles
Riechen und Schmecken an, und aufgrund einer
lustvollen Verschiebung können wir daher diese
Geräusche selbst genießen: den Plop des Korkens,
das Gluckern beim Einschenken. Oder das Brut-
zeln in der Pfanne. Nein, Musik ist das nicht, nur

das Verweisen auf einen nicht akustischen Genuss, aber eben doch selbst ein Hörgenuss.

Eine Zwischenform präsentiert die CD »The Sound of Wine«: gesampeltes Glucksen aus Gärbottichen, zu Melodien und Rhythmen aufgearbeitet. Die Bottiche stehen im Keller des burgenländischen Winzers Willi Opitz, und der lässt fünfzehn seiner Moste jeweils ein Stück aufführen, außerdem bilden sie ein Quartett, ein Sextett und, zum Schluss, gemeinsam ein Orchester. Die Moste quaken, blubbern und rülpsen, als würden Aliens zu uns sprechen. Das Burgenland in Österreich ist eben ein musikalisches Weinland. Seine Geschichte wurde nachhaltig von den Reichsfürsten Esterhazy bestimmt. Sie waren Mäzene der Komponisten Haydn, Liszt und Johann Nepomuk Hummel und bringen seit dem siebzehnten Jahrhundert aus ihrer Schlosskellerei Weine hervor. Gleichwohl, die Musik der genannten Komponisten ist ein Genuss für sich und nicht etwa, weil sie auf etwas anderes verweist.

Was ist es, das wir an ihrer Musik genießen oder an der eines anderen Komponisten? In seiner Frühschrift »Der Ursprung der Tragödie aus dem Geiste der Musik« spekuliert Friedrich Nietzsche, die Musik führe uns Leid und Erlösung vor, und zwar im Schein, heute würde man sagen: als Simulation. Eine Kunst ohne Bilder und ohne Begriffe, die unmittelbar auf die Seele wirkt. »Die Tragödie entzückt«, schrieb der englische Dichter Percy Bysshe Shelley gut fünfzig Jahre vor Nietzsche, »indem sie eine Spur der Lust gewährt, die im Schmerz enthalten ist. Dies ist auch die Quelle der Melancholie, die von der lieblichsten Melodie nicht zu trennen ist.«

Solche Überlegungen passen nicht schlecht zu den Forschungsergebnissen von Jaak Panksepp, einem Psychologen an der amerikanischen Bowling Green State University. Im Hauptberuf erforscht der Mann **GEFÜHLSZENTREN IM HIRN**, speziell die Zentren der Traurigkeit. Die Urform

Die Moste quaken, blubbern und rülpsen, als würden Aliens zu uns sprechen.

der Traurigkeit ist, so will es eine weithin akzeptierte Theorie, der Trennungsschmerz. Er wird durch biochemische Substanzen ausgelöst und führt, bei Säugetieren und im Prinzip auch beim Menschen, nach einiger Zeit wieder zu neuen Bindungen – ein Vorteil im Konkurrenzkampf der Gene um ihre Vermehrung. Dieselben Substanzen nun werden auch bei bestimmten akustischen Reizen ausgeschüttet, wie Panksepp beobachtet hat. Dieses Phänomen wiederum erinnerte ihn an ein anderes: die Tatsache, dass uns beim Hören bestimmter Musik ein Schauder über den Rücken läuft, wohlig oder kalt.

Nun haben Massenuniversitäten für Psychologen den Vorteil, dass dort viele Versuchspersonen herumlaufen. Panksepp lud Mitte der neunziger Jahre 712 Studenten zu Tests und Befragungen ein; gut zwei Drittel – bei den Frauen sogar weitaus mehr – gaben an, das Schaudergefühl zu kennen. Die Frauen erlebten, ihren Angaben zufolge, das Gefühl zumeist als Kälteschauder (**CHILLS**), Männer hingegen deuteten es häufiger als elektrisierende Erregung (**THRILLS**). In beiden Gruppen befand eine Mehrheit, dass es vorrangig fröhliche Musik sei, bei der die Gefühlsereignisse auftreten. Alsdann durften die Probanden Musik hören – eigens mitgebrachte sowie ein paar Scheiben, die der Psychologieprofessor auflegte. Die Studenten hatten zu notieren, wann es sie schauderte, überdies wurden die Hauttemperatur und andere Werte gemessen. Angaben und Messergebnisse stimmten zu achtzig Prozent überein. Erneut erwiesen sich Frauen als empfänglicher für das Gefühl; freilich waren es entgegen aller Selbstbeobachtung primär die als traurig eingestuften Melodien, die Chills oder Thrills auslösten. Damit gab Panksepp sich allerdings noch nicht zufrieden. Er filterte verschiedene Frequenzbereiche aus den Musikstücken heraus – nichts veränderte sich. Nur einmal, als er die typischen Frequenzen des Wehrufs entfernte, den Affen bei der Trennung von geliebten Mitgeschöpfen ausstoßen: Da empfand niemand mehr irgendwelche Sensationen.

Was können wir daraus lernen? Panksepp bietet eine Spekulation an. Möglicherweise, meint er, koppeln genetische Programme Klageruf und Trennungsschmerz so miteinander, dass sie sich gegenseitig hervorrufen. Das klagende Wesen löst damit auch bei anderen Vereinzelten den Wunsch aus, sich zu binden. Dies könnte ein Motiv sein, das uns zivilisierte Primaten in der Musik anrührt, und zwar Frauen mehr als Männer.

Töne wirken direkt, sie lassen das Archaische schwingen, ohne dass wir etwas dagegen tun können. Das Hören ist unmittelbarer als das Sehen, ist totaler, weniger distanziert. Wegsehen ist leichter als weghören. Genuss oder Qual des Hörens sind körperlicher als alles, was uns das Sehen bieten kann. Das Sehen ist geistiger, weil der Konstruktion des Bildes ungleich mehr signalverarbeitende Schritte vorausgehen; der optische Genuss ist intellektueller als der akustische, weshalb frühere Theoretiker, die in alles und jedes eine Hierarchie bringen wollten, die bildende Kunst gern über die Musik stellten.

Das Hören sei immerhin dem Schmecken überlegen, räsonierte Brillat-Savarin, weil es so vieles gleichzeitig wahrnehmen könne. Und Michel Serres schreibt: »Der Blick ist lokal, das Hören global.« Der kanadische Medientheoretiker Marshall McLuhan war vom Hören aus dem gleichen Grund fasziniert. Ihm zufolge kommunizierten Gesellschaften, die keine Schriftsprache kannten, gewissermaßen synchron: Wer durchs Dorf ging, hörte vieles zugleich. Damit war McLuhan einer Qualität des Hörsinns auf der Spur, die diesen vor anderen Sinnen auszeichnet: Er ist in hohem Maße ein ungerichteter Fernsinn. Gewiss, wir können gezielt hinhören; dann filtert das Gehirn bestimmte gesuchte Signale aus dem Schallsalat heraus. Doch das normale, unwillkürliche Hören ist ziellos, während wir den Blick unausgesetzt richten.

Das Hören ist unmittelbarer als das Sehen, ist totaler, weniger distanziert. Wegsehen ist leichter als weghören.

Wie viel wir hören, ohne hinzuhören, das hören wir, wenn wir einmal hinhören: wenn wir bewusst wahrnehmen, was alles an unser Ohr dringt. Noch im schalltoten Raum der Tontechniker hören wir etwas – einen hohen Ton (er rührt von den Nerven im Innenohr her) und einen tieferen (das Rauschen unseres Blutes). Sobald wir uns bewegen, hören wir die eigenen Schritte; gehen wir also aus dem schalltoten Raum wieder heraus, und schnappen wir uns noch einmal das Buch »Die Gutenberg-Galaxis« von Marshall McLuhan: Die Buchkultur, heißt es darin, sei eine Kultur der Linearität. In ihr werde Schritt für Schritt und zeilenweise kommuniziert, gedacht, gelebt. Diese Linearität löse sich erst im elektronischen Weltdorf wieder auf – McLuhan meinte damit die Welt des Fernsehens, das Internet kannte er noch nicht.

Dieser Gedankengang ist spekulativ, aber genial geahnt, denn dass die Netzhaut in der vernetzten Welt gewissermaßen zum Organ der Gleichzeitigkeit wird, ist nicht zu bestreiten. Wir schalten uns durch die elektronisch vermittelte Glotzosphäre und hüpfen von Kanal zu Kanal, von Website zu Website, hin und zurück. Wobei sich die Frage erhebt, ob darin Genuss liegt. Das Wanderverhalten mittels Fernbedienung und Maus erinnert jedenfalls weniger ans Surfen oder Reisen, wie uns die Propaganda glauben machen möchte, sondern mehr an Nahrungssuche oder, im Fall des Zappens, an Flucht. Wohin wir auch blicken und klicken, wir sehen im Netz und Fernsehen meist nicht das, was wir suchen, weshalb diese Tätigkeiten in der Regel wenig genussvoll sind.

Bücher zu lesen ist, alles in allem, der höhere Genuss.

Beim **LESEN GUTER BÜCHER** verschafft uns der Sehsinn auf dreifache Weise Lusterlebnisse. Er registriert die Buchstabenfolgen und damit das Material, das vom Gehirn entschlüsselt wird; er nimmt die Ästhetik der Buchausstattung wahr; er verhilft uns zu den inneren Bildern unserer Fantasie (nämlich: einige Gehirnpartien, die im Prinzip für das Sehen zuständig sind, helfen bei Bedarf freundlicherweise dem bildlichen Vorstellungsvermögen aus).

Damit ist aber noch beileibe nicht alles über den Lesegenuss gesagt.

Lesegenuss, das ist eine Melange aus vielerlei Eindrücken und Empfindungen. Das Gefühl, sich etwas Gutes zu tun, gehört dazu; weiterhin: das Bewusstsein der Muße und zugleich des sinnvollen Tuns, außerdem die sinnliche Wahrnehmung mit Auge und Hand, ja Nase und Ohr. Wir hören die Seiten rascheln, streichen über das Papier, riechen und sehen und genießen diesen seltsam doppelten Gegenstand, das Buch – seltsam doppelt deshalb, weil es ein schönes Objekt, doch vor allem dazu da ist, in unserer Fantasie noch ganz andere Dinge und Vorkommnisse entstehen zu lassen. Es ist von dieser und von jener Welt.

Ein nicht minder interessanter Fall ist das **ZEITUNGLESEN**. Nicht das hektische Durchblättern des U-Bahnfahrers oder Journalisten, sondern das friedliche Grasen auf der Informationswiese, das in folgender Szene zu einem Genuss eigener Art wird: Morgenkaffee oder -tee, Gebäck, Saft und eben die Zeitung, möglichst mit frischer Druckerschwärze, nach Nacht und Aktualität riechend und auf jeden Fall etwas fürs Auge. Was für ein Genuss, im Wiener Kaffeehaus zu sitzen, Stunde um Stunde, und die europäischen Zeitungen zu studieren! Genuss auch deshalb, weil die Symbolik so stark ist; der optische und haptische und akustische und olfaktorische Reiz der Morgenpresse lässt in uns das Gefühl hervortreten, am Puls der Zeit zu sein, aber: zurückgelehnt.

Bemerkenswert ist die Fähigkeit der schönen Literatur, das Auge so anzusprechen, dass alle Sinne gereizt werden. Kulinarisch inspirierte Werke wie Émile Zolas »Der Bauch von Paris« legen den Ge schmack auf die Zunge, Thomas Manns »Zauberberg« lässt uns Schweizer Alpenluft atmen, es gibt klingende Literatur wie »Finnegans Wake« von James Joyce, optische wie »Der Derwisch und der Tod« von Mesa Selimović; Abenteuerromane machen die Hände feucht, Liebesromane lassen das Herz klopfen, erotische Geschichten wecken die Lust – das Sehen ist der Durchgangssinn, aber wir genießen die Literatur mit vielen Sinnen. Und zwar nicht bloß die Behaglichkeitsliteratur. Die erschütternden, erschreckenden, beängstigenden, bestürzenden Werke wie Célines »Reise ans Ende der Nacht« – auch ihre Lektüre ist Genuss. Genuss deshalb, weil das Erleben zwar in den Gefühlen stattfindet und insofern real ist, die Handlung aber doch nur Fiktion (selbst wenn sie, wie im Fall des historischen Romans, einmal Tatsache war); dieses Wechselspiel von aufregendem Dabeisein und beruhigendem Entferntsein ist genussvoll. Und Genuss kann die Lektüre des Leidvollen oder Grausamen auch deshalb sein, weil wir etwas für uns Wichtiges erleben, entdecken oder bestätigt finden – und es ist nun einmal so, dass unser Gehirn jeden Gewinn mit selbst gemixten Glückscocktails belohnt.

Diese Überlegung hilft, sich dem Begriff »KUNSTGENUSS« zu nähern.

Kunst ist auch Provokation, Aggression, Symbolhandlung, Erziehung; sie kann schwierig, mühevoll, anstrengend zu rezipieren sein – klingt alles nicht gerade genussvoll. Da brauchen wir gar nicht erst an Gebilde aus Filz und Fett zu denken. Auch das Selbstbildnis des alternden Rembrandt zum Beispiel kann im herkömmlichen Sinne nicht mit Genuss, sondern allenfalls mit Mitgefühl betrachtet werden. Der französische Maler Nicolas Poussin (1594–1665) meinte zwar: »Der Zweck der Kunst ist Genuss«, seine eigene Malerei indes war doch eher streng, weshalb sich die Partei, die damals im Pariser Akademiestreit den Vorrang der Form über die Farbe postulierte, die »Poussinisten« nannte; die Gegenfraktion hieß die »Rubenisten«. Der Streit wurde mit einem Spruch des Akademiekanzlers Charles Le Brun beigelegt: »Der Zweck der Farbe ist es, die Augen zu befriedigen, und das Zeichnen befriedigt den Geist.« Tja, da war die Luft raus.

Und doch gilt auch für die schwierigen, widrigen, sogar ekligen Werke der Kunst, dass sich ein Genussgefühl einstellt, wenn wir uns nur auf sie einlassen – und wenn wir uns hingeben. Eben weil das Gehirn diese Anstrengung belohnt. »Kunstgenuss« ist also kein allzu deppertes Wort, auch wenn es ein wenig nach Erbauung klingt.

Ob wir etwas genießen können, hängt von unserer Kenntnis und der Bereitschaft zur Hingabe ab. Nicht nur die Kunst, auch der Genuss entsteht gewissermaßen im Auge des Betrachters. Im Talmud heißt es: Wir sehen die Dinge nicht, wie sie sind, wir sehen die Dinge, wie wir sind.

Die moderne Hirnforschung gibt dem Talmud Recht. Sie zeigt nämlich, dass bildliches Erkennen als eine Auswahl innerer Bilder beschrieben werden kann, die zum jeweils empfangenen Außenreiz passt. Gleichwohl findet ein allmähliches Kennenlernen der realen Dinge statt, denn im Handeln erweist sich, wie passend die Auswahl der inneren Bilder war. Das kann man auch Lernen nennen. Nur: Woher stammen die inneren Bilder?

Einige rühren aus ewigen Zeiten her, lesen wir bei C. G. Jung, und sie tragen tiefe Bedeutungen: die Archetypen aus dem »kollektiven Gedächtnis«. Heutige Wissenschaftler würden die Frage anfügen, ob sie angeboren sind oder kulturell weitergegeben wurden. Tatsache ist jedenfalls, dass Menschen kulturübergreifend gewisse Anblicke als schön empfinden. Den Ausblick, von erhöhter Position, auf eine Savanne beispielsweise, mit Schatten spendenden Baumgruppen und Wasser spendendem Flüsschen. Eine Augenweide.

Warum lieben Menschen Bäume? Drei Theorien werden in der umweltpsychologischen Literatur diskutiert. Erstens: Menschen lieben Bäume, weil ihre Vorfahren sie als Verstecke oder Aussichtstürme nutzen konnten. Zweitens: weil sie den Urmenschen auf günstige Umweltbedingungen hinwiesen. Drittens: weil sie besondere ästhetische Eigenschaften haben; obgleich fest verwurzelt, ragen sie in die Höhe, und das findet unsereins schön. Diese dritte Theorie hat ihre Mängel, finde ich, denn sie erklärt nicht, sondern verweist auf etwas, das erst erklärt werden müsste. Egal, für alle drei Theorien wurden Hypothesen und Tests entworfen. Der Versteck- und Turmtheorie zufolge müssten Menschen vor allem diejenigen Bäume bevorzugen, die hoch gewachsen sind und eine dichte Krone aufweisen. Nach der zweiten Theorie sollten solche Bäume weniger beliebt sein, die typischerweise in dürren oder tropisch feuchten Gebieten wachsen. Aus der dritten Theorie folgt die Hypothese, dass ein hoher Stamm besonders gern gesehen wird.

Nun also Tests. Versuchspersonen, die möglicherweise schon Schweißbällchen gerochen und traurige Musik gehört haben, müssen nun angeben, welche gezeichneten Bäumchen sie am hübschesten finden – an psychologischen Fakultäten wird es nie langweilig. Derartige Tests gibt es zuhauf; ihnen zufolge können wir die dritte Theorie, die ja ohnehin auf beiden Beinen hinkte, einfach vergessen. Große Krone, das ist wichtig, und der Stamm darf nicht allzu dünn sein. Das diktiere, glauben Umweltpsychologen, nicht ein abstraktes ästhetisches Gesetz, sondern die Tatsache, dass der Mensch nicht gern auf schwankende Bäume klettere.

Kann sein, kann auch nicht sein, aber was hat das mit Genuss zu tun? Dies: Uns an Bildern zu erfreuen ist vielleicht die kulturell überformte Spur einer Fähigkeit, die zum Überleben unserer Vorfahren beigetragen hat. Ähnlich wie das gute Innengefühl, das wir beim Sport erleben. Ähnlich wie der sinnliche Reiz eines weichen Tuchs. Ähn-

Im Talmud heißt es: Wir sehen die Dinge nicht, wie sie sind, wir sehen die Dinge, wie wir sind.

lich wie unsere Neigung, bestimmte Klänge als schön oder aufregend zu empfinden. Ähnlich wie das Wohlempfinden bei bestimmten Düften, bei einem bestimmten Geschmack im Mund.

Die Kultur hat diese ursprüngliche Genussfähigkeit von der Überlebensfunktion abgekoppelt, sie verselbständigt, verfeinert, ihr neue psychologische Wirkungen und soziale Bedeutungen verliehen. Verkoppelt mit unserem Gedächtnis und unserer Fähigkeit, innere Bilder zu produzieren, breitet diese Genussfähigkeit ein ganzes Panorama in uns aus.

Erst das Zusammenspiel aller Sinne untereinander sowie mit dem Gedächtnis und der Fantasie macht den Genuss vollständig.

Fantasie kommt uns zum Beispiel beim Genuss alter Weine zugute, etwa wenn wir uns fragen: Hat der Vorfahr des Clos de Vougeot, den wir heute trinken, im Paris des achtzehnten Jahrhunderts wohl so ähnlich geschmeckt? Die Riesling-Auslese, goldfarben und kostbar, bietet sie mir ein Geschmackserlebnis, das so oder so ähnlich die Fürsten, Mogule und Bonvivants früherer Jahrhunderte genossen? Besonders irritierend sind Proben sehr alter Weine. Einhundert Jahre alt und älter, können sie durchaus noch Genuss verschaffen, erst recht, wenn es sich um große Bordeaux handelt, die in der Prä-Phylloxera-Zeit, also vor dem Aufkommen der Reblaus Ende des neunzehnten Jahrhunderts, entstanden sind: **JUGEND, FEUER, KRAFT**. Indem wir sie trinken, nehmen wir mit Geschmacks- und Geruchssinn Kontakt zur Vergangenheit auf und widerlegen das italienische Sprichwort, wonach sich die Zeit nicht in eine Flasche stecken lässt. Allerdings ist unsere Widerlegung nicht perfekt, denn die alten Weine haben sich seit damals geändert, und wir werden nie erfahren, wie nahe unser Empfinden dem der damaligen Konsumenten ist. Es gibt Süßweine, die sind zwei Jahrhunderte alt und schmecken durchaus noch ganz gut, ein bisschen nach Nuss, ein bisschen nach Tee – aber in diesen Fällen wird unser Geschmacksempfinden von der Ehrfurcht vor dem Alter beeinflusst, denn normalerweise würden wir den Stoff im Restaurant zurückgehen lassen, handelte es sich um einen jüngeren Wein.

Neben der Fantasie spielt die sinnliche Erinnerung eine leitende Rolle beim Genuss. Blicken wir nur einmal auf die Weinkarte in einem guten Restaurant. Der Morey-Saint-Denis, duftet er nicht nach Wild und Laub, ganz so wie jener Wald, in den die Familie früher ihre Ausflüge machte? Eine Riesling-Auslese, schmeckt sie nicht oft nach tropischen Früchten und ein wenig nach Petrol? Mich erinnern Rieslinge zuweilen an den Duft, der eines Sommertags durch ein offenes Autofenster hereinströmte; er signalisierte: Hier reifen Mangos, komm her und pflücke!

Gehen Sie solchen Erinnerungen nach. Kosten Sie, und versuchen Sie dabei zu assoziieren: eine genießerische Übung, und der Genießer übt, wo immer er kann.

An der Nordseeküste riecht es nach Jod, beim Atmen schmeckt man dort das Salz des Meeres – und an die Nordsee erinnere ich mich, wenn ich Poularde in Salzkruste esse; wenn Sie die mal zubereiten wollen, nehmen Sie unbedingt graues Meersalz (gibt's im Reformhaus); in ihm steckt viel Jod, und der Jodgeschmack macht sich in der Poularde großartig. Sie schmecken ihn auch in manchen **MALT WHISKYS**, hin und wieder auch in Weißweinen.

Steckrüben wiederum erinnern mich an die Kindheit, wobei ich dieses Gemüse am liebsten in Form von winzigen, mit Speck gedünsteten Würfelchen esse. Oder ist es nicht die Erinnerung, sondern einfach nur die Tatsache, dass ich mich bereits an den Rübengeschmack gewöhnt hatte, als ich noch im Mutterleib nistete und gewissermaßen miternährt wurde? Kinder jedenfalls, deren Mütter im letzten Drittel der Schwangerschaft viel Möhrensaft getrunken haben, essen später lieber Möhrenbrei als andere, behaupten Forscher vom Monell Chemical Senses Center in Philadelphia. Man darf allerdings fragen: Wieso? Vielleicht, weil Möhrensaft trinkende Mütter besonders auf die Ernährung achten und insbesondere den besseren Möhrenbrei herstellen können? Und wonach verlangen die Blagen, wenn die Mutter am liebsten getrüffelte Pasteten isst? Und was widerfährt dem ungeborenen Leben, wenn norwegisches Pinnekjött das bevorzugte Gericht war?

Der Geschmack von Korinthen erinnert mich an pasteurisierte Milch: wieder so eine biografische Schleife. Nach der Hamburger Sturmflut von 1963 verschenkte eine griechische Reederei in rauen Mengen Korinthen an die Not leidende Stadt, und die Verwaltung in ihrer unendlichen Weisheit ließ sie an den Schulen verteilen. Tagelang bekam ich jeden Morgen eine große Tüte feuchter Korinthen. Ich wusste nicht, wogegen oder wofür, aber sie waren ein Geschenk von einem edlen Spender, das wurde mir jedes Mal mitgeteilt. Und jedes Mal, wenn ich davon zu viel gegessen hatte, bekam ich einen Riesendurst, den ich mit Schulmilch löschte.

Musik wiederum kann bestimmte Geschmacks- und Geruchsempfindungen, die im Gedächtnis gespeichert sind, so stark hervorrufen, als wären sie gegenwärtig. Als Jugendlicher hing ich einen Sommer lang in einem Freiluftlokal herum, und zwar wegen der Musikbox: Sie hatte Platten von den Doors, den Animals, von Brian Auger und The Cream und ähnliches. In diesem Lokal roch es nach Pommes frites. Und wenn ich heute »I Feel Free« von The Cream höre, rieche ich: Pommes frites. Zu schade, dass ich keine Trüffelmusik kenne.

Wie also ist es mit Musik beim Essen? Wenn Sie Gäste einladen, ist das kein wirkliches Problem: Sie kennen deren Vorlieben, vermutlich, und weil Sie sich mit ihnen unterhalten wollen, werden Sie allenfalls leise Hintergrundmusik spielen. Ich lege eher selten etwas beim Essen auf, es sei denn, die Klänge unterstützen den kulinarischen Eindruck:

Und wenn ich heute »I Feel Free« von The Cream höre, rieche ich: Pommes frites.

zentralamerikanische Rhythmen beim Chili con carne oder festliche Klassik beim Zelebrieren eines großen Weins. Im Restaurant ist die Sache schwieriger. Hier wählt der Chef gewöhnlich solche Musik, die den meisten Menschen gefällt, und mein Problem ist: Gerade die kann mich wahnsinnig machen. Erst recht, wenn ihre Lautstärke beim Essen stört. Das gilt auch für Live-Musik in Bars; in den besten Restaurants werden Sie ohnehin niemals Musik hören.

Zuweilen rufen Sinnesreizungen die Eindrücke eines anderen Sinns auf direktem Wege hervor, also ohne dass sie durch das Gedächtnis miteinander verkoppelt sind: In diesen Fällen spricht man von **SYNÄSTHESIE**. Sie ist weit verbreitet, doch es gibt Menschen, die Synästhesien ausgesprochen stark empfinden. Für sie riechen tiefe Töne nach Vanille, die Milch schmeckt blau, oder die Sieben sieht gelb aus – und wenn man diesen Menschen die Rechenaufgabe $4 + 3 = ?$ stellt, dann sehen sie Gelb, bevor sie »Sieben« sagen können. Ich zum Beispiel sehe Rot, wenn ich an meine Steuererklärung denke.

Viele Künstler sind Synästhetiker, was ihrer Kreativität zugute kommt, denn Kreativität bedeutet ja vor allem, das Vorhandene neu zu kombinieren. Es gibt verschiedene Theorien über das Zustandekommen der Synästhesien, etwa die, dass es eine Art »Mitnahmeeffekt« gibt: Wenn beispielsweise die Neuronen im Sehsystem um sich feuern, kriegen auch die fürs Hören zuständigen Gehirnzellen eine Ladung ab. Nach einer anderen Ansicht spielt bei Synästhetikern das limbische System eine stärkere Rolle, als ihm eigentlich zusteht: Wird es durch Außenreize stimuliert, überschüttet es den Kortex überreichlich mit Signalen, was dem Bewusstseinsapparat die Auswahl zwischen richtigen und falschen Interpretationen des Sinnesreizes schwer macht.

Im Normalfall arbeitet jeder unserer Sinne auf seinem eigenen Gebiet. Nur eben, sie arbeiten zusammen. Meist gibt es für jeden Genuss einen spezifischen Leitsinn, so wie den Geschmack beim Essen, aber das Auge isst mit. Es will **LUSTSIGNALE**, die es an den Appetit weitergibt: die überglänzte Trüffelscheibe oder meinetwegen die dekorative Cocktailkirsche, der Sahneklecks. Das Glitzern der Reflexe im Wein – in den sensorischen Schulungsstunden an der Fachhochschule Geisenheim, dort also, wo Deutschlands beste Winzer ausgebildet werden, wird Wein aus schwarzen Gläsern probiert, damit nicht der Anblick den Geruchs- und Geschmackseindruck manipuliert.

Essen kommt gern verkleidet daher. In der Geschichte der großen Küche hat es zwei Formen der Maskerade gegeben, die tragische und die komische. Die tragische, das war die schicksalhafte fette Sauce, die mit Käse, Butter, Bratensaft und Mehl die Gerichte unter sich begrub. In Zeiten bürgerlichen Wohlbehagens trug diese Küche symbolische Bedeutung; sie ließ keinen Zweifel daran, dass das Leben sämig und weich verlief. Die komische indes lässt den Speisen ihren Eigengeschmack, sie verleiht ihnen nur ein anderes Aussehen. Rebhuhnkotelett Romanow ist so ein Gericht: Rebhuhnbrüste, Rebhuhnfarce, Stopfleber- und Trüffelscheiben werden zu einem Kotelett geformt, ein Rebhuhnfuß spielt Kotelettknochen.

Vor drei, vier Jahrhunderten gab es übrigens triftige Gründe, weißes Geflügelfleisch wie ein Fischfilet zu formen und zu servieren: Das war eine übliche Praxis unter Kirchenfürsten, die sich den Anschein geben wollten, sie hielten die Fastenzeit ein. Später gab es so genanntes Arme-Leute-Essen, mit dem das Essen der Reichen imitiert wurde: der falsche Hase oder die »**BEAMTENGANS**«, die ein Schweinebraten ist.

Auch heute noch spielen Speisen Verkleiden: Es gibt Nudeln, die wie Hahnenkämme aussehen, Spaghetti-Eis und dann noch diese seltsamen Kartoffelpüreerollen, die an Bettwürste erinnern (und Kroketten heißen).

Es gibt Nudeln, die wie Hahnenkämme aussehen, Spaghetti-Eis und dann noch diese seltsamen Kartoffelpüreerollen, die an Bettwürste erinnern (und Kroketten heißen).

Ich koche Safran-Bandnudeln, gebe dem Teller mit Hilfe von Zuckerschoten und Tomatenwürfeln ein Gesicht und nenne den Gang »Frühlingsnudeln blicken dich an« (den Safran kaufe ich zuweilen in der Apotheke; er ist sehr aromatisch und ergiebig). Darf man so was? Mit Essen spielt man nicht, hieß es in meiner Kindheit; ich habe das nie verstanden und spiele bis heute mit dem Essen. Wenn ich koche, dann sollen Augenlust und Aromagenuss ineinander spielen.

So ist es ein Genuss, Tomaten anzusehen. Außerdem fühlen sie sich angenehm an und duften unvergleichlich, wenn sie nicht aus irgendeiner Gemüsefabrik kommen, in der ursprünglich Gummibälle hergestellt wurden. Ich habe einmal eine ganze große Plastiktüte superreifer Tomaten gekauft, es war ein Fest für die Nase, und meine Frau und eine Freundin sahen mich damit ankommen. O wie schön, ging es, und: Was willst du denn mit sooo vielen Tomaten? Ich kündigte Suppe an.

VORFREUDE.

Am nächsten Tag bekam jeder ein Teetässchen hellgelber, klarer Essenz. Eiskalt.

Es war ein Reinfall. Die beiden hatten sich riesig auf eine rote, sämige Tomatensuppe gefreut! Mein Fehler. Ich hätte nicht Tomatensuppe, sondern Tomatenseele ankündigen sollen: die Essenz der Tomate, isoliert, herauspräpariert, nicht mehr teufelsrot, sondern engelsgleich.

Das geht ganz einfach, übrigens. Die Tomaten müssen erstklassig sein, groß, saftig und sehr reif. Sie werden enthäutet und halbiert. Wir legen sie dann in ein Tuch, das in einem Durchschlag liegt; was hindurchtropft, fängt eine Schüssel auf. Ungefähr achtzehn Stunden lang. Das Durchgetropfte kühlen wir sodann sehr gut durch und servieren es mit einem winzigen Tropfen Olivenöl pro Tasse, ein kleines Basilikumblatt passt auch. Dann sieht die Speise sehr italienisch aus, und sie schmeckt auch so.

Essen ist optisch codiert. Mich erinnert eine Feige an – pardon – eine Vagina.

SIND WÜRSTE PHALLUSSYMBOLE? Ich habe das immer für Vulgärpsychologie gehalten, bis – ja, bis ich ins Ruhrgebiet zog. Nie werde ich den befriedigten Gesichtsausdruck der Currywurstfrau vergessen, die eine große Schere hervorzog und meine Currywurst in kleine Stückchen schnitt – ich kannte diese Darreichungsform nicht und war kastrationsangstmäßig schockiert. Komischer, wenngleich immer noch etwas bedrohlich, fand ich die Currywurstschneidemaschine: oben Wurst rein, unten Stücke raus. Ich glaube allerdings nicht, dass diese Erfahrungen der Grund sind, weshalb ich Currywürste mittlerweile eklig finde. Ich bin ein Spätentwickler, und auf das gute Essen bin ich eben auch erst spät gekommen.

Zuweilen sind es sogar nur die Farben des Essens, die Bedeutung tragen. Kinderessen zum Beispiel muss bunt sein. Heilige essen graues Einerlei. Die österreichische Esskulturspezialistin Helene Karmasin beschreibt die Farbcodes des Essens am Beispiel eines Festmenüs: »Die Hauptspeise ist der wichtigste Gang, sie benützt daher dunkle Töne, die bei uns dem Männlichen und dem Offiziellen vorbehalten sind – Männeranzüge und teure Autos sind dunkel, gedeckt, seriös; offizielle Situationen erfordern dunkle Farben. Das ›weibliche‹ Dessert ist dagegen babyfarben hell, was zusätzlich auch eine leichte Speise signalisiert, die man an dieser vorgerückten Stelle des Menüs noch essen kann.« Das mag man nun als etwas veraltet ansehen, aber es entspricht immer noch der sozialen Wahrheit auf den Tellern, insbesondere in den repräsentativen Lokalen und bei so genannten offiziellen Anlässen.

Wobei das Verhältnis von Frauen zum Dessert durchaus rätselvoll ist. Oft bestellen sie keins, weil sie Diät halten. Vom Dessert des Mannes essen sie aber gerne mit, das heißt dann »naschen«. Die Frage »Willst du dir nicht doch ein eigenes Dessert bestellen?« verrät **SEELENROHEIT**. Softies wiederum, die ihrer Dame den Großteil des Desserts anbieten, haben die Erotik des Moments ebenso wenig begriffen.

Allerdings hat die Wissenschaft in jüngster Zeit Zweifel daran aufkommen lassen, dass es sich hierbei um einen intimen, mit Andeutung beladenen Akt handle. Lange Zeit fragten sich die Verhaltensbiologen, wieso männliche Schimpansen ihre Beute mit Weibchen teilen, mit denen sie nicht verwandt sind – andere Tiere kennen solches Sozialverhalten nicht. Nun, eine hergebrachte Theorie antwortete auf diese Frage mit »Warum wohl?« und einem viel sagenden Blick. Ein Verhaltensforscher der Universität von Minnesota wollte die Hypothese »Essen gegen Sex« testen und begab sich zu diesem Zweck in den tansanischen Gombe-Nationalpark; Besuche in Restaurants hätten es vielleicht auch getan, aber als Fachmann für exotische Tiere kommt man eben schön herum in der Welt. In Afrika jedenfalls lernte der Forscher ein Alphamännchen namens Frodo kennen, das regelmäßig Fleisch unter die Weibchen verteilte. Befund: Frodo war es vollkommen schnuppe, ob die Esserin in der Brunst war oder nicht. Seine Bereitschaft abzugeben hing lediglich davon ab, wie sehr ihn das Weibchen nervte – Frodo wollte einfach seine Ruhe haben, mutmaßte der Forscher auf einer Tagung, die den hübschen Titel »Menschenaffen: Herausforderungen des 21. Jahrhunderts« trug.

Mach's wie Frodo, streiten lohnt nicht.

Aus alledem können wir den Schluss ziehen: Mach's wie Frodo, streiten lohnt nicht. Lass sie essen. Und mach das Beste draus: Vielleicht funktioniert die herkömmliche Theorie ja doch. Bis dahin genieße den Anblick der Schönen, die sich deinem Dessert anvertraut.

Die Sinne wirken zusammen im Genuss, auch in diesem Fall. Warum also sollte unter ihnen eine Hierarchie aufgebaut werden? Wer hat ein Interesse daran, das Sehen als König der Sinne und das Hören als Premierminister auszurufen? Mir scheint das eine Selbstrechtfertigung des Intellektuellenstands zu sein und eine wenig geistvolle noch dazu, denn sie lenkt den Blick davon ab, wie raffiniert die Nahsinne des Tastens, Riechens und Schmeckens zusammenwirken, um biologische und gesellschaftliche Aufgaben zu erfüllen. Und anders, als es das begrifflich sezierende Denken will, arbeiten die fünf oder sechs oder sieben Sinne der Menschen einträchtig miteinander, Hand in Hand.

Die Glücksstoffe, die das Hirn ausschüttet, wenn uns die Sinne Genuss vermitteln wollen, sind ohnehin dieselben – egal, ob jemand sich freut, weil er eine Auster schluckt oder eine mathematische Formel verstanden hat.

Man kennt rund fünfzig verschiedene so genannte Neurotransmitter – das sind jene Chemikalien, die den Signalfluss zwischen den Gehirnzellen steuern –, und etliche von ihnen sind am Genuss beteiligt, darunter besonders diese vier:

DOPAMIN: beeinflusst viele Emotionen, die mit körperlicher Erregung einhergehen.

ENDORPHINE: im Körper hergestellte Opiate, die das Flow-Gefühl auslösen – das Verschmelzen.

NORADRENALIN: ein echter Stimmungsmacher.

SEROTONIN: Je mehr im Gehirn umherfließt, desto besser ist der Mensch drauf. Es wird zum Beispiel massiv durch Ecstasy freigesetzt, ein Vorgang, der aber sehr bald von Serotoninmangel abgelöst wird, was verheerende Wirkungen hat.

Es kommen noch allerhand Hormone dazu. Aus diesen Zutaten lassen sich vielerlei Cocktails mixen, die in verschiedenen Gehirnregionen Gutes tun. Und diese **LUSTCHEMIE** ist nur die eine Seite. Die andere ist die Verschaltung unserer Gehirnzellen. Man spricht vom »fließenden« Gehirn der Chemie und dem »verdrahteten« Gehirn der Nervenzellen. Beide zusammen, das verdrahtete und das fließende Gehirn, ergeben eine hochkomplexe Genussmaschine. Sie hat viele Funktionen, aber funktioniert als ein Ganzes; sie gibt gewissermaßen die einheitliche physiologische Basis des Genießens ab. Das Gehirn, unser Zentralorgan, ist zugleich das Zentrum der Lust. Ist es nicht wunderbar, dass wir so etwas Feines im Schädel haben?

Die segensreiche Arbeit des Gehirns erlaubt es uns, vom Genuss im Allgemeinen zu sprechen: von dem Wohlgefühl im Augenblick des Lebensverbrauchs.

Die Anderen

»Seit Eva den Apfel aß, hängt viel vom Abendessen ab.«
Lord Byron

Jeder nach seinen Fähigkeiten, jedem nach seinen Bedürfnissen! Diese Losung wird wahr, wenn wir Gäste einladen und gemeinsam genießen. Die Abendessen und Gartenfeste, die **GELAGE** und Verkostungen, die Weinrunden und die **LIEBES-MAHLE** zu zweit, sie sind die besten Gelegenheiten für das Wort Genosse oder Genossin. Das ist der wahre Kommunismus. Eine Gegenwelt. Sie ist nicht weniger real als die Alltagswelt. In einem bestimmten Sinn ist sie sogar realer, nämlich unmittelbarer: Hier herrschen die Gefühle, nicht die Kalküle.

Wo der Kellner nur bleibt? Ah, da kommt er und bringt uns eine Poule aut Pot Henri IV, ein wahrhaft klassisches Gericht, ein gefülltes und pochiertes Hähnchen, benannt nach König Heinrich IV., der Frankreich von 1589 bis 1610 regierte. Jeder Bürger solle sonntags ein Huhn im Topf haben können, das war das erklärte Ziel seiner Herrschaft. Kann man Gesellschaftspolitik konkreter formulieren?

Die Gesellschaft der Genießer in der Geschichte des Genusses ist das Thema dieses Kapitels. Prosten wir uns erst einmal zu. In allen Kulturen prostet man sich zu. **DER MENSCH IST EIN TIER, DAS SICH ZUPROSTET.**

Finden Sie nicht auch, dass »Prost« ein bisschen primitiv klingt? »Chin-chin« ist hübscher. Aber – sagen Sie es nicht in Japan – es ist dort ein sehr unanständiger Ausdruck. Wenn Sie unbedingt wissen wollen, was er bedeutet, mailen Sie an: randow@zeit.de.

Die Aufmerksamkeit, die Menschen füreinander im Genuss erweisen, gehört zu den schönsten Eigenschaften von Homo sapiens. Man beobachte, wie Tischgäste einander nachschenken, die Platten reichen, beim Hinsetzen helfen. Die Drehscheibe im chinesischen Restaurant, auf der die Schalen und Schüsseln stehen, wird gemeinsam und gemessen weitergedreht. Wir trinken Brüderschaft, brechen das Brot. Die Familie versammelt sich um den Tisch. Kollegen gehen zusammen Kaffee trinken. Andere lassen den Joint kreisen.

Besonders der Genuss der Sexualität ist gemeinschaftlich, selbst im **AUTOEROTISMUS**. Und viele andere Genüsse haben ihre erotische Seite. Es gibt Weine, deren Duft diese Assoziation geradezu aufzwingt (Château Montus aus Südwestfrankreich zum Beispiel, empfehlenswert!), sowie gewisse Speisen, deren Aussehen oder Konsistenz nahe legen, an Sex zu denken, von der Feige über den Seeigel bis zum Eis am Stiel. Erotisches wird vielfach in kulinarischen Metaphern beschrieben – die Verführung, die Haut, die Geschlechtsteile.

Die Weltliteratur hat die Genüsse von Bett und Tafel gern miteinander in Beziehung gebracht. Im altchinesischen »Kin Ping Meh« heißt es an einer Stelle: »Dabei wusste er es einzurichten, dass sein Ärmel eins seiner Essstäbchen streifte und vom Tisch herabwischte. Und, o Vorsehung, das Stäbchen kollerte gerade unter ihren Rock!« Das galt einmal als ausgesprochen frivole Lektüre.

Eine der schärfsten Szenen der Literatur, nämlich Casanovas erstes Abenteuer, bei dem er gleich zwei Schwestern auf einmal verführt, beginnt mit einem Abendessen aus Räucherzunge und Wein – den Mädchen steigt der Wein zu Kopf, **CASANOVA** wiederum wird davon erregt, mit welcher Lust die beiden essen und trinken können.

Lord Byron soll essende Frauen unsinnlich gefunden haben – aber der Mann konnte ja nicht immer im Recht sein. Ich finde genussvoll essende Frauen erotisch. Aus dem schönen Kochbuch »Liebesmenüs« (von Alfons Schuhbeck) habe ich einmal das **REZEPT FÜR ZWEI TURTELTÄUBCHEN** nachgekocht; ein wenig abgewandelt geht es so: Zwei Wildtauben waschen, trocknen, pfeffern, salzen und einen Thymianzweig hineintun. Suppengrün und eine Tomate klein schneiden. Nun werden die Tauben in einem Schmortopf mit heißem Öl angebraten; das Gemüse dazu, ein bisschen schmurgeln lassen und dann für zwanzig bis fünfundzwanzig Minuten ab in den Ofen bei 150 Grad. Unterdessen Wirsingblätter in kochendes Salzwasser legen, nach zwei Minuten rausfischen und mit Eiswasser abschrecken. Die Blätter ausdrücken, in Streifen schneiden. In einer Pfanne unter emsigem Schütteln ein paar Pinienkerne anrösten, vom Feuer nehmen, Butter rein, danach den Wirsing darin heiß werden lassen. Nun kommt etwas Geflügelfond dazu. Das Ganze wird ein paar Minuten al dente gekocht. Mit Salz, Pfeffer und Muskat würzen. Außerdem gibt's noch Selleriepüree: Sellerie in Würfel schneiden und weich kochen, bis das

Wasser weg ist. Eine halbe gegarte Kartoffel dazutun, mit Crème fraîche aufkochen, mit dem Pürierstab – äh – pürieren und vor dem Anrichten etwas Schlagsahne dazu; ein Tropfen Trüffelöl passt gut. Oh, die Tauben sind fertig. Raus damit, warm halten, den Bratensaft mit einer Mischung aus Geflügelfond und Wermut ablöschen und heiß einkochen, dann die Sauce durch ein feines Sieb streichen. Sie wird über die Vögelein gegossen, Wirsing und Selleriemus anbei.

Ein **LIEBESESSEN**. Aus früher Jugend besitze ich noch ein Kochbuch mit dem hübschen Titel »Was gleich nach der Liebe kommt«. Was mich wiederum an ein Bild von Salvador Dalí erinnert, das den Titel trägt: »Mittelgroßes französisches Weißbrot mit zwei Spiegeleiern auf dem Teller ohne den Teller, zu Pferd beim Versuch der Sodomie mit einem Stück portugiesischen Brotes«, und auf dem

Bild ist auch genau das zu sehen. Die bildende Kunst zeigt ja schon seit je die vielverschlungenen Beziehungen zwischen Kulinarik und Erotik – da wird in der freien Natur gespeist und geflirtet, bei Bauernhochzeiten gegessen und geküsst, und Bacchus, Satyrn und lustige lose Weiber hopsen umeinander, dass es eine Freude ist.

Kochen, servieren und miteinander speisen, das schafft Gemeinschaft unter den Menschen. Dieses Motiv kehrt in allen Religionen wieder. Der alt-persische Mithraskult vereinte seine Gemeinden bei Brot und Wein – später übernahmen das die Christen. Seither geht auch die Liebe zu Jesus durch den Magen. »Die Hölle sind die anderen«, meinte Sartre; ich möchte ergänzen: der Himmel erst recht.

Selbst der einsame Genießer ist nicht allein. Im Restaurant kümmert sich das Personal um ihn. Und wenn er zu Hause mit einer Flasche Wein verabredet ist, dann erneuert er den Bund zwischen Weingenießern und Winzern.

Dieser Bund ist mehr als nur ein Austauschprozess von Waren gegen Geld. Ich sehe mir die soeben erstandene Flasche Merlot an, studiere das Etikett, suche im Weinführer nach Informationen über den Winzer; dann probiere ich und erfahre zum Beispiel, welche gewaltigen Fortschritte die Merlots aus dem Schweizer Tessin gemacht haben und wie sich die dortigen Winzer ihren Wein heutzutage vorstellen: animalisches Bouquet mit Schokolade und Eukalyptus (empfehlenswert: der Comano von Tamburini, der Sassi grossi von Gialli, der Platinium von Guido Brivio). Oder ich entkorke eine Flasche Don Maximiano Riserva von der Bodega Erràzuriz (Chile), und bei diesem gehaltvollen Rotwein denke ich an den netten Nachmittag in der »Sansibar« auf Sylt, dem hervorragenden und witzigen Weinlokal in den Sanddünen, wo ich Eduardo Chadwick kennen lernte, den Leiter des Weinguts: ein eleganter, freundlicher Mann, der seinen Spaß an dem gelungenen Essen

Selbst der einsame Genießer ist nicht allein.

hatte und auch daran, dass sein 98-er und 96-er Don Maximiano so gut ankamen (Letzterer besonders: Duft von schwarzen Beeren, im Geschmack an Kuchen erinnernd).

Trinken wir also, und erneuern wir den Bund. Inszenieren wir die Gemeinschaft.

Das Genießen ist eine Aufführung, mit Darstellern, Requisiten, Publikum. Zumal im gehobenen Restaurant. Hier ist alles vorhanden, was zum Theater gehört: Garderobe, ein Programmheft, das Stück in mehreren Akten und Beifall, wenn zum Schluss der Chef erscheint.

Es gibt Beraterfirmen, die den Gastronomen ausdrücklich nahe legen, ihr Gewerbe als Intendanten auszuüben. Der einschlägige Gastroratgeber »Das Lokal als Bühne« empfiehlt sogar allen Ernstes die »Aufwertung der Kellner« durch »besondere Fähigkeiten wie Rollschuhfahren«. Damit sind wir allerdings bei einer Art von Erlebnisgastronomie angekommen, die vermutlich vom Teller ablenken soll. Wie in den »Hard Rock Cafés« – das sind Einrichtungen, in denen fetter Adult Rock, Fernsehflimmern, Pop-Devotionalien, kalte Drinks und Fastfutter eine bruchlose Verbindung eingehen. Immerhin, hier passt alles zusammen, was man von den beliebt gewordenen »Rittersmahlen« und »Mittelalterfesten« nicht sagen kann, bei denen es oft genug – Kartoffeln gibt, die doch erst nach der Eroberung Amerikas ihren Weg auf europäische Teller fanden. Ein Salzburger Restaurant fragte kürzlich bei den Historikern der städtischen Universität an, ob sie nicht bei der Zusammenstellung eines mittelalterlichen Mahles beratend zur Seite stehen wollten, »nur: es sollte dabei auch Mozart vorkommen«, mokiert sich der Geschichtswissenschaftler Christian Rohr. Auch der inszenierte Genuss will gekonnt sein.

Mit etwa dreißig Freunden habe ich vor ein paar Jahren zügellose Kostümfeste gefeiert, bei denen das Abendmenü als Theaterstück aufgeführt wurde – Teufelinnen und Teufel präsentierten Brat-

spieße und scharfe Saucen, passende Gedichte und Passagen aus dem »Faust« deklamierend. Was ich damals nicht wusste: Das hat Tradition. Bereits gegen Ende des siebzehnten Jahrhunderts veranstalteten einige Pariser Gourmets ihre Menüs wie eine Aufführung, allen voran der Edelmann Balthasar Grimod de La Reynière, der das Prinzip des Gastmahls als Schauspiel erstmals formulierte und mit enormem Aufwand praktizierte. Man traf sich mittwochs in einem Pariser Restaurant zur »illustren und gefräßigen Mittwochsgesellschaft«; die Teilnehmer spielten festgelegte Rollen - HERR TRUTHAHN, HERR HUMMER, MEISTER KREBS und so weiter. Die Mittwochstreffen waren eher frugal, im Vordergrund stand der gepflegte Mummenschanz. Gut gegessen wurde zum Ausgleich dann dienstags und samstags, wobei es auch an diesen beiden Tagen nicht ohne Verkleidungen, vieldeutige Dekorationen, satirisch übertriebene Zeremonien abging. Und doch gibt es einen fundamentalen Unterschied zwischen solchem Spiel und dem Theater. In den Worten von Michel Onfray: »Die Mahlzeiten sind keine Attrappen, der Wein ist kein künstlich rot gefärbtes Wasser, das Fleisch kein bemaltes Pappmaché, die Speisen sind nicht fiktiv, die Bühnenbilder nicht nur Fassaden, die beim leisesten Atemstoß wackeln: alles ist echt. Man isst, trinkt, spricht, tauscht aus, lebt auf authentische, volle Weise.«
Es gibt wunderbare Trinkszenen auf Theater-, Opern- und Operettenbühnen, aber was die Schauspieler da trinken, ist öffentlich Wein und heimlich Wasser. Bei Veranstaltungen à la Grimod hingegen wird aus dem Theater die reale Welt; und das, was wir für die Welt hielten, erweist sich als Theater: ein Zirkus, in dem wir etwas vorführen anstatt, wie hier im Restaurant, es uns mit wahren Freunden schmecken und den Mund die Probe aufs Exempel nehmen zu lassen.
In seinem Film »Der diskrete Charme der Bourgeoisie« hat Luis Buñuel dieses Bild umgedreht.

Eine steife, großbürgerliche Familie speist, und auf einmal zerteilt sich der Wandvorhang – dahinter sitzt das Publikum und applaudiert; in diesem Moment fällt die Poularde vom Teller, landet auf dem Boden, springt und kullert, sie ist aus Plastik. Gutes Essen ist echt: Es steigert die Realität der Realität. Es verwandelt das Ding an sich in ein Ding für uns, das auf der Zunge zergeht. Unerlaubt ist es daher, ein **KULINARISCHES VERSPRECHEN** abzugeben, das nicht gehalten wird. Ich erinnere mich an ein Essen, das eine Probe würdiger Rotweine aus Pomerol begleitete. Der Chef des besternten Lokals wollte uns wohl etwas Gutes tun und ließ seine Fantasie spielen. Leider verleitete sie ihn dazu, eines der Gerichte mit kleinen, hübschen, aber rohen Kartoffeln in der Schale zu garnieren. Als ich die Gabel hineinspießen wollte, kam es aufgrund der Newtonschen Mechanik zu einem mittleren Unglück. Der Koch hatte die Regel vergessen, dass gutes Essen echt ist.

Die Regel will richtig verstanden werden. Wer eine Sauce mit Zuckerfarbe nachdunkelt, wer der Omelette mit ein wenig Tomatenpüree gesündere Farbe verleiht, wer Grünzeug blanchiert, damit es noch grüner wird (merkwürdig, nicht? – aber es heißt nun einmal Blanchieren: kurz ins heiße Salzwasser, dann mit Eiswasser abschrecken), der begeht keine Regelwidrigkeit, weil diese optischen Manipulationen die erstrebten Geschmacksnuancen unterstreichen. Hier ist im Färben Wahrheit.

Gutes Essen ist echt: Es steigert die Realität der Realität.

Farbe sortiert die Substanzen, gliedert die Speisen, bringt System in das Menü. Dafür gibt es Regeln, die sich im Laufe der Jahrhunderte herausgebildet haben. Das Zwischengericht aus Fisch oder Geflügel beispielsweise braten wir nicht tiefbraun, weil es doch erst zum Hauptteil überleiten soll. Vom Hellen zum Dunklen, das ist der Gang der Dinge, auch der Weine übrigens – wir trinken erst die weißen, dann die roten; und auch bei den roten erst die hellen. Ausnahmen gibt es natürlich immer.

Es macht Spaß, sich mit diesen Regeln und ihrer Geschichte zu beschäftigen, und auch mit den Abweichungen – ein schönes Thema bei Tisch, im Übrigen.

Die Geschichte der großen europäischen Küche ist eine Sozial- und Ideengeschichte: Genuss ist ein soziales Ereignis, er vollzieht am Körper, was in der Gesellschaft ist. Das lässt sich bereits anhand der Beschreibungen **RÖMISCHER GASTMÄHLER** zeigen, deren Grundmotiv die Suche nach dem Besonderen ist, mit dem sich der Gastgeber einerseits erhebt und andererseits seinen Gästen Ehrerbietung erweist – just dieses soziale Spiel genossen die Römer, indem sie ihre Rebhühner und Fasanen und Nachtigallenzungen verspeisten. Oder das »trojanische Schwein«: Ein komplettes Tier wird ausgenommen, mit Austern und Singvögeln gefüllt, auf einer Seite mit Mehl, Wein und Öl eingeschmiert und auf dieser Seite zuerst geröstet, sodann umgedreht und auf der anderen Seite gekocht.

Es ist heute ein Leichtes, über die römische Art des Kochens, namentlich des Würzens (Fischsauce überall, wie heute Ketchup), und die grotesken Dekorationen zu witzeln – immerhin ist uns von den Römern die Idee exquisiten Genusses überliefert, freilich auch des protzenden, gastronomisch gesehen eher unflätigen Luxus der dekadenten Perioden, etwa wenn, wie in alten Quellen berichtet wird, in Essig gelöste Perlen geschlürft wurden.

Es folgten kulinarisch finstere Zeiten in Europa. Man aß Brei und fette Suppen, ab und zu ein Wildschwein. Erst in der Karolingerzeit differenzierte sich das Essen wieder als soziales Zeichensystem aus, und nun gab es bald eine Dreiteilung: **BAUERNESSEN** (Getreide, Gemüse, Schweinernes), **RITTERFOOD** (Barbecue) und frommes Mahl (mal asketisch, dann wieder mit Wein und Leckereien). Mit diesen Zeichen können wir heute spielen: Schinken mit Polenta als Vorspeise, Kurzge-

bratenes als Hauptgericht und eine süße Nachspeise. Dazu königlichen Wein, zu jedem Gang
ein passender Vers und im Hintergrund Mönchs-
gesänge.

Die Ritter waren Kriegsleute, die ihre Waffen auch
gern zum Jagen benutzten. Ein Kult der Stärke
formte ihren Geschmack: Großwild, am Spieß gebraten und noch blutend. Das »Holzfällersteak«
im Steakhouse, das heutzutage von Stadtbewoh-
nern verzehrt wird, deren Hauptwaffe die Com-
putermaus ist, erinnert an jene fernen Tage. Es
muss groß sein, das Steak, wenn's ein richtiger
Mann essen soll; auch das ist eine Fernwirkung
des mittelalterlichen Kraftkults, der den großen
Appetit mit Stärke gleichsetzte. Der Mediävist
Massimo Montanari berichtet von einem Präten-
denten auf den verwaisten Thron Karls des Großen: Der Kandidat verlor jede Chance, nachdem
der Erzbischof von Metz festgestellt hatte: »Es kann
einer nicht herrschen, der sich mit einem beschei-
denen Mahl begnügt.«

Bei den Gastmählern Karls des Großen betrat man,
nachdem ein Hornruf zum Essen getrötet hatte,
einen mit Efeu und Rosen geschmückten Saal,
wusch sich die Hände mit parfümiertem Wasser
und benutzte sie sodann, um sich über die
Fleischberge herzumachen. Ritter in voller Mon-
tur servierten die Speisen, Narren unterhielten die
Gäste. Man aß vorwiegend gewürztes Fleisch, so
sehr gewürzt, dass sein Eigengeschmack unter-
ging. Pfeffer, Zimt, Nelken, Muskat, Safran, Ingwer, Zypressenwurzel, immer hinein damit, in
rauen Mengen.

Warum?

Angeblich, weil das Fleisch auf diese Weise kon-
serviert wurde. Eine andere Theorie besagt, dass
der unangenehme Geschmack minderwertigen
oder nicht mehr frischen Fleisches überdeckt werden sollte.

Das leuchtet nicht ein. Zum Konservieren eignete
sich Salz weitaus besser, und wenn es auch nicht

billig war, so doch allemal billiger als die Unmengen von weither transportierter Gewürze, mit denen die herrschaftlichen Köche des Mittelalters um sich warfen. Und was den fiesen Geschmack angeht, den es zu übertreffen galt: Auch das ist nicht recht einzusehen. Ein Feudaler, der sich die teuren Gewürze leisten konnte, hatte es wohl kaum nötig, gammeligen Hammel zu essen.

Eine bessere Erklärung verdanken wir Wolfgang Schivelbusch, der in seinem Buch »Das Paradies, der Geschmack und die Vernunft« anregte, die Herkunft der Gewürze zu bedenken: Alle stammten aus dem Orient. »Doch das ist nur die prosaische Geografie ihres Ursprungs«, schrieb Schivelbusch. »Für den mittelalterlichen Menschen sind die Gewürze Sendboten aus einer sagenhaften Welt . . . Die Gewürze als Verbindungsglied zum Paradies, und das Paradies irgendwo als im Osten liegend vorgestellt – dieser Ursprung fasziniert die Fantasie des mittelalterlichen Menschen.« Ein Motiv, das nicht verloren gegangen ist: Heute kochen wir mit Thaicurry und Zitronengras, und der vergangene Urlaub wird wieder lebendig.

Ein Zusammenspiel von Sensorik, Erinnerungsvermögen und kulturellem Zeichensystem – Bedeutungen, die mit den Signalen aus den Geschmacksrezeptoren verbunden und durch den Genuss immer wieder aktualisiert werden – Genuss als soziales Ereignis unserer Körper, damals wie heute. Wir verstehen ihn besser, wenn wir diese Zeichen lesen können; eben deshalb bereitet mir die Kulinargeschichte so ein Vergnügen.

Am Beginn der heutigen großen Küche steht die **RENAISSANCE**, und das Mutterland heißt Italien. Als Zeugnis dafür gilt das Kochbuch des Bartolomeo Sacchi, der sich Platina nannte: 1475 fertig gestellt, bezog es sich zunächst auf die klassischen Rezeptsammlungen des alten Roms, namentlich auf die Schriften des spätrömischen Gourmets Apicius (Erfinder des Schinkens im Teigmantel – eine sinnvolle Zubereitungsart, denn der Teig hält das

Fleisch feucht und bewahrt dessen Eigengeschmack). Doch Sacchi ging weiter. Er schlug vor,
die Speisen nicht mit Gewürzbomben und Sau-
cengranaten zu attackieren, sondern sie lieber mit
Zitrone, Orange oder Wein zu aromatisieren – ein
behutsamerer Umgang mit dem Essen, der Schule
machen sollte. Die wohlhabenden Italiener der
Renaissancezeit vergnügten sich bald an Artischo-
cken und Trüffeln, liebten den Geschmack des
Rinderfilets, von Puter und Hühnchen, vor allem
aber frisches Obst und Gemüse.

Auch in Frankreich wendet sich das Blatt, wie die
Kochbuchstudien der Kulinarhistorikers Bruno
Laurioux erwiesen: In der zweiten Hälfte des fünfzehnten Jahrhunderts steigt die Zahl der veröf-
fentlichten Rezepte sprunghaft an, und die Verwendung von Butter, Sahne und Zucker setzt sich
durch. Die Finesse der italienischen Küche wurde
zu diesem Zeitpunkt gleichwohl noch nicht erreicht – bis zum Jahr 1533, in dem ein italienischer Teenager auftrat, der alles verändern sollte:
Katharina von Medici, vierzehn Jahre alt, Braut
des späteren Königs Heinrich II. von Frankreich.
Sie wollte auch in ihrer neuen französischen Heimat gut essen. Also zog sie nicht nur mit Kisten
und Kasten, sondern auch mit einer ganzen Bri-
gade florentinischer Köche um.

Es begann die Zeit der kulinarischen Verfeinerung am französischen Hof. Man lernte, Gemüse
so zu garen, dass sie nicht ihren Geschmack verloren, und servierte Fleisch im eigenen Bratensaft.
Fische wurden nicht mehr in Wasser, sondern in
Fond gegart – das machen wir ja auch heute noch
so. Einen Steinbutt im Ganzen zu kaufen hat den
Vorteil, dass sich aus Kopf und sonstigen Abfällen
sowie mit dem obligaten Suppengrün (plus Schalotten, Champignons, Tomate und einem Thymianzweig) ein Fond bereiten lässt, der erstens eine
schöne Kochflüssigkeit und zweitens eine Grundlage für Saucen abgibt. Ihn herzustellen ist ein Kinderspiel; achten Sie nur darauf, dass Sie erst die

Fischabfälle säuberlich waschen und abtropfen lassen. Dann erhitzen Sie das Gemüse zusammen mit ein wenig Zitronensaft in Butter; Fischabfall hinein, salzen, mit Weißwein löschen und Wasser dazu. Zwanzig Minuten bei kleiner Hitze köcheln, aufsteigenden Schaum entfernen. Zum Schluss das Durchsieben nicht vergessen. Kann man auch einfrieren und bei Bedarf verwenden.

Für uns ist das heute normal, damals war es eine Revolution. Erst recht, dass die Brotkrumen aus dem Essen vertrieben wurden, mit denen man es bis dato angedickt hatte. An ihre Stelle trat der Roux. In jener Epoche entstanden viele Saucen und Gerichte der klassischen französischen Küche, etwa die **SEEZUNGE POMPADOUR**, benannt nach der Mätresse Ludwigs XV.: paniert und in Butter gebraten, garniert mit in Butter erwärmten Trüffeln. Welche Sauce dazu? Ich habe unterschiedliche Angaben gefunden; béarnaise, sagt der »Hering« (Schalotten, Kräuter und Gewürze in Estragonessig einkochen, mit Eigelb dick rühren, mit Butter aufschlagen, Salz hinein, durch ein grobes Tuch oder feines Sieb passieren, gehackten Kerbel und Estragon dazu), in einer anderen Quelle las ich den lapidaren Hinweis »Weißweinsauce«, was bei Fisch mehrere Varianten offen lässt.

Die absolutistische Cuisine war innovativ, erfand Pasteten, Gebäck und Nachspeisen und vieles mehr. Drei Voraussetzungen großer Küche waren in Frankreich gegeben: vortreffliche Lebensmittel aus Landwirtschaft und Fischerei, günstige Verkehrswege, um sie herbeizutransportieren, und die Vorliebe der herrschenden Klassen für aufwändige Gastmähler. Von der engen Verbindung zwischen Kulinarik und Stand zeugen auch die Namen etlicher klassischer Gerichte, Saucen und Garnituren. Es gibt Saucen auf Kaiserin-Art, desgleichen mit Königinnen, Prinzessinnen, Burgherren, Erzherzögen, Hofmeistern – und nicht zu vergessen die Geistlichkeit: Erzbischofsauce zum Beispiel (weiße Kräutersauce mit Kapern). Hübsch die

Die absolutistische Cuisine war innovativ, erfand Pasteten, Gebäck und Nachspeisen und vieles mehr.

Anspielung auf die Farbe des Kardinals in der **SAUCE RICHELIEU**: Tomatensauce, vermischt mit eingekochtem Fleischfond und garniert mit gewürfelten Tomaten.

Der Vol-au-vent à la cardinale zeigt uns, was die hohen Herren für repräsentativ hielten: eine Blätterteigpastete, gefüllt mit Ragout von Hummer- und Trüffelwürfeln, mit Kardinalssauce gebunden, garniert mit Hummermedaillons und Trüffelscheiben, schließlich überzogen von einer weiteren Portion Kardinalssauce – dabei handelt es sich um eine Rahmbéchamel, verkocht mit Fischfond und Trüffelsud, aufgeschlagen mit Hummerbutter. Dem mochte das aufsteigende Bürgertum nicht nachstehen, zumal es mehr und mehr die Aristokratie finanzierte. Also haben wir Finanzmanns- und Bankierssaucen und auch den Aspic à la banquière: Fleisch oder Fisch in Gelee, mit Trüffel, Hahnenkämmen, gewürfelter Gänseleber garniert. Wer aß so etwas? Die »Feinschmecker von Standes wegen«, wie Brillat-Savarin sie nannte. Ganz im damaligen Stil schweren Essens, und immer mussten es die teuersten Zutaten sein. Die Kochkunst war machtnah, wie die Oper; andere Künste, wie die Malerei, waren machtfern – eine Unterscheidung, die der französische Soziologe Pierre Bourdieu eingeführt hat.

Man ließ es sich gut und dem Volk schlecht gehen. Dann folgte die Revolution. Als sie ihre historischen Zwecke erfüllt hatte, genoss das Bürgertum seine frisch errungene Macht und Stabilität, was es nicht zuletzt durch den neuen kulinarischen Stil demonstrierte: Nun wuchsen auf den Tischen die ingenieurmäßig durchkonstruierten Tempel, Burgruinen, Pavillons, Festungen, Brücken und Statuen des Meisterkochs Antonin Carême (1784–1833); seine Bauwerke, gefestigt mit Wachs und gesponnenem Zucker, brachten napoleonische Ordnung ins Menü. Hier wurde wirklich mit dem Essen gespielt, obgleich: nein, das war ja Arbeit, großer Ernst, eine termitenhafte Bautätigkeit.

Die Kochkunst war machtnah, wie die Oper; andere Künste, wie die Malerei, waren machtfern.

Der junge Carême hatte bei einem angesehenen Pariser Patissier gelernt und dort Bekanntschaft mit den so genannten Schaustücken gemacht: Zuckerbäckerei, die zum Bestaunen und nicht zum Essen vorgesehen war. Lorbeerkränze, Kronen, Adler, überhaupt allerlei Hoheitszeichen aus Zucker, mal hohl und mal massiv, wurden schon im siebzehnten Jahrhundert den speisenden Fürsten auf die Tische gestellt. Doch Carême lernte nicht nur diese alte Kunst, sondern studierte auch, autodidaktisch, nebenher Architektur. Nach drei Jahren Lehrzeit trat er in die Dienste Talleyrands; von da an kochte er, später auf eigene Rechnung, für die Herrscher der Welt, baute ihnen griechisch-römische Paläste auf die Esstische, setzte ihnen Denkmäler. Seine Kochbücher sind streckenweise reine Bauanleitungen.

Klassische Cuisine, Carême ihr Begründer. Die Speisen erstarrten in Schönheit, wollten bewundert werden, das Auge regierte die anderen Sinnesorgane. Doch **GÄNSESTOPFLEBER** hat ihr eigenes Recht und ist zu schade dafür, bloß Mörtel für klassizistische Bauten aus Truthahnwürfeln abzugeben. Ein Missstand, eine Krise – das roch nach Revolution: Als Erster verurteilte wohl der Küchenrebell Prosper Montagné den herrschenden Stil. Auf den Tisch gehöre nichts, postulierte er, was bloß Dekoration sei. Montagné wurde später ein berühmter Küchenchef, Autor des ehrwürdigen Kochbuches »Larousse gastronomique« und hinterließ uns feine Rezepte wie das Hühnchen auf Erzherzogs-Art. Davon gibt es viele Versionen, stets aber werden Hühnerteile angebraten; nach einer halben Stunde kommen in Butter glasig gedünstete Schalotten und Paprikapulver hinzu, und nach einer weiteren halben Stunde mittlerer Brathitze ist das Fleisch durch. Raus damit, Sauce mit Weißwein einkochen, Sahne dazugeben und aufkochen, Zitronensaft auch und dann die Sauce durch ein Sieb passieren – kalte Butterflocken hineinschwenken und mit der Sauce die Hühnerteile übergießen.

Dazu gibt's hübsch tournierte Gurkenmonde, in Butter leicht angedünstet. Heutzutage klingt das nicht revolutionär, damals aber war das viel zu direkt, zu klar, zu wenig verspielt und barock.

AUGUSTE ESCOFFIER (1846–1935), vielleicht der berühmteste aller Köche der Weltgeschichte, schloss sich der Küchenrebellion an und verbannte die Carêmesche Baukunst von der Tafel: Alles müsse dem Geschmack untergeordnet werden – für uns ist das heute eine Selbstverständlichkeit, doch erst unter Escoffier kehrte die Grande Cuisine zu dem Prinzip zurück, den Eigengeschmack der Speisen hervorzuheben. Diesem Stil kam der – von Carême so verabscheute – russische Service entgegen: Nun wurden die Schüsseln nicht mehr in großen Gruppen arrangiert, sondern nacheinander als Gänge serviert. Anstatt wie bisher die Speisen kunstvoll zu stapeln, trugen die Kellner sie zu einem genau bestimmten Zeitpunkt herein, und sie mussten just in diesem Moment auch perfekt sein. Das zu verwirklichen ist zu Hause schwer, aber die von Escoffier erstmals formierten Küchenbrigaden, bestehend aus spezialisierten Saucen- und Fischköchen, Gemüseschneidern, Fleischbratern und Dessertkünstlern, konnten dieses Ideal der perfekten zeitlichen Gliederung des Genusses verwirklichen.

Viele Genüsse haben ihr eigenes Zeitmaß. Oft locken sie uns in einen Raum, in dem andere Gesetze gelten, in dem insbesondere die Zeit anders läuft. Hier ticken keine Uhren. Wir dürfen den Pendelschlag der Zeit vergessen. Gleichwohl kommt es auf den richtigen Rhythmus und den passenden Moment an. Genau deshalb törnt es ja so unglaublich ab, wenn die Gerichte in allzu schneller Reihenfolge serviert werden, oder umgekehrt, wenn alles viel zu lange dauert.

Das Zeitmaß ist in der Küche so wichtig, weil der Geschmack und die Konsistenz der Speisen von ihrer Temperatur abhängt. Oder davon, wie weit die Sauce die anderen Teile des Essens, etwa den

Hier ticken keine Uhren. Wir dürfen den Pendelschlag der Zeit vergessen.

Blätterteig, durchnässt. Es gibt Speisen, denen die Esser gern ein wenig nachsinnen wollen, bevor der nächste Gang anrollt – Trüffelgerichte etwa, die uns so anmutig mit Duft umfangen. Und schließlich muss Zeit gelassen werden, damit wir ein wenig verdauen können – und auch dafür, das Gespräch fortzusetzen, ohne dass immerzu gegessen wird.

Küche und Kellner müssen ein Gefühl für das Zeitmaß des Genießens entwickeln, und in der großen Küche wird ihnen dieses Zeitmaß seit Escoffier bewusst beigebracht, es ist Ausbildungsstoff. Kellner: »Sie wünschen?« – Gast: »Ach, ich muss gleich wieder weg, geben Sie mir ein Käsebrot.« – Kellner: »Nehmen Sie das Wurstbrot, das muss auch weg.«

Escoffier war der Kochfürst der internationalen Grandhotels, besonders der Ritz-Kette. Dort führte er eine perfekte, arbeitsteilige Küchen- und Serviceorganisation ein, die auch mit Festen für Hunderte von Gästen fertig wurde. Damals diente die Hochküche dem Getue und Gepränge in den Hotels; es bedurfte einer weiteren Umwälzung, um die Kreationen der Köche in den Mittelpunkt des Genusserlebens zu stellen, und der Revolutionär hieß **FERNAND POINT**. Er begründete die Tradition der Spitzenrestaurants, in denen Essen und Trinken das Drehbuch bestimmen; an die Stelle großer Bankette trat kunstvolle Bewirtung einer kleinen, exklusiven Gästeschar. Fernand Point, der 1955 starb, schuf die Grundlage, auf der sich dann später die kleineren Küchenrevolutionen abspielten: die **NOUVELLE CUISINE** (kleine Portionen, gewagte Kreationen, vieles roh oder fast roh), die Cuisine minceur (Abnehm-Küche), die neue Kräuterküche (alles schmeckt nach Garten), die eurasische und viele mehr.

Das Verhältnis von Hochküche und Macht hat sich im vergangenen Jahrhundert stark verändert. Die Heimat der großen Küche ist das Restaurant geworden, und wenn ein Staatsbankett ausgerichtet werden soll, wird höflich beim Küchenchef angefragt. Edel zu essen ist kein Vorrecht der Könige mehr. Gewisse Amtsinhaber müssen zwar einen gemessenen Aufwand treiben, um das Amt zu ehren. Doch dass die leckeren Häppchen und Weine in einem privaten Körper verschwinden, der dabei Genuss empfinden kann, ist nur eine Nebenwirkung. Dem ersten deutschen Bundeskanzler Konrad Adenauer soll dieser Umstand eines Tages schmerzlich bewusst geworden sein. Zumindest geht die Sage, dass er in den letzten Tagen seiner Kanzlerschaft Freunde ins Amt geladen hatte, um mit ihnen die Beerenauslesen und Eisweine aus dem Gästereservoir leer zu trinken: »Dä Ehrhadt«, soll Adenauer gesagt haben, »versteht jarnix von Wein.«

Ein Staatsgast genießt von Amts wegen. Seinem Land zu Ehren wird aufgetischt, er isst und trinkt im Dienste des Vaterlandes. Ob er will oder nicht, es wird gegessen, was auf den Tisch kommt, mag es auch ein Ragout aus Hammelhoden oder Pfälzer Saumagen sein. Er darf es nicht verweigern. Noch peinlicher, wenn er anderen Staatsgästen etwas wegfuttert, das ist dann schon fast so etwas wie ein Bruch des Völkerrechts. Ein politischer Enkel Adenauers, der ohnehin Persönliches und Amtliches nicht recht zu unterscheiden wusste, fiel bei Treffen mit anderen Ministerpräsidenten oder Premierministern dadurch auf, dass er sich weitaus stärker vom Teller mit den Petit Fours bediente, als schicklich gewesen wäre. Aber vielleicht wollte er nur andeuten, dass die Deutschen einen größeren Anteil an der Macht beanspruchten?

Aus der mittelalterlichen Dreiteilung in Fürsten-, Pfaffen- und Bauernessen hat sich ein ganzer Kosmos unterschiedlicher Essstile entwickelt. Hinter diesem **PLURALISMUS DER KÜCHEN** verbirgt sich gleichwohl der alte Wunsch nach Abgrenzung – nur ist die eben viel schwieriger geworden. In den wohlhabenden Gesellschaften steht den meisten Menschen eine unüberschaubare Vielfalt von Speisen und Getränken zur Verfügung. Was soll man auswählen? Die Traditionen geben wenig Antwort auf diese Frage, die schichtenspezifischen Regeln des Essens und Trinkens lösen sich auf, ebenso die regionalen Vorlieben. Stattdessen: Gruppenmoden. Bei den einen sind Sushi hip, bei den anderen ist rustikales Essen angesagt. Neubekehrte Asketen wechseln zur Gesundheitskost und rümpfen über den Rest der Esserwelt die Nase, und im journalistischen Milieu wird fleißig in den einschlägigen Gourmetmagazinen geblättert, um ja nicht den Tipp zu verpassen, welcher Salat oder welche Nuss gerade gegessen werden muss, wenn man dazugehören will.

SYMBOLE AUF DEM TELLER. Wie überall, in sämtlichen Kulturen der Welt. Hier wurde bisher nur von der europäischen Küche berichtet, aber der Genießer will ja die ganze Welt schmecken – und kann dabei entdecken, dass insbesondere die asiatische Küche der europäischen in nichts nachsteht.

Viele Jahrhunderte lang herrschte an den Höfen Chinas ein besonders ausdifferenziertes System kulinarischer Sitten, in dessen Zentrum der Fürst stand. Sein Glanz fiel auf die mit ihm speisenden Edlen. Die Regeln, nach denen in Anwesenheit des Herrschers gegessen wurde, waren kompliziert und liefen auf Unterwerfung hinaus, die so weit ging, dass die Vasallen die vom Herrscher übrig gelassenen Reste aus dessen Schale essen mussten – nein: durften. An diese Symbolik sollten sich Eltern erinnern, die sich beim Abendessen vom Kinderteller schnappen, was die Kleinen liegen ließen.

Marcel Granet, der Nestor der Sinologie, schrieb über die chinesischen Höfe: »Körper und Seele der Vornehmen zur Feudalzeit waren schön und rein, da ihre Nahrung rein und reichhaltig war, da sie die nach Vorschrift richtig zubereiteten Speisen aßen und da sie diese an der Seite des Herrschers zu sich nahmen.« Interessant ist die von Granet überlieferte Aufzählung verbotener Nahrung: »Wolfsgekröse, Hundsnieren, Hirn von Milchschweinen, Fischinnereien, Bürzel von Hausgänsen, Hirschmagen, Trappenkaumagen und Hühnerleber.« Von der Leber abgesehen eine einleuchtende Liste.

Die asiatische Küche ist fremdartig, und der erste Schritt, sie zu verstehen, ist wohl die Erkenntnis, dass sie nicht existiert: Ebenso wenig wie es Asien als Ganzes oder eine übergreifende asiatische Kultur gibt, kann man sinnvoll von einem asiatischen Küchenstil reden. Was sollte denn beispielsweise der gemeinsame Nenner der japanischen Küche und der südasiatischen mit ihren Currys und Kokosmilchgerichten sein? Nein, wir müssen uns schon auf die Regionen einlassen.

Lernen können wir dort allerhand. Besonders in Japan, wo die Menschen alles lieben, was fein und klein und kostbar ist. Origami, Bonsai und vor allem **KAISEKI**. Dieser Name bezeichnet nicht etwa den japanischen Kronprinzen, sondern ursprünglich einen heißen Stein, den sich einstmals nicht vollständig abgehärtete Zen-Mönche in die Brusttasche steckten, wenn sie winters in ungeheizten Räumen meditierten. Später nannten die Mönche auch ihr außergewöhnlich leckeres Menü, das ursprünglich dazu diente, die Teezeremonie zu begleiten, »heißes Steinchen in der Brusttasche«, also Kaiseki.

Hauptberufliche Religionsmänner sind perfekt im **UNDERSTATEMENT**, die Norddeutschen kennen das von einem Kaffee-Rum-Getränk namens »Pharisäer«, auch er wärmt verfrorene Heilige.

Kaiseki besteht aus einer Vielzahl kleiner Portionen, die jede für sich eine Szene, einen Gedanken, ein Gefühl ausdrücken und deren Reihenfolge minutiös danach festgelegt wurde, wann der Esser für einen bestimmten Eindruck besonders empfänglich ist. Das Ganze beruht also auf der einleuchtenden Idee, dass bestimmte Gerichte in bestimmten Momenten des Menüs einfach am besten schmecken, beispielsweise »Fisch mit Fisch-

eiern, Fischinnereien, Fischhaut und Fischglibber«.
Dieses Gericht habe ich tatsächlich gegessen. Den
Originalnamen konnte ich leider nicht notieren,
weshalb ich mir diese deutsche Beschreibung aus-
gedacht habe. War delikat. Kam im richtigen
Moment, kaisekimäßig. Und zwar in Aomori, ei-
ner schmucklosen kleinen Stadt am Nordrand der
Hauptinsel Honshu.

Per Fax hatte ich ein Zimmer im »Hotel Aomori«
bestellt, weil das zwei Worte waren, die mir irgendwie bekannt vorkamen. Angekommen, steuerte
ich gewohnheitsgemäß das Restaurant an, um mir
die Plastiken anzusehen; in Japan finden Sie in
den Auslagen der Restaurants Essensnachbildun-
gen aus Plastik. In Tokio gibt es sogar einen ganzen Bezirk, in dem man Sushi und Tempura und
Teriyaki und Buchweizennudeln und was nicht alles
aus Plastik kaufen kann, zum Beispiel als Schlüs-
selanhänger. Diese Skulpturen ersetzen nicht selten die Speisekarte, was jemandem, der sie eh
nicht lesen könnte, sehr entgegenkommt. Außerdem wirken die Plastikfiguren ausgesprochen appetitlich, freilich gibt es ein deutsches Restaurant
in Tokio, das seine Bratwürste und Schweinsha-
xen und Brathendl ebenfalls mittels Plastik-Repli-
cas anpreist, die in hohem Maße an Buñuel erinnern und das Schlimmste befürchten lassen.

Nun aber in Aomori: Da erkannte ich von den
Plastiksachen rein gar nichts wieder, es waren lau-
ter hübsche Teilchen und Fetzen zu sehen, und
ich beschloss, mich einfach hinzusetzen und die
weitere Entwicklung abzuwarten. Sofort kamen
lautlos liebe Menschen herbei, denen ich lächelnd
»Kaiseki« zuflüsterte, in meinem besten Japanisch. Ich war gespannt.

Es folgten vier oder fünf oder keine Ahnung wie
viele Stunden reinen Glücks.

Ich sah das Meer und seine Bewohner, roch den
salzigen Wind, dann wieder die Erde, auf der
Pflanzen wuchsen und Tiere herumliefen, ein See-
vogel flatterte vorbei, es gab Reisbauern und Jah-

**Es folgten vier
oder fünf oder
keine Ahnung
wie viele Stunden
reinen Glücks.**

reszeiten, und alles kam in winzigen Lack- und Porzellanschalen daher, eine der Speisen war ganz bestimmt eine »Mondspeise«, was immer das ist, aber wenn es so was gibt, dann war es diese (sie war mit einem halben Ei dekoriert, ein sicheres Zeichen) – und als ich das Gefühl hatte, das Menü endete mit einem Höhepunkt, kam auf einmal ein neuer Anfang: mit einem Klacks Krebsmus, der als Tempura ausgebacken auf den Teller rollte, gefolgt von etwas Unaussprechlichem, dessen Identität ich nicht erraten wollte.

Schließlich grüner Schaumtee, auf Wiedersehen, ich will ins Bett, lande aber in der Bar, da zieht mich ein japanischer Arzt ins Gespräch, spendiert mir einen Whisky, und bevor ich dem Barmann in den Arm fallen kann, verdirbt er den Drink mit einer tennisballgroßen Eiskugel, danke schön, der Arzt wird von seiner Ehefrau weggezerrt, ich schwinge mich ins Zimmer – und wache um halb fünf Uhr morgens auf: weiter Ausblick auf die Bucht, zart zeichnen sich, weit hinter dem mausgrauen Wasser, die Berge ab; alles in Pastelltönen. Sieht aus wie Kaiseki. Befragt, worauf sie am meisten stolz sind, antworten Japaner nicht etwa »Pokémon«, »Pearl Harbour« oder »Coca Cola«, sondern: »Unsere schöne Natur.« Kaiseki symbolisiert diese Natur. Selbst wer kein Japanisch spricht, versteht die Zeichen auf dem Teller. Sie sind kulturell bedingt, und doch können sie auch dem Fremden etwas mitteilen – insoweit sind sie universell.

Die japanische Küche hebt noch radikaler als die feine westliche Küche den Eigengeschmack der Speisen hervor, indem sie nur sehr, sehr vorsichtig gart, wenn überhaupt. Von den Japanern haben wir beispielsweise gelernt, den Lachs nicht durchzugaren. Oft wird die Nahrung stattdessen bloß klein geschnitten und mariniert, was ja ohnehin praktisch ist, wegen der Stäbchen. Bei rohem Fisch ist es insbesondere wichtig, schnell und sauber zu schneiden – wenn ihn die warme Hand des ungeübten Kochs drückt, verliert er im Nu die Frische.

Der europäische und der japanische Küchenstil sind miteinander kompatibel, was sich ja auch in den Speisekarten etlicher Restaurants des Westens niederschlägt. Und die Europäer gewöhnen sich allmählich an den Geschmack rohen Fischs. Ob ich denn schon einmal rohen Fisch gegessen hätte, fragte mich augenzwinkernd ein Japaner mit Europa-Erfahrung. Er hatte angenommen, ich würde mich vor rohem Fisch in etwa so ekeln wie er, als er in Frankreich Kaninchen essen musste. Auch seltsam, nicht wahr? – wir Europäer verspeisen manche Nagetiere mit Freude, und andere lehnen wir ab, obwohl doch eine fette Käse- und Speck-maus besser schmecken dürfte als ein durchtrainierter Hase. Was der nette Mann nicht wissen konnte: Für mich war der rohe Fisch eine der Hauptattraktionen des Landes. Frisch, sorgfältig von Bindegewebe und Gräten getrennt, schmeckt er kein bisschen fies und ist eine genauso reine Speise wie Austern.

Das Beste war jener Morgen, an dem ich um halb sechs zum Tsukiji-Fischmarkt in Tokio fuhr: Es bot sich mir ein Anblick, wie ihn Émile Zola in seinem Roman »Der Bauch von Paris« beschrieben hat: »Meeraale, diese dicken, schlammblauen Nattern mit den schmalen schwarzen Augen, die so schlüpfrig waren, dass sie noch zu leben und zu kriechen schienen; breite Rochen mit blassen, zartrot gesäumten Bäuchen und den herrlichen Rücken, die sich von den vorspringenden Knor-peln des Rückgrats verlängerten und bis zu den ausgestreckten Barten der Flossen mit den zinn-oberroten Flecken reichten, durch die sich Strei-fen in Florentiner Bronze zogen und die mit der düsteren Buntheit von Kröten und ungesunder Haut marmoriert waren« – und so geht das weiter in diesem kulinarischen Roman, seitenweise, eine Beschreibung der Pariser Markthallen, die auch auf Tsukiji passt. Die quellenden Fischleiber, ihre schillernden Rücken, glänzenden Bäuche, und all die vielen anderen Meerestiere, neben ihnen die

Messer. Dazwischen Imbissstuben, die frisch geschnittenen Fisch anbieten, und insgesamt ein ordentliches Gewusel von Leuten, die alle viel zu tun haben.

MÄRKTE! Sie sind so unterschiedlich. Die schönsten sah ich in Frankreich: Dort sind sie oft in Hallen untergebracht, und Bauern, Fischer, Metzger, Käsehersteller bieten die eigenen Produkte an. Es kommt vor, dass auf einem Tischlein nur zwei, drei Poularden liegen (im Federkleid, mit Kopf und Füßen), daneben ein paar Kräuterbündel und vielleicht etwas Knoblauch, frische Schnittblumen eventuell, und dahinter sitzt ein altes Bauernpärchen und wartet auf Kunden. Oder die Fischersfrau, der ich ihren schönsten, riesengroßen Steinbutt wegkaufte – wir planten ein Gericht für acht Personen – und die mich fragte, ob ich den nicht vielleicht erst in zwei Stunden abholen wolle, er sehe doch so schön aus. Oder der Schlachter, der den Kalbsbraten sorgfältig in dünne Scheiben fetten Specks einwickelte, und hinter mir warteten geduldig viele Menschen in der Reihe, weil sie wussten: Diese Arbeit muss in aller Sorgfalt vonstatten gehen.

Wenn ich ein fremdes Land besuche, gehe ich auf den Markt. Dort lässt sich auch nachvollziehen, warum die Kulinarhistorikerin Elisabeth Rozin die Welt nach »Würzprinzipien« einteilt; hier steht Sojasauce, dort Olivenöl im Vordergrund, Erdnuss oder Zitrone, Petersilie oder Dill. Die Küchenstile gliedern den Raum. Im Süden Frankreichs wird, wie in Italien, vorzugsweise mit Olivenöl gekocht, weiter nördlich mit Butter.

Freilich, es gibt keine Nationalküchen, allenfalls regionale. Wenn etwas zum »**NATIONALGERICHT**« erhoben wurde, dann meist aus ideologischen Gründen, und in fast allen Fällen zu Unrecht. So sind die Deutschen keine ausgesprochenen Kartoffelesser; in diesem Sport führt vielmehr Irland, und Deutschland liegt im Vergleich zu anderen europäischen Ländern auf Platz neun, noch hinter

Frankreich. Oft sind es kulinarische Randexistenzen wie die italienische Pizza oder der türkische Döner, die, wenn sie mitwandern, in der Fremde zu Nationalsymbolen aufsteigen, oder, noch irrer, bestimmte Gerichte, die erst in der Fremde entstanden sind, wie das Chop Suey, ein chinesoides Allerlei aus New York, oder die angeblich erzfranzösische Vichysoisse – auch sie kommt aus New York und wurde im Ritz-Carlton-Hotel erfunden, allerdings von einem französischen Koch. An heißen Tagen ist sie eine geniale Vorspeise, und sie geht so: Wir kochen Lauch (die weißen Teile und ein bisschen Grün) und Kartoffeln zu gleichen Teilen in gesalzener Hühnerbrühe weich (die Kartoffeln zuerst hinein); durch ein grobes Sieb drücken, dann durch ein feines Sieb (keinen Pürierstab oder Mixer nehmen, sonst klebt's), mit Salz und Pfeffer würzen, ordentlich süße Sahne hinein und kräftig durchkühlen. Kommt in eiskalte kleine Tassen, Schnittlauchröllchen obendrauf. Was trinkt man dazu? Wolf Uecker, der große Kochbuchautor, riet zu Rosé. Hübsche Idee! Guter Rosé ist allerdings schwer zu finden; ich empfehle die Spätburgunder Weißherbste von Joachim Heger aus Baden.

Die Menschheit wandert um die Welt, und die Küche wandert mit. Dadurch entsteht immer wieder Neues. Die kulinarische Kunst geht Kombinationen und Rekombinationen ein, dient der Abgrenzung ebenso wie der Assimilation. Wie im Falle der Medici in Frankreich (HOCHKÜCHE!) oder der GIs in Deutschland (DEMOKRATIE! UND KETCHUP). Die Spur des Fremden lässt sich in vielen scheinbar urtümlichen Gerichten nachweisen. Japans Tempura entstammt der portugiesischen Küche, Schwabens Maultaschen sind italienischen Ursprungs, und der Hamburger kommt direkt aus der Hölle. Im amerikanischen Mittelwesten wird ein Zeugs hergestellt, das »Apfelbutter« heißt; es wird auf Apfelbutterfestivals gefeiert, zu denen herdenweise Touristen anreisen. Apfelbutter wurde erst vor wenigen Jahren erfunden und ist alles andere als eine überlieferte Spezialität. Die lokale Bevölkerung mag sie nicht.

Wenn Menschen etwas essen, schmecken sie das Fremde und das Vertraute heraus. Und manches verabscheuen sie von vornherein. Es gibt Ekel, der sich durchaus physisch äußert und gleichwohl rein kulturell bedingt ist. Juden berichten glaubhaft, dass sie bei manchen Speisen, die nicht koscher sind, Widerwillen empfinden, insbesondere bei der Kombination von Fleisch mit Milchprodukten. Moshe Ben Gideon, Autor des lehrreichen Buches »Alles koscher«, nennt die Kaschrut, also das Regelwerk für koscheres Essen, »das älteste Lebensmittelgesetz der Welt«. Die Regeln für koscheres Essen sind daher auch der klassische Fall kulturell definierten Kochens: Manche von ihnen sind nur aufgrund ihrer Symbolik zu erklären – der Aal ist nicht koscher, vermutlich weil er der Schlange ähnelt, die zu Beginn der Welt eine ungute Rolle gespielt haben soll. Schweinefleisch, im Judentum und im Islam verboten, ist zwar nicht die ökonomisch und physiologisch beste aller Fleischquellen in Regionen, in denen Schafe und Rinder gut gedeihen, aber warum muss der Verzehr gleich verboten werden? Dafür dürfte es andere Gründe geben, und in der Tat: Im Judentum soll sich diese Regel in Zeiten herausgebildet haben, als die Identität des Judenvolks bedroht war, nämlich in der ägyptischen Gefangenschaft.

ESSREGELN dienen der Abgrenzung. Wir essen anders als ihr. Wir sind anders als ihr. Ihr Franzosen seid Frogs und ihr Deutschen Krauts (heißt es in England), ihr Italiener seid Spaghettis (heißt es in Deutschland). Wir oder ihr. Freund oder Feind. Rein oder unrein. Und was rein oder unrein ist, lässt sich keineswegs kulturübergreifend definieren, abgesehen von der Tatsache, dass bestimmte Zustände der Nahrung für alle Menschen gesundheitsschädlich sind. Die berühmten faulen Eier der Chinesen, der gut abgehangene Fasan der Fran-

Die Menschheit wandert um die Welt, und die Küche wandert mit.

zosen: rein oder unrein? Steinpilze, die wir lieber nicht waschen, sondern nur sorgfältig abbürsten, sind sie sauber? Der frische weiße Naturjoghurt – ein Biotop von Bakterien. Ist das Rindertatar, das wir essen, reiner als die gut durchgeschmorte Hunde-Plazenta, die es in Vietnam gibt? Natürlich nicht. Das Rein-unrein-Schema ist in hohem Maße kulturell bedingt. Seit ich mir diese kulturelle Bedingtheit der Speisevorlieben klargemacht habe, koste ich mutiger, was fremde Küchen bieten. Chinesische eingelegte Bienen zum Beispiel, serviert mit einem Sahneklecks. Schmeckt ein bisschen nach Nuss.

Wir oder ihr. Freund oder Feind. Rein oder unrein.

DAS ESSEN WANDERT, DER WEIN WANDERT AUCH – und besonders diese Weinwanderung ist für den Genießer ein Glücksfall. Denn wenn er sie aufmerksam verfolgt, stößt er immer wieder auf unbekannte, also noch erschwingliche Weine, die er so lange trinken kann, bis sie in Mode kommen und teuer werden. Es gibt durchaus ein Alkoholproblem: den Preis des Weines. Der Genießer kann dieses Problem freilich lösen, er muss nur ein wenig mehr wissen als andere. Heutzutage entstehen in vielen Weltgegenden neue, sehr schöne Weine, und während Unsummen für die bekannten Rolls-Royce-Weine ausgegeben werden, genießt der Kundige schon wieder etwas anderes.

Der **BESTE ROTWEIN DER WELT** zum Beispiel wird – bis auf weiteres – in einer Handvoll Châteaux aus dem Bordelais hergestellt; seine Menge lässt sich nicht ernsthaft vermehren, aber die Nachfrage expandiert unaufhörlich. Konjunktur, Akkumulation von Reichtum und der starke Dollar lassen vor allem die Nachfrage aus den USA wachsen, ein dynamischer Markt für erstklassige Weine existiert in Fernost, und als Neukunden melden sich osteuropäische Magnaten, für die Mouton nicht bloß Hammel und Cheval Blanc kein Rennpferd bedeutet. Großer Bordeaux wird eines Tages wieder das sein, was er einmal war: der Wein der Millionäre. Das gilt ebenso für große Weine von der Rhone, gekeltert aus der farbintensiven und aromastarken Syrah-Traube. Sie sind beinahe unerschwinglich geworden, man zahlt für relativ junge Weine bereits drei- bis vierhundert Mark pro Flasche – etwa für den La Turque von Guigal. Auch die fantastischen Syrahs von Jaboulet (besonders lecker: der La Chapelle) sind nicht viel billiger. Aber es gibt eben in Australien Weine aus der gleichen Traube, die den französischen Aromabomben in nichts nachstehen und höchstens ein Drittel oder noch viel weniger kosten, etwa der Hanish Vineyard von der Veritas Winery (Kräuterduft, Harmonie, Eleganz), The Barossa von Peter Lehmann (**EIN SCHMEICHELWEIN FÜR KUSCHEL-ABENDE**) und Old Creek von Barossa Ridge (wenn erst der irritierende Pferdestallgestank verflogen ist, haben wir einen reichen, kraftvollen Wein mit Leder- und Lakritztönen im Glas). Aus der Syrah-Traube, in Übersee oft »Shiraz« genannt, entsteht mittlerweile auch in Südafrika Großes: etwa der opulente Shiraz Private Collection von der Saxenburg Wine Farm und besonders der Wein aus den Slaley Cellars, der animalische Töne mit Röstaromen und Schokogeschmack vereint – für weniger als dreißig Mark pro Flasche.

Um Alternativen zu den großen Rotweinen Frankreichs zu finden, müssen wir nicht unbedingt nach Übersee ausweichen. Weitgehend unbeachtet bleibt noch immer Portugal, wo opulente Rotweine wie der Periquita Classico, der Mouchão, der Casa de Saime oder der umwerfende Marques de Borba Reserva entstehen. Noch sind solche Weine nur schwer zu bekommen, aber die Portugiesen sind nicht blöd und werden bald merken, dass wir schöne Weine unter hundert Mark suchen. Und via Internet lassen sich heute ja Händler auf die exotischsten Weine hetzen. Die Stars, dot.com-Millionäre und Fußballtrainer trinken dann derweil die großen Franzosen.

Es macht Spaß, die Wanderungen des Weins um die Welt zu verfolgen. Eine eigene Wissenschaft:

voller ungelöster Probleme. So fragt sich der Wein-
fex zum Beispiel, wie die Syrah-Traube in ihr an-
gestammtes Gebiet an der Rhone kam.

Die Weinwanderforschung bietet vier Hypothesen an.

DIE GRIECHEN-HYPOTHESE: Um 600 v. Chr. errich-
teten griechische Geschäftsleute eine Handelsbasis
in Marseille und begannen damit, Wein die Rhone
hinauf zu schippern. Und vielleicht brachten sie
die Syrah-Traube aus der persischen Stadt Schiraz
mit.

DIE RÖMER-HYPOTHESE: Die Rhonestadt Vienne
war von 122 v. Chr. bis 275 n. Chr. die zweite
Hauptstadt der römischen Provinz Südgallien
und hieß damals Vienna. Im ersten Jahrhundert
n. Chr. priesen römische Schriften die Weine, die
rund um Vienne produziert wurden, und in der
Tat weisen einige der Weinterrassen der Region
nach Ansicht von Experten römische Konstruk-
tionsmerkmale auf. Sie wurden vielleicht auch erst
im dritten Jahrhundert angelegt, als Kaiser Probus
die Anpflanzung von Reben in Gallien förderte.
Es gibt Historiker, denen zufolge es die Römer
waren, die Syrah mitbrachten – aus Ägypten, über
Syracus (Sizilien).

DIE KREUZRITTER-HYPOTHESE: Anderen Quellen
zufolge soll die Traube im Jahre 1224 den Weg
aus Persien nach Frankreich gefunden haben, im
Gepäck des Kreuzritters Gaspard de Stérimberg.

DIE GALLIER-HYPOTHESE: Französische Önologen
haben eine nationalere Theorie auf Lager. Sie wollen glauben machen, die Syrah stamme von wil-
den Weinen der Region ab, kultiviert von den Al-
lobrogern, einem Keltenstamm.

Nun haben Sie die Wahl.

Ebenso, wie wir bei einer Flasche Wein über
die Vorteile der Völkerwanderungen nachsinnen
können, kann auch eine Tasse Kaffee oder Tee
dazu anregen, die **WELTGESCHICHTE ALS GENUSS-
GESCHICHTE** zu lesen. Was wir da in der Tasse haben, kommt von weit her, zeitlich und räumlich,

und es hat unsere Aufmerksamkeit verdient: Der Genießer, wir erinnern uns, widersteht der Gleichgültigkeit und wendet sich liebevoll den Dingen zu (auch den flüssigen).

Die Schlüsselrolle in der **GESCHICHTE DES KAFFEES** spielte eine jemenitische Ziegenherde, jedenfalls wenn wir dem italienischen Mönch Antonius Faustus Naironus glauben wollen, was hiermit spaßeshalber getan werden soll. Naironus, der im siebzehnten Jahrhundert lebte, überlieferte folgende Begebenheit: Ungefähr um 850 n. Chr. zog ein Ziegenhirt namens Kaldi mit seiner Herde durch die Wüste am Roten Meer. Sein Sesambrötchengeber war der Imam des Shehodet-Klosters, dessen Belegschaft Ziegenmilch und Ziegenhaare weiterverarbeitete. Eines Nachts wurde Kaldi nervös. Seine Ziegen schliefen nicht, sondern benahmen sich ungewöhnlich: Sie meckerten hysterisch, hopsten umeinander herum und trieben allerlei Schabernack. Kaldi fand heraus, dass seine Ziegen von den Beeren eines ihm unbekannten Strauchs genascht hatten. Er alarmierte seinen Imam und damit den eigentlichen Helden dieser Geschichte. Der gute Mann musste das Klosterleben ganz schön satt gehabt haben, jedenfalls fing er an, die Beeren zu kauen, erfolglos, dann aber zu trocknen, zu mahlen und anschließend mit Wasser aufzukochen – und fühlte sich ichweißnichtwie, bumsfidel und ziegenbockmäßig auf Speed.

Das ist nicht weiter verwunderlich, wie die heutige Kaffeeforschung zeigt. Achthundert Seniorinnen und Senioren aus Detroits kleiner Vorstadt Royal Oak beispielsweise hatten einem Forscherteam allerlei intime Fragen beantwortet, und siehe da: Wer Kaffee trinkt, ist heißer drauf, jedenfalls in sexueller Hinsicht. An der Bochumer Uni hat eine Biologin überdies herausgefunden, dass Koffein Kalzium-Ionen freisetzen und damit Muskeln aktivieren kann; außerdem wissen wir, dass Kaffee den Blutdruck hochpumpt – die Ergebnisse aus Royal Oak werden durch diese beiden Befunde

Und der Iman fühlte sich ichweißnichtwie, bumsfidel und ziegenbockmäßig auf Speed.

nur plausibler, und nun ahnen wir auch, wieso der Imam und die Ziegen so viel Spaß am Kaffee hatten.

Anderen Forschern zufolge soll, wie der britische »New Scientist« meldete, Kaffee gegen Heuschnupfen helfen, sogar gegen Schwermetallvergiftung und radioaktive Verseuchung. Bisschen viel auf einmal, finde ich, wenngleich es stimmt, dass ätherische Öle Erstaunliches zuwege bringen, und während des Röstens treten die ätherischen Öle der Bohne in der Tat hervor.

Weshalb geröstete Kaffeebohnen ja auch nur kurze Zeit frisch bleiben – woraus erstens folgt: Immer nur kurz vor dem Brühen mahlen, und zweitens: Immer schön verpackt und aromasicher im Kühlschrank aufbewahren! Auch das Mahlen lässt sich verfeinern; nachweislich gehen ätherische Öle verloren, wenn eine elektrische Kaffeemühle die Bohnen zerhackt und aufheizt. Andererseits ist das Mahlen von Hand zwar schonender für den Kaffee, aber eben nicht für die Hand. Ich unterziehe mich dieser Mühe jedenfalls nicht, bin also ein bekennender Elektrohacker.

Und wie brühen wir nun den Kaffee? Es gibt viele Rezepte, zu viele. Honoré de Balzac und Brillat-Savarin zum Beispiel haben ausgiebige Versuchsergebnisse veröffentlicht. Ich praktiziere die Stabfiltermethode: Das frisch gemahlene Pulver (nicht zu fein!) kommt in einen Glaszylinder, Heißwasser drauf und vier Minuten ziehen lassen, dann den Stabfilter hinunterdrücken. Der Vorteil: innige Verbindung von Wasser und Kaffee; das Getränk hat mehr Körper und Öl als die scharfe, aber dünne Suppe aus der elektrischen Kaffeemaschine.

Jetzt brauchen wir nur noch zu wissen, wieso das Getränk Kaffee heißt. Also: Der erwähnte Imam vermutete, dass die unbekannte Pflanze nicht etwa ein wilder Busch, sondern ein Kulturgewächs sei, eine Hinterlassenschaft afrikanischer Christenhorden nämlich, die der äthiopische König vor Jahrhunderten zum Plündern in den Jemen geschickt hatte. Die Gegend, von der aus die frommen Mörder übers Meer gesetzt hatten, hieß Kaffa. Man habe es mithin, dozierte der Imam, mit dem »Kaffa-Baum« zu tun. Folglich erhielt der neue Trank den Namen »Kahveh«, was zugleich »der Anregende« hieß und überdies an Kawus Kai erinnerte, den persischen Großkönig, der eines schönen Tages in einer geflügelten Kutsche in den blauen Himmel entschwebte.

Naironus ging noch weiter und behauptete, die äthiopischen Christen hätten das Kaffeemachen von einem italienischen Mönch gelernt; ein starkes Stück, das mich an die Behauptung stalinistischer Geschichtsschreiber erinnert, das erste Fahrrad der Welt sei von einem Russen erfunden worden. Was im Prinzip sogar stimmt. Er hat es allerdings nicht erfunden, sondern ist damit betrunken umhergefahren und in einem Graben gelandet.

Einem Kaffeetrinker wäre das nicht passiert. Wobei Kaffee nicht eigentlich nüchtern macht; wer jedoch müde ist, ohne alkoholisiert zu sein, wird vom Kaffee wach und – arbeitsfähig, und auf Letzteres kommt es in der Bürgerwelt nun einmal an.

Was nicht gleich heißt, dass Kaffeegenuss zu allen Zeiten opportun war. Zwar galt Kaffee ursprünglich als **LUXUSGETRÄNK**, doch als er zu Beginn des achtzehnten Jahrhunderts billiger wurde, fanden sich beispielsweise in den Kaffeehäusern Leipzigs »gemeine Weiber« ein, ein Ausdruck, der damals etwas anderes bezeichnete als heute. Es hat ja auch der Begriff »starke Frauen« seine Bedeutung gewandelt. Früher hatten starke Frauen ein Gewichtsproblem, heute haben sie einen Terminkalender, postfeministische Krimis gelesen und ein Gewichtsproblem. »Starke Männer« hingegen sind auch heute noch starke Männer. Woran man sehen kann, dass mit Männern, im Großen und Ganzen, irgendwie weniger los ist.

Der Kaffeekonsum verbreitete sich bald recht schnell, und da die deutschen Staaten keine Kolonien hatten, sahen es ihre Regenten mit wachsendem Ärger, dass das schöne Geld für ein ausländisches Konsumprodukt ausgegeben wurde. Eine Propagandawelle gegen den Kaffee setzte ein: Sie verquickte die ökonomischen Interessen mit der chauvinistischen Begründung, Kaffee würde das wahre deutsche Getränk verdrängen, nämlich das Bier. »Ceh-A-Eff-Eff-Eh-Eh« – wer entsinnt sich noch des sägenden Kinderkanons, der uns mahnte: »Nicht für Kinder ist der Türkentrank/Schwächt die Nerven, macht dich blass und krank«? Er stammt aus jener Zeit.

Doch heute ist Deutschland Kaffeeland. Es ist hierzulande fast unmöglich, schlechten Kaffee zu kaufen. Interessanterweise sind wir weitgehend an Mischungen gewöhnt, an Blends, und die regionalen Ursprünge der einzelnen Kaffees interessieren die Kundschaft nicht. Bisher. Seit ein paar Jahren experimentieren große Kaffeefirmen recht erfolgreich mit einem Konzept, das in den USA und in Kanada ganze Regionen erobert hat, insbesondere an der Westküste: Ketten von Kaffeehäusern, in denen das Getränk nach Ursprungsregionen unterschieden wird, gewissermaßen wie beim Wein. Es wird sogar schon nach Lagen und Plantagen differenziert, und eines Tages wird man dort Kaffee von der »Plantage Don Bohno, und zwar von der Ecke, wo Pedro neulich seinen linken Schuh verloren hat« bestellen können.

In Seattle wird mehr Kaffee getrunken als sonst wo auf der Welt. Das ist auch kein Wunder, denn des Nachts schmettern dort die schärfsten Bands in einem guten Dutzend Clubs, also muss tagsüber mit Kaffee nachgeholfen werden. In den Abwässern Seattles, und deshalb auch in der Hafenbucht, sind kürzlich erhöhte Konzentrationen von Koffein festgestellt worden. Nun wüsste ich gerne, eingedenk der Ergebnisse aus Royal Oak, ob sich die Fische und Muscheln bei Seattle stärker vermehren als in anderen Küstengebieten.

Der beste Kaffee der Welt heißt **BLUE MOUNTAIN COFFEE** und stammt aus Jamaika. Und Mr. Blue

Mountain, der heißt in Wirklichkeit Keble Munn, ist über achtzig Jahre alt und war irgendwann ein weißhäutiger Mensch gewesen. Seit Generationen bauen die Munns Kaffee in Jamaika an. Und noch jeder Munn musste mehrfach in seinem Leben wieder bei Null anfangen. Dafür sorgten Hurrikans, Trockenheiten, Brände, Regierungen und ähnliche karibische Katastrophen. Nun mögen ja die jamaikanischen Zigarren, in dunklen Fabriken von alt gewordenen Ladys gewickelt, nur karibischer Durchschnitt sein, desgleichen der Rum, tief im Inland in gleichfalls grau gewordenen Kesseln destilliert – doch der Kaffee der Blue Mountains ist das Größte, was die Kaffeetanten dieser Welt in die Tasse kriegen können. Er ist so teuer wie Champagner. Sie bekommen ihn bei JABLUM, 18a Maddox Street, London W1R 9Pl (oder: www.jamaicablue.co.uk).

Die weltweite Nachfrage ist groß. Die Angebotsmenge lächerlich klein. Trotzdem ging Munn vor ein paar Jahren pleite. Sein Partner hatte sich mit Grundstücken verspekuliert, außerdem hatten sich die Bürokraten des Coffee Industrial Board, der Vermarktungsbehörde, in ihrer strategischen Weitsicht auf Asiens Märkte kapriziert – und rums. Im »Gleaner«, der alteingesessenen und rotzfrechen Tageszeitung (auch im World Wide Web zu besichtigen: sehenswert!), spottete Munns Altersgenosse Morris Cargill, er habe eine Idee, wie sich der Anbau von Marihuana auf Jamaika bekämpfen lasse: Man gründe ein Marihuana Industrial Board. Das findet Keble Munn komisch. Er ist jetzt Berater seiner ehemaligen Firma. Denn er wird gebraucht; Munn wurde in den vierziger Jahren in New York als Kaffeetester ausgebildet, kennt die Anbau- und Verarbeitungstechniken wie kein Zweiter und soll nun sein Wissen an die Jüngeren weitergeben. Mavis Bank Coffee Factory heißt die Firma, und sie ist einen Besuch wert. Ihr Kaffee, der vorwiegend von umliegenden Kaffeebauern angeliefert wird, wächst in Steillagen, auf fünf verschiedenen Bodentypen, die jeweils unterschiedlich gedüngt und bewässert werden wollen. Der Hauptfeind ist ein Bohrkäfer, schwarz und klein, dessen Maden in die noch grünen Früchte wandern, dort eine Metamorphose durchmachen und weitere Eier legen.

Bekämpfen kann man solche Tiere mit Pestiziden, was aber dem Boden und dem Grundwasser und dem Gewissen schadet. Deshalb erproben die Kaffeepflanzer andere Methoden: Auslese befallener Pflanzen, Blätter oder Beeren, Säuberung der unteren Pflanzenteile – ein bisschen wie im Weinberg und in der Tabakplantage. Dies und manches mehr lernen nun die Jungen von Keble Munn.

Zum Beispiel auch, wie man Kaffee verkostet. Mit sicherem Griff schnappt Munn sich einen Löffel voll Kaffee und erschnuppert das **BOUQUET**. Dann probiert er und beurteilt Säure, Sanftheit, Körper sowie die Fehltöne: zu sauer (Fermentationsproblem), modrig (zu feuchte Lagerung), erdig (tja: Erde), alsdann den Nachgeschmack, der lang anhaltend und rein sein soll.

In New Orleans habe ich einmal im Hotel eine Tasse Kaffee bestellt. Ich saß im Zimmer und arbeitete, da klopfte es, und draußen stand eine schöne Frau, die einen Wagen hereinschob. Auf dem Wagen befanden sich ein dreistöckiges Silberdingsbums mit Gebäck und Pralinen, eine Karaffe Wasser, eine Glasschale mit schwimmender Blüte darin, ach ja: und eine Tasse Kaffee.

Recht so. Kaffee ist als alltägliches Getränk prima, aber auch dieser Genuss lässt sich inszenieren. Von Honoré de Balzac wird berichtet, dass er besonders viel Aufhebens um den Kaffee machte – immerhin soll er sich daran zu Tode getrunken haben. Sein Freund und Biograf Leon Gozlan berichtet: »Balzac verwandte dabei dreierlei Kaffeesorten: Bourbon, Martinique und Mokka. Den Bourbon besorgte er in der Rue du Montblanc, den Martinique in der Rue des Vielles-Haudriettes bei einem Krämer, der seinen prominenten

Kunden zeitlebens nicht vergessen haben dürfte. Den Mokka holte er sich in Faubourg St. Germain, bei einem Krämer in der Rue de l'Université; leider weiß ich nicht mehr, bei welchem, obgleich ich Balzac mehrmals auf seinen Erkundungsreisen nach exquisiten Sorten begleitet habe. Über einer solchen Kreuz- und Quertour durch ganz Paris verging gut ein halber Tag. Doch ein feiner Kaffee lohnt derartige Strapazen reichlich. Balzacs Kaffee war für meinen Geschmack das Beste, was es nur geben konnte – allerdings erst nach Balzacs Tee!«

Da haben wir's. Kaffee kann großartig sein. Aber Tee ist aristokratisch. Er ist die Finesse par excellence.

Das Getränk ist von Geheimnissen umgeben. Angeblich ist es vor rund 4500 Jahren entstanden, in China; die feinsten Tees sollen noch heute in geheimen chinesischen Gärten gedeihen und den kommunistischen Spitzenkadern vorbehalten sein. Aber unsereins lebt ja auch nicht schlecht: mit chinesischen und japanischen Grüntees, mit den vielfältigen Gewächsen aus den Teegärten von Darjeeling oder den erdigen Tees aus dem Hochtal von Assam.

TEEGENUSS kann vieles sein: morgendliche Erfrischung, stärkende Ruhepause am Nachmittag, meditativer Ausklang des Tages. Er kann simpel sein, lässt sich aber weit über das Niveau des Kaffeegenusses erheben; er reicht an den Weingenuss heran. Darjeeling-Tees kommen mit Lagenbezeichnung und unterschieden nach Frühjahrs-, Sommer- und Herbstpflanzung, und anders als beim Kaffee spielt auch die Qualität des verwendeten Wassers eine wichtige Rolle. Es darf insbesondere nicht zu kalkig sein (im Zweifelsfall fragen Sie die Wasserwerke oder verwenden stilles Mineralwasser), und allzu stark sprudeln darf das kochende Wasser auch nicht, wenn es mit den Blättern in Berührung kommt. Überhaupt ist die Zubereitung des Tees selbst bei uns schnöden Euro-

Kaffee kann großartig sein. Aber Tee ist aristokratisch.

päern eine eigene Zeremonie. Die wichtigste Regel: Die Teeblätter brauchen Platz, sich zu entfalten – in einem Leinensäckchen, einem Porzellanfilter oder direkt in der Kanne, deren Inhalt dann in eine weitere Kanne gesiebt wird. Wie lange soll man ihn ziehen lassen? Geschmackssache, probieren Sie es aus. Streit gibt es über die Frage, ob außer Wasser und Blättern noch weitere Zutaten erlaubt seien. In den Kaffee dürfen Milch und Zucker, keine Frage, und auch die karibischen Sitten (Muskatnuss, Angostura) sowie die Gewohnheit, ein bisschen Zimt beizufügen, gehen völlig in Ordnung, aber in den Tee? Puristen wenden sich mit Schaudern ab.

Ich bin keiner. Und wie so oft, kommt es auch bei diesem Genuss auf das Wann und Wo und Wie an. In Tibet nehmen sie Yakbutter.

Zitrone, Zucker und Rum haben durchaus ihren Platz in einfachen, kräftigen Tees, Gleiches gilt für die Messerspitze Kardamom. Und wer morgens gern einen starken Schwarztee trinkt, kann den Tanninüberfall mit ein paar Tropfen Milch mildern. Die scholastische Frage, ob erst der Tee oder erst die Milch in die Tasse kommen soll, kann ernsthaft wohl nur von Leuten diskutiert werden, die sich langweilen. Ein Argument für die Regel »milk in first« lautet, dass Tee und Milch sich in diesem Fall auch ohne Umrühren gut vermischen: Das stimmt, ist aber nicht ernsthaft erheblich. Blanker Unsinn ist die Behauptung, die Beachtung dieser Regel verhindere, dass sich das Milchfett allzu sehr erhitze. Ganz im Gegenteil: Da die Teetasse nach unten hin nicht konisch zuläuft, hat der auf den Milchsee gegossene heiße Tee sogar eine größere Angriffsfläche, als wenn man einen Teelöffel in der gefüllten Tasse versenkt, auf dem ein wenig Milch schwimmt. Nein, die Regel »milk in first« stammt aus der Zeit, da es sich empfahl, Milch ins kostbare Chinaporzellan zu träufeln, bevor es der Attacke heißen Tees ausgesetzt wurde – das war ihr ganzer Sinn.

In die grünen Tees und in die allerfeinsten schwarzen freilich gehört nichts weiter. Etwa in den japanischen Schattentee: In der letzten Wachstumsphase vor der Ernte werden die Pflanzen mit Matten abgedeckt; im Halbdunkel entwickeln sie Chlorophyll, und der Tee schmeckt besonders sanft.

Eine Kanne besten Tees hat die gleiche Aufmerksamkeit verdient wie eine Flasche besten Weins. Es beginnt mit der Farbe, die man am leichtesten in flachen, weißen Porzellantassen erkennen kann: von Hellgrün bis Rosa, von Jadegelb bis Bordeauxrot sind alle Abstufungen möglich, und manchmal liegt auf der Oberfläche ein Hauch grauen Nebels, der daran erinnert, woher die Blätter stammen. Der Geschmack, der Nachgeschmack, die Veränderung des Tees mit seiner Temperatur, alles das ist geeignet, den Teegenuss zu einem Fahrzeug zu machen, auf dem der Trinker dem Lärm der Welt entfliehen kann, wie eine chinesische Redensart besagt.

Eine Kanne besten Tees hat die gleiche Aufmerksamkeit verdient wie eine Flasche besten Weins.

Tee ist **VERFEINERTER GENUSS**, und deshalb dient dieser auch der sozialen Abgrenzung: Je ausgesuchter die Blätter, je aufwändiger die Zeremonie, desto höher die soziale Schicht, der sich der Teetrinker zugehörig fühlen möchte. In diesem Zusammenhang den Tee als aristokratisch zu bezeichnen hat einen historischen Sinn: Es war gerade die Aristokratie, die im siebzehnten und achtzehnten Jahrhundert mit ihrem feinen Geschmack ihre herausgehobene Stellung in der Gesellschaft zu legitimieren suchte.

Der Tee war lange Zeit das Zeichen des Aristokraten.

Die Zigarre war lange Zeit das Zeichen des Kapitalisten.

Man betrachte nur die Karikaturen früherer Jahrzehnte: Der Plutokrat hatte einen dicken Eumel im Mund. **DICKE ZIGARRE HEISST DICKE KOHLE.** Ganz vergangen ist diese soziale Symbolik nicht. Mit einer großformatigen Havanna sieht jeder ein bisschen wie Graf Koks aus.

Manchmal, soll Sigmund Freud gesagt haben, ist eine Zigarre nur eine Zigarre. Nun gut, aber sie symbolisiert eben doch Kraft. Können Sie sich Björn Engholm mit Zigarre vorstellen? Aber Gerhard Schröder, den natürlich. Lucky Luciano hat Zigarre geraucht. Che Guevara auch. Fidel Castro wurde einmal gefragt, ob er mit Bill Clinton eine Friedenszigarre rauchen würde, wenn das Embargo fiele. Der Maximo Lider antwortete: Er müsse dann erst um Erlaubnis bei der Weltgesundheitsorganisation nachsuchen, damit sie ihm nicht die Ehrenmedaille aberkenne, die ihm für Verdienste um die kubanische Antiraucherkampagne verliehen worden sei. Da lacht der echte Mann und schwenkt fröhlich seine Zigarre.

Sie ist ein so stark wirkendes Symbol, dass ich mich einmal, als ich an einem See saß und die zufällig in der Urlaubshütte gefundenen Memoiren von Lucky Luciano las, mit einer Zigarre in der Hand selbst wie einer aus Luckys Racket fühlte.

Der Tabakwickel signalisiert Macht, auch geistige oder psychologische wie bei Sigmund Freud oder die der intellektuellen Unabhängigkeit wie im Fall des Pazifisten und Anarchosozialisten Erich Mühsam, der ebenfalls ein passionierter Zigarrenraucher war. Sie gehörte zu seinem Outfit – man sollte ihn mit Zigarre sehen – und war für ihn zugleich körperliches Stimulans für geistige Höhenflüge. Während eines Kuraufenthalts in der Schweiz schrieb er: »Hier habe ich noch nicht ein einziges lyrisches Gedicht gemacht. Ich glaube, dass das an der plötzlichen und völligen Zigarrenentwöhnung liegt.«

Erich Mühsam wollte mit der Zigarre etwas demonstrieren; in dieser Hinsicht war er wohl ein Zuspätgekommener. In der deutschen Revolutionszeit um 1848 war öffentliches Zigarrerauchen eine politische Provokation. Zitat aus der »Neuen Preußischen Kreuzzeitung« (gelesen im dem empfehlenswerten Zigarrenbuch »Auf leichten Flügeln ins Land der Phantasie« von Detlef Bluhm):

Der Tee war lange Zeit das Zeichen des Aristokraten. Die Zigarre war lange Zeit das Zeichen des Kapitalisten.

»Die Cigarre ist das Scepter der Ungenirtheit. Mit der Cigarre im Munde sagt und wagt ein junges Individuum ganz andere Dinge, als es ohne Cigarre sagen und wagen würde. Die Subordination des Soldaten läßt sich mit der Cigarre im Munde dem Offizier gegenüber nicht behaupten, und jede feinere Subordination, deren Grade unzählig sind, wird mehr oder minder niedergetreten oder verabsäumt.«

Später wurde die Zigarre zum bürgerlichen **BEHAGLICHKEITSSYMBOL**, dann wieder zum Zeichen der Erfolgreichen. Und trotzdem: Ich genieße die Zigarre und schere mich nicht darum, ob Schwarzenegger ebenfalls so was zwischen seine Marmorbeißer steckt, ob Jungunternehmer ihre Börsengewinne damit feiern oder ob alte Herren im Park Zigarre schmöken. Das ist ja das Witzige an der Sozialsymbolik des Genusses: Sie ist real und keine Schimäre, aber noch realer ist, was mir meine Sinne melden.

Es ist nicht schwer, dem Zigarrengenuss auf die Spur zu kommen. Man braucht nur ein paar Erfahrungsregeln zu befolgen. Die erste lautet: keine schlechten Zigarren rauchen. Die zweite: keine trockenen Zigarren rauchen. Die dritte: viele unterschiedliche Zigarren rauchen. Die vierte: in Ruhe rauchen.

Diese Regeln lassen sich leicht einhalten. Zu Beginn Ihrer Einarbeitung sollten Sie ausschließlich kubanische Zigarren rauchen, einfach deshalb, weil dann die Chance eines Treffers größer ist. Später kann man auch Produkte anderer karibischer Inseln, aus den Philippinen und sonst woher probieren, aber zunächst ist es sinnvoll, sich einen Maßstab zu schaffen – und das sind nun einmal die Havannas (Ausnahmen: erstens Arturo Fuente aus der Dominikanischen Republik – mild und besonders lecker ist deren Serie namens »Hemingway« – und zweitens die wunderbaren Zigarren der Marke Laura Chavin). Allerdings: Rauchen Sie nichts, was in Havannas Straßen erstanden wurde –

es ist fast alles Ausschussware oder gefälscht. Ach ja, und achten Sie darauf, dass auf der Kiste »**HECHO EN CUBA**« steht (hergestellt in Kuba) sowie »**TOTALMENTE A MANO**« (komplett handgemacht). Nur »A mano« reicht nicht.

Die zweite Regel ist leicht zu befolgen, wenn Sie Ihre Zigarren stets in einem guten Geschäft kaufen. Oder wenn Sie nur in guten Restaurants rauchen (bitte erst nach zehn Uhr abends, wegen der anderen Gäste). Oder wenn Sie sich einen »Humidor« zulegen, ein Zigarrenkästchen (es gibt freilich auch welche in Wohnzimmergröße), in dem mit harmloser Chemie und destilliertem Wasser für ausreichend und nicht zu viel Feuchtigkeit gesorgt wird.

Die dritte Regel befolgen Sie, indem Sie sich von reisenden Freunden Havannas mitbringen lassen (gibt's auf jedem Flughafen, besonders preiswert in Spanien). Dem Anfänger seien milde Zigarren empfohlen. Bei den meisten Marken sind die langen und dicken Formate milder. Die Langen sind sanft, weil der Rauch gekühlt wird, während er durch den Tabak wandert und daher weniger zubeißt, und die Dicken sind mild, weil Sie an ihnen weniger stark saugen müssen, um sie zu genießen. Mild und daher für Einsteiger geeignet sind namentlich die kubanischen Marken Cuaba, El Rey Del Mundo, Hoyo De Monterrey, Rafael Gonzalez und Robaina.

Die vierte Regel: Ruhe. Frieden. Mit Freunden an der Bar. Eventuell auf dem Balkon – es darf nur nicht zu windig sein, sonst brennt Ihnen die Zigarre genusslos weg. Meine Frau hat mir einen Kellerraum eingerichtet, mit kleinen Sesseln und allem; dort kann ich frei rauchen.

Aber selbst da unten, in meinem Genusskeller, bin ich nie allein. Mag mich auch keiner sehen, ich nehme dennoch all die Gesten des Rauchens wahr, und sie sind vieltausendmal gesehene und bewertete soziale Signale.

Genuss ist öffentlich und privat zugleich. Er bestätigt und verfestigt das Sozialgefüge, andererseits untergräbt er die Grenzen, denn er findet innen drin im Ich statt, im Gehirn, unserer Genussmaschine, die keine Klassen kennt.

Genuss ist egalitär. Und zugleich elitär, denn er sucht kompromisslos das Beste. Er ist flüssig und bleibt in keinem Begriffsgefäß. Genuss kommt von Küssen. Das kann man nicht allein.

Das Künstliche

»Die erste Pflicht im Leben besteht darin, so künstlich wie möglich zu sein. Worin die zweite Pflicht besteht, habe ich noch nicht herausgefunden.«
Oscar Wilde

Jetzt, mittendrin im Menü, ein **SORBET**: dünnflüssiges Eis, zubereitet aus Läuterzucker (mit Wasser eingekochter Zucker) und aromatischen Flüssigkeiten wie Ananassaft, Kirschwasser oder Champagner, worein nach dem Gefrieren etwas Schlagsahne gerührt wurde. (Selbermachen setzt leider den Besitz einer Eismaschine voraus. Ich habe keine und gehe ins Restaurant.) Sorbets sind eine Erfrischung zwischen dem Geflügel- und dem Fleischgang; der Strom des kulinarischen Genusses wird kurzzeitig unterbrochen. Die Selbstverständlichkeit, mit der die Esser etwas Schweres erwarten, wird durch die kühle, fruchtige Intervention des Sorbets in Frage gestellt.

Eine Pause. Inszeniert als Zwischenspiel.

Die Schauspieler verschwinden hinter dem Vorhang, und die Zuschauer, eben noch vom dramatischen Geschehen hingerissen, ergehen sich in Nichtigkeiten – Schlange stehen für ein Glas Sekt, das Publikum taxieren, einem Bekannten ausweichen. Bis es bimmelt: Wir müssen wieder rein. Als Nächstes wird der Lammbraten auftreten, der Held des Menüs.

Unterbrechungen steigern den Genuss erheblich. Sie gehören zum Standard der musikalischen Kompositionslehre, wir finden sie in der Lyrik ebenso wie in der Prosa, und richtig dankbar war ich der schönen Türkin, die mich beim Joggen einhalten ließ und lächelnd nach dem Weg fragte: Danach lief ich mit neuem Schwung weiter. Nehmen die Unterbrechungen überhand, geht's einem freilich auf den Geist. Haben Sie einmal versucht, im öffentlichen Schwimmbad eine längere Strecke gleichmäßig und rhythmisch zu durchmessen? Mindestens so ätzend sind auch die hyperbeflissenen Kellner, die alle paar Minuten angeschlichen kommen, um zu fragen, ob denn alles recht sei.

Genuss wird durch Unterbrechung nur gesteigert, wenn sie wohl dosiert ist; etwas zu viel, und er ist zerstört. Denn Genuss braucht auch Kontinuität, und deshalb halte ich nicht viel von so genannten Theatermenüs: eine Vorspeise, dann die ersten zwei Akte, in der Pause der Hauptgang und, nachdem der letzte Vorhang gefallen ist, das Dessert – was für ein Stress.

Das Sorbet eignet sich auch als Dessert, aber mitten im Menü macht es sich besser. Es zögert den unvermeidlichen Gang der Dinge hinaus. Wir strecken die Zeit.

Genuss ist ein Vorgang in der Zeit, er strömt, aber zugleich entflieht er der Zeit in den Momenten des Höhepunkts. Im Orgasmus sind Raum und Zeit nicht existent; vorher ist vorher, und nachher ist alles anders, aber der Höhepunkt, mag er kurz oder lang dauern, findet im Paralleluniversum statt. Genießen heißt, die Zeit herauszufordern. Vita brevis, ars longa. Die Zeit läuft natürlich ab; sie künstlich anzuhalten – das ist das gute Leben.

Der Moment des Genusses ist ein Triumph des Künstlichen über die Natur. Das ist das Thema dieses Kapitels.

Das Lob des Künstlichen will nicht recht zur **NATÜRLICHKEITSIDEOLOGIE** passen, mit der sich heutzutage auch Gourmets putzen. Naturbelassen sollen die Zutaten des Essens sein, und das ist ja im Prinzip auch richtig, doch machen wir uns nichts vor: Der Feinschmecker beißt sich nicht durch die freie Natur, sondern er verwandelt sie in etwas Künstliches.

Die Zeit läuft natürlich ab; sie künstlich anzuhalten – das ist das gute Leben.

Jedoch: in etwas, das ihn an sein Ideal der Natur erinnert. Wenn der Meisterkoch Eckart Witzigmann halb garen Spargel in einer Vinaigrette aus frisch gepresstem Maracujasaft, Sherryessig, Oliven- und Walnussöl parfümiert und mit Schalentieren kombiniert, dann schmeckt der Spargelsalat rein nach seinen natürlichen Zutaten, ist aber doch in dieser Kombination ein Kunstprodukt par excellence. Ebenso wie der Sauvignon blanc, der nach Stachelbeere, Blumen und Frühlingswiese duften kann. Sie werden keine Schnecken in ihm finden und keine Blattläuse. Er ist künstliche Natur.

Wie das grüne Gemüse, das so frisch und farbecht aussieht, obwohl es doch gekocht wurde – der technische Trick: ohne Deckel garen, damit die aus den Zellen entweichenden organischen Säuren verdampft werden; sie sind es, die das grüne Chlorophyll angreifen. Die geschnittenen Champignons wiederum reibt der Koch mit Zitronensaft ein, damit die Säure die Enzyme in ihrem Bestreben stört, in den aufgeschnittenen Zellen des Pilzes die Oxidation herbeizuführen, die alles braun werden lässt. Und das Huhn behält den intensiven Fleischgeschmack, indem wir es vor dem Kochen salzen und damit verhindern, dass die Mineralsalze des Fleisches ins Kochwasser wandern (kochen wir dagegen Hühnerbouillon, kommt das Salz erst zum Schluss hinein). Diese drei Beispiele aus Hervé This-Benckhards Buch »Rätsel der Kochkunst« zeigen: Die Natur will technisch geführt werden, damit sie sich unserem Genuss erschließt.

Wieso können wir Joghurts essen, die uns **BLANK-WEISSE NATÜRLICHKEIT** suggerieren? Weil sie gekühlt werden. Der Kühlschrank ist geradezu ein Symbol des Kampfes gegen die Natur. Seine Aufgabe ist es, die natürlichen Zerfallsprozesse (eigentlich: Lebensprozesse von Bakterien) aufzuhalten. Auch dafür muss ein Preis entrichtet werden, denn der Kühlschrank frisst Strom, den uns die Natur nicht schenkt. Mit Kühltechnik ringen wir dem Verfall einen Aufschub ab.

Dass wir die Produkte in frischem Zustand genießen wollen, hat Gründe, die ich nicht auszuführen brauche. Aber ich vermute, dass wir uns damit auch des Glaubens versichern wollen, das Unvermeidliche aufhalten zu können. Frische hat einen hohen Symbolwert. Sie strahlt **ÄSTHETISCHE ENERGIE** aus. Sie verneint den Tod. Ebenso liegt in der Jahreszeitenküche, die für ihre Speisen im Frühling, Sommer, Herbst und Winter jeweils das benutzt, was gerade gereift ist, mehr als nur die Vernunft des Gourmets: Jedes Jahr im Mai essen wir Spargel, Möhren im Sommer, Pilze im Herbst und Maronen im Winter, und der Kreislauf hört nie auf – oder? Die Zyklen der Feste und der Speisen helfen uns auf heitere Weise darüber hinweg, dass sich alles auf das Ende zu bewegt.

In allen Kulturen gibt es die **JAHRESZEITLICHEN RITEN**. Die japanische Küche hat dieses Spiel bis zur Vollkommenheit verfeinert. Hier werden die Jahreszeiten geschmeckt, und jede hat ihr eigenes Essbesteck und Geschirr, ihre eigene Süßigkeit, ihren eigenen Fisch und vieles mehr. Die Jahreszeiten werden auch durch die Art der Dekoration angedeutet, insbesondere die Form der geschnittenen Gemüse.

Gemüse symbolisieren das Sanfte der Natur. Wenn wir die Zähne ins Fleisch schlagen, sind wir Raubtiere, doch sobald wir die Möhre kauen, zeigt sich unsere Kaninchenseele. Womöglich dienen die Salathaufen, die zumal in Deutschland, aber auch in den Vereinigten Staaten die Steaks begleiten, der symbolischen Wiedergutmachung an der Natur. Je ferner der Mensch der Natur ist, desto kitschiger sein Verhältnis zu ihr. Man sehe sich nur einmal bei ungetrübtem Bewusstsein die Fernsehreklame für Fertiggerichte mit Gemüse an: Kartoffeltrolle und Waldwichtel, Kräuterzwerge und Gurkenfeen und überhaupt ein ganzes Disneyland, bevölkert mit Naturgeistern, beschwören das reine, das moralisch saubere Leben. Und das mitten in der Tiermehlzeit.

> **Wenn wir die Zähne ins Fleisch schlagen, sind wir Raubtiere, doch sobald wir die Möhre kauen, zeigt sich unsere Kaninchenseele.**

Ehrlicher ist da schon das Bekenntnis zum Künstlichen, zur Hochkultur. Ein Gebet an diese Kultur ist das altehrwürdige Rezept für **POULARDE À LA NEVA**; ich habe es aus nahe liegenden Gründen nie gekocht, sondern beschreibe es – in einer Kurzfassung! – hier nur, um zu zeigen, wohin der Kult des Künstlichen führen kann.

Für die Zubereitung sind mindestens zwei Tage zu veranschlagen. Am ersten Tag wird eine Hühnerbouillon zubereitet, was schon für sich genommen ernsthaften Aufwand bedeutet, wenn man es ernst meint. Außerdem werden zwei Poularden dressiert, was in diesem Fall nicht bedeutet, ihnen Kunststückchen beizubringen, sondern sie richtig zu schneiden und zu binden. Einem der Hühner werden die Füße zusammengebunden. Beide Tiere werden nacheinander in der Bouillon pochiert; aus einem Teil der Bouillon wird Gelee hergestellt, das teilweise für die ebenfalls am ersten Tag anzufertigende Chaud-Froid-Sauce verwendet wird; dabei handelt es sich um eine (hüstel) weiße Mehlschwitze mit Sahne.

Am nächsten Morgen geht's weiter: Bei dem Huhn mit den zusammengebundenen Füßen werden die Brusthälften ausgelöst und in Scheiben geschnitten. Bei dem anderen auch, aber ihm werden außerdem die Beine abgeschnitten, aus denen sodann die Knochen entfernt werden, damit aus diesen Partien ebenfalls schöne Scheiben gefertigt werden können; die Karkasse wird weggeworfen. Alsdann ein Gänseleberschaumbrot herstellen: aus Gänsestopfleber, einer Trüffel, Fleischresten vom zweiten Huhn, Gelee, Schlagsahne. Die Mousse wird auf die Fleischscheiben geschmiert, mit dem Rest werden die Löcher gestopft, die das Auslösen der Brust verursacht hatte – die Poularde soll ihre natürliche Form zurückerhalten. Nun werden die Scheiben auf der anderen Seite sowie die Poularde mehrfach mit der Chaud-Froid-Sauce überzogen, wobei noch allerhand Küchentricks zu beachten sind, die hier nichts zur Sache tun. Schließlich: kühlen. Sobald alles fest geworden ist, baut der Kochkünstler die weißen Teile auf seiner Poularde kunstvoll auf, dekoriert alles fein mit Trüffel-schnitzen in Form von Blütenblättern und über-glänzt das Ganze mit Gelee. Dazu gehören Becher-chen von Gemüsesalat mit Mayonnaise (aroma-tisiert mit Estragonessig, Meerrettich, Gelee), die in Gelee eingesetzt werden.

Poularde à la Neva ist also ein kaltes Gericht. Ich habe es nie gegessen. Die Zubereitung scheint vor allem ein Ziel anzusteuern: Das Huhn soll huhniger schmecken als irgendein anderes Hühnergericht dieser Welt und noch dazu doppelt so viel an bes-ten Stücken bieten wie ein Normalhuhn. Huhn hoch zwei, sozusagen.

Ist das nun künstlich, ist es natürlich? Es ist die Annäherung an die Natur mit Hilfe der Kunst. Wie Kaiseki. Oder wie Landschaftsmalerei. Oder wie die Computersimulationen der Astrophysiker, die uns auf dem Bildschirm vorführen, was im In-nern einer Supernova stattfindet, also eines explo-dierenden Sterns. In einer eigentümlichen Bewe-gung wendet sich der Mensch von der Natur ab, um sich ihr zuzuwenden. Es sind die künstlichs-ten Mittel, die ihn der Natur am nächsten bringen. Kunstwerke zum Beispiel. Etwa Henry Thoreaus 1854 erschienenes Tagebuch »Walden«; er schildert ein schlichtes Leben am See, dessen Inhalt haupt-sächlich die Beobachtung der Naturzyklen ist. Protest gegen das Stadtleben und die technische Zivilisation wurde darin gelesen. »Walden« gehört zum literarischen Kanon in den USA, zahlreiche Amerikaner folgten Thoreau und zogen, zumin-dest zeitweilig, in die Wälder. Gewannen sie dort ein unmittelbares Verhältnis zur Natur? Wohl doch eher ein literaturvermitteltes, ein kunstvermittel-tes. Ein weiteres Beispiel ist die 1920 in Toronto gegründete Künstlergruppe »Group of Seven«, die einen eigenständigen ästhetischen Zugang zur kanadischen Naturlandschaft suchte. Sie grenzte sich von der verhübschenden Landschaftsmalerei der Europäer ebenso ab wie von der damals in Kanada vorherrschenden Sehweise, dass die Natur zu erobern und zu bezähmen sei. Ganz im Gegensatz dazu feierte sie die **UNGEZÄHMTHEIT DER NATUR** als deren eigentliche Schönheit. Die Künstler wanderten durch die Wildnis, suchten das rein Natürliche – und bannten es mit raffinierten maltechnischen Mitteln. Ihre Bilder, vielfach technisch reproduziert, sind in das Naturempfinden der Kanadier eingegangen. Nähe zur Natur, erreicht mit Kunst. Nicht die Rohheit des Naturzustandes, sondern die Verfeinerung der Zivilisation zeigt uns das Natürliche. Künstliches, das zum Genuss der Natur anleitet.

Die Idee der »Wilderness« und des Draußenlebens, der Outdoor-Sportarten und überhaupt des eher rauen, von wenig Zivilisation begleiteten Naturgenusses ist gerade in Nordamerika weit verbreitet. Unmittelbarer Naturgenuss, wie es scheint. Man braucht nur ein Messer (die besten sind aus Titan), richtige Kleidung (Gore-Tex) und irgendwas zum Feuermachen (Grillanzünder zum Beispiel). Ein Allradauto ist nicht schlecht, womöglich mit GPS und Satellitentelefon. Strom lässt sich naturnah aus Solarzellen gewinnen, einem High-Tech-Produkt aus Silicon Valley.

Oder nehmen wir den Genuss der eigenen körperlichen Natur. Er lässt sich in gewissen technischen Einrichtungen erleben: in Thermalbädern. **WIE EIN EMBRYO IN WARMER FLÜSSIGKEIT SCHWIMMEN.** Himmlisches Körpergefühl, bereitet durch ein vertrautes Naturelement, das Wasser. Begleitet wird dieses Genusserlebnis von allerlei Erzählungen, die uns nahe legen, hier könnten wir den Einklang mit der Natur erleben. Von heilenden Wirkungen der Quellen wird berichtet (und verschwiegen, dass sie, wenn sie überhaupt vorhanden sind, auf der sonst so gefürchteten Radioaktivität beruhen) und davon, dass man sich vor dem Bad möglichst noch in ein Fangopaket wickeln lassen sollte. Haben Sie schon einmal gesehen und

Es sind die künstlichsten Mittel, die den Menschen der Natur am nächsten bringen.

gerochen, wie original durchgefaulter, grauer Fangoschlamm auf die Betten gekippt wird? Ich habe die feuchte Masse zum ersten Mal in Norditalien erblickt und musste unwillkürlich denken: Hannibal ante portas. Aber das Zeug, das in einem Zoo nicht weiter auffallen würde, tut ausnehmend gut, sagen die Fangofreunde, und ich glaube ihnen das. Ebenso wie es gut tut, sich im warmen Wasser mit Luftblasen und Wasserdüsen massieren zu lassen; man genießt sich dabei ganz als Naturwesen. Im ehrwürdigen Budapester Gellert-Bad verstärken Figuren und Ornamente aus Terracotta den Naturmythos: Seepferdchen und Muscheln, Fische, Seesterne und Meerjungfrauen und Neptune und andere maritime Motive wecken die Vorstellung, der Badende gebe sich dem puren Naturgenuss hin.

Im Budapester Kultbad wird nur halblaut gesprochen. Einige seiner Becken liegen im Halbdunkel. Wer dem Bad entsteigt, muss den Bademeister wecken. Gähnend weist er einem eine Kabine mit Liege zu, rückt mit der zuvor bei ihm abgegebenen Kleidung heraus, und auf Deutsch sagt er mit Grabesstimme: »Gesundheit«.

Ausgelassener vergnügt sich das Völkchen in den Bädern der norditalienischen Thermenregion. Nie werde ich jenen Mann vergessen, der sein Gesicht mit Sonnencreme weiß wie ein Maori schminkte, anschließend eine durchsichtige, gepunktete Duschhaube aufsetzte und sich sodann rittlings auf ein rosa Gummiwürstchen schwang, das nun vor und hinter ihm aus dem Wasser ragte. Glücklich lächelnd, bewegungslos, trieb er durch den warmen Pool, mit sich und der Natur im Reinen. All die Bädertechnik, Sonnenkosmetik, Plastik- und Gummiware hatte ihren Zweck erfüllt: mitten in der Zivilisation einen Raum freizumachen, in dem der Mensch das Gefühl genießen kann, mit der Natur eins zu sein.

NATÜRLICHES UND KÜNSTLICHES, das konnten die antiken Philosophen noch leicht voneinander abgrenzen: Sie unterschieden zwischen dem Gegebenen und dem Gemachten. Wir können das nicht mehr. Was immer wir sehen, selbst das Sternenlicht, das durch die vom Menschen beeinflusste und mit Kunstlicht kontaminierte Atmosphäre zu uns dringt, ist mehr oder weniger künstlich. Die Schranke zwischen dem Natürlichen und dem Künstlichen ist niedergerissen, denken wir nur an das Klonschaf Dolly oder an transgene Pflanzen. Ein EU-Forschungsprogramm, das derzeit geplant wird, soll »living artefacts« heißen – lebende Kunstprodukte, nämlich Roboter. Ein mittlerweile etablierter Forschungszweig nennt sich »artificial life« – künstliches Leben, das sich ausschließlich im Computer abspielt.

Natürliches und Künstliches gehen ineinander über. Aber daraus dürfen wir nicht schließen, dass alles Künstliche gut und richtig sei. Oder gar schmackhaft. Ich sage nur: Tütensuppe.

In einer Welt, in der allein die Technik und der pragmatische Verstand regieren, hätte der Genuss keine Chance mehr. Was hat es nicht schon für großartige Entwürfe dafür gegeben, wie die Menschheit der Zukunft auf vernünftige Weise und deshalb ausreichend, billig und gesund ernährt werden könnte! Auf der Basis von Erdöl zum Beispiel. Oder von Sojabohnen; ich erinnere mich an süßlich schmeckende Gummibrocken, braun glänzend, die mein Vater in den frühen sechziger Jahren aus den USA mitbrachte: Fleischersatz aus Soja namens TVP (nein, nicht PVC). Es gab auch schon Ideen, die menschliche Ernährung weltweit auf Fischmehlbasis umzustellen. Oder auf Entengrütze.

Das, was uns heute die Genfood-Propagandisten versprechen, also Nahrung und Landwirtschaft für alle Armen, hat die westliche Welt nämlich schon einmal vernommen: vor gut fünfzig Jahren. Immerhin unter der Leitung der Stanford University sowie der Beraterfirma Arthur D. Little kamen Wissenschaftler zu dem Schluss, ein spezielles Plankton namens Chlorella sei der Weltmeister der Photosynthese und das auf diese Weise entstehende Grünzeug enthalte alle wichtigen Aminosäuren, Fette und Vitamine. Weitere Studien folgten. Nachdem die Forscher ein paar Experimente mit Fässern voller Chlorella veranstaltet hatten, posaunten sie: Jährlich könnten mindestens vierzig und bis zu hundert Tonnen Trockenmasse pro Hektar hergestellt werden, für umgerechnet eine Mark fünfzig das Kilo. Eine Plantage in der Größe von Rhode Island, hieß es, könnte die Hälfte des weltweiten Bedarfs an Proteinen decken. Das schlug ein wie eine Bombe, und es wurde auch bald gefordert, ein zweites Manhattan-Projekt in die Wege zu leiten, nur diesmal nicht, um die Atombombe, sondern um gelbgrünen Schlabber auf die Welt zu werfen. Fast kostenloses Essen, dröhnte die Plankton-Lobby. Hergestellt in abfallfreier Produktion, ja mehr noch: gedüngt mit Müll, denn die Algen ernähren sich von allerlei Bio-, ja sogar Industrieabfällen.

Ein Großangriff auf die Küche setzte ein. Die Lebensmittelindustrie begann Tests mit **PLANKTON-SUPPE** durchzuführen. Japanische Techniker erwogen, **ALGENPULVER** unter grüne Speisen wie zum Beispiel Spinatnudeln oder Pfefferminzeis zu schmuggeln. Der Biologe James Bonner plante sogar, der grünen Grütze mit einer essbaren Plastikmatrix etwas Halt zu verleihen.

Von diesem Mann ist der denkwürdige Satz überliefert, dass der Mensch einer moderneren Zukunft »weniger emotionales Gewicht auf die geschmacklichen Aspekte des Essens als auf die Körperchemie legen« werde.

Doch das Unheil brach nicht über uns herein. In den späten Fünfzigern traten technische Probleme auf. Die Algen liefen nur bei extremer Sonnenbestrahlung zur vollen Form auf, weshalb sie mit – teurem – Kunstlicht gedopt wurden. Sie mussten gegen allerlei mikrobiologische Störenfriede verteidigt werden, die zu ihnen in die Grützteiche

wollten; auch Temperaturunterschiede, insbesondere kühle Nächte, beeinträchtigten das Wachs-
tum der sensiblen Wesen. Ernte, Verarbeitung,
Lagerung, all das klappte nicht so recht, überall
türmten sich unerwartete Hindernisse auf. Bis die
Stiftungen, die das Ganze bisher finanziert hatten, auf andere Strategien gegen den Hunger ver-
fielen: Geburtenkontrolle, Förderung traditioneller Landwirtschaft. Das war vor fünfzig Jahren.
Aber die Algenblüte ist ein periodisch wiederkeh-
rendes Phänomen. Diesmal tritt sie in Deutschland auf: »Industrie entdeckt Mikroalgen als Roh-
stoff der Zukunft«, trötet der »Spiegel« und: »Vor
den Toren Klötzes, einer verschlafenen Sechstau-
send-Seelen-Gemeinde im sachsen-anhaltinischen
Hinterland, steht seit Mai dieses Jahres die mo-
dernste Algenproduktionsanlage der Welt.« Blühende Landschaften, blühende Fantasie: Wieder
lesen wir von Massenerträgen, Nahrungsmittelpro-
duktion, tollen Proteingehalten, Müllverwertung
und nur am Rande davon, dass sowohl die Biologie als auch die großtechnische Umsetzung von
Verfahren, die bisher nur im Labormaßstab funktionieren, zu großen Teilen ungeklärt sind. Egal,
ein Bäckermeister des Ortes bietet bereits grünli-
ches Algenbrot an, und im Klötzeschen »Braun-
schweiger Hof« darf der Gast Blumenkohlsalat
mit Grünalgen-Dressing ordern.
Ich wünsche guten Appetit und bin froh, dass ich
mich auf mein natürliches Anrecht auf Austern
zurückziehen kann (ich habe ein »R« in meinem
Namen).
Nein, wenn ich etwas Grünes auf dem Teller haben will, kaufe ich Spinat oder Bohnen bei unserem Gemüsehändler, und zwar am liebsten die so
genannten Ökoprodukte. Sie sind meist aromatischer. Auf den Schwindel allerdings, dass das Gemüse oder das Fleisch auf meinem Teller »reines
Naturprodukt« sei, falle ich nicht herein. Ein
REINES NATURPRODUKT wächst nicht monokul-
turell in Reih und Glied, sondern einigermaßen

chaotisch in Wiese und Wald. Landwirtschaft ist aus Prinzip künstlich. Sie ist das Ergebnis einer technischen Revolution, die vor zwanzigtausend Jahren stattgefunden hat. All die Wiesen und Äcker, Felder und Wälder, Obstbaumplantagen und Weingärten sind Kulturlandschaft, und ihre Produkte sind künstlich.

Aber wir wollen es nicht wahrhaben. Wir wollen unseren Wein als Naturprodukt genießen – obwohl er ein technisches Produkt ist. Und wie! Unter Aufbietung aller Kunst verwirklicht der Wein bauende Mensch sein Naturideal. Ich habe etliche Winzer besucht, und wenn ich ihre Weine trinke, dann empfinde ich Ehrfurcht vor all der Mühe, die mir diesen Genuss verschafft.

Oder auch nicht. Es gibt eine naturvergessene **WEINTECHNIK**, mit der das Naturideal nie und nimmer erreicht werden kann. Im übermechanisierten Weinbau, dessen Ziel die Massenvermarktung bei geringen Personalkosten ist, fahren schwere Maschinen zwischen den Rebzeilen umher und pressen den Boden zusammen, was den Luft- und Nährstoffaustausch hemmt. Um ihn wieder aufzulockern und um Unkraut zu beseitigen, zerhackt ihn im Frühjahr die Fräse; deren Rotationsmesser hinterlassen einen zerschlagenen Boden, der unterhalb seiner harten Kruste zur Verschlämmung neigt. Die Artenvielfalt seiner Flora leidet, auch die der Tierchen, die in ihm leben; aggressive Hungerkünstler mit verdächtigen Namen wie Ackerkratzdistel wiederum bekommen übermäßige Chancen. Der Fräse fällt namentlich der Regenwurm zum Opfer, der nicht nur ein lockernder Typ ist, sondern mit Drüsensekreten und Kot den Boden anreichert – man soll ja nicht glauben, was alles zum Weingenuss beiträgt.

Um dennoch Nährstoffe für die Pflanze in den halbtoten Boden zu verfrachten, wird er mit Mineraldünger angereichert, und weil die **ZWANGSERNÄHRTEN PFLANZEN** anfälliger für Krankheiten werden, bekommen sie eine Radikalkur mit Schutzmitteln. Die Pestizide machen nicht nur Schädlingen, sondern auch vielen nützlichen Tieren den Garaus – weshalb die Reben letztlich nicht kräftiger, sondern empfindlicher werden. Zivilisationskrank, sozusagen.

Mit ihrer Kritik an dieser Praxis haben die so genannten Ökowinzer vollkommen Recht. Etwa Nicolas Joly, der Apostel des natürlichen Weinbaus. Er predigt seit Jahren: Ihr müsst der Natur zuhören, ihren Hinweisen folgen – und ihr bekommt gesunde Reben, dauerhafte Erträge und, vor allem, »ehrlichen Wein«, wie Joly es nennt. So weit, so gut.

Im Detail wird es dann seltsam. Jolys Verfahren und mehr noch seine Begründungen fußen nämlich auf der esoterischen Lehre Rudolf Steiners (»Anthroposophie«). Etwa die Rezepturen der herbstlichen Bodenbehandlungen, die Joly vorschlägt: mit Kamille gestopfte Kuhmägen vergraben, denn Kamille ist gut für die Verdauung; mit Dung gefüllte Kuhhörner einbuddeln – und nicht etwa Stierhörner, denn der Boden muss etwas empfangen, also müssen die Hörner weiblich sein und von einer Kuh stammen. Wein gehört ins Fass, das ist ein vertretbarer Standpunkt; Joly ist es vorbehalten, ihn folgendermaßen zu begründen: Das Fass sieht aus wie ein Ei und zieht daher kosmische Kräfte auf sich.

Kein Wein der Welt kann die kühnen Thesen beweisen, die Joly verficht, er kann allenfalls ihre Formulierung erleichtern. Zu Jolys Verteidigung ließe sich aber zweierlei vorbringen.

Erstens: Der Winzer, der nach Jolys Regeln arbeitet, muss sich zu den unmöglichsten Zeiten im Weingarten einfinden, um allerlei Verrichtungen zu leisten – etwa einen halben Teelöffel Quarzpulver auf der Fläche eines Hektars verteilen, um »Licht« in den Weinberg zu bringen; derart in Trab gehalten, nimmt ein bewusster Weinbauer sicherlich mehr Informationen aus der Umwelt auf als einer, der sich allenfalls noch mit dem Spritztraktor zwischen die Rebzeilen wagt.

Zweitens: Clos de la Coulée de Serrant. Dies ist der Name seines Weins, eines der großartigsten Weißweine der Welt. Angebaut im Gebiet Savennières (westliche Loire), wird er aus der Traube Chenin Blanc hergestellt und schlägt alles andere, das weiß ist und von der Loire kommt, schon mit seinem Bouquet aus dem Feld. Wann immer Sie diesen raren Wein entdecken: Sofort zugreifen, es erwartet Sie ein Extrakt aus Limonen- und Mangoaromen, Lakritz- und Nusstönen. Der Coulée ist übrigens nicht der einzige Spitzenwein, der anthroposophisch angebaut wird; einige Weißweine der legendären Domaine Leflaive aus der Bourgogne werden ebenfalls nach den Lehren von Sankt Rudolf hergestellt.

Doch auch Ökowinzer wie Nicolas Joly kommen ohne »Chemie« nicht aus. Es gibt keinen rein natürlichen Weinbau. Wo der Druck der Krankheitserreger zu groß wird, helfen nur Bayer, Dow Chemical oder die traditionellen Giftbrühen aus Kupfer- und Schwefelpräparaten, die auch bei Joly und seinen Freunden so beliebt sind.

Der Weinberg ist ein Kampfplatz, und der Gegner ist die Natur. Alle paar Jahre erscheinen neue Feinde, die uns die Reben kaputtmachen wollen. Am schlimmsten war und ist die Reblaus, genannt Phylloxera. Dieses Raubtier ist eine Abschweifung wert.

Besonders bösartig sieht es nicht aus, da kennt der Mensch Schlimmeres. Einen halben Millimeter klein, ähnelt die ungeflügelte Variante bei hundertfünfzigfacher Vergrößerung unter dem Mikroskop einem glänzenden Zitronenbonbon. Voll gefressen und träge liegt das Tier auf der Wurzel, umgeben von seinen Eiern, die, eine Ironie der Schöpfung, wie Weinbeeren aussehen.

Die Laus greift den Menschen an, indem sie den Reben an die Wurzeln geht. Sie entzieht der Weinpflanze Saft und Kraft und verursacht mit ihrem hormonhaltigen Speichel Deformationen der Wurzel, bis diese verknorrt und verdorrt – es sei

Der Weinberg ist ein Kampfplatz.

denn, sie kann sich wehren, indem sie eine Kork-barriere aufbaut. Wildreben in Amerika haben diesen Trick gelernt; dort ist die Reblaus ja auch eigentlich zu Hause. Aber sie ging in den achtzi-ger Jahren des neunzehnten Jahrhunderts auf Weltreise, auf Ziersträuchern und Importreben sitzend, und innerhalb weniger Jahre fraß sich das Tier kreuz und quer durch sämtliche Weinbauge-biete Europas, Asiens und Afrikas. Phylloxera from hell.

Träge liegt die Reblaus auf der Wurzel, umgeben von ihren Eiern, die, eine Ironie der Schöpfung, wie Weinbeeren aussehen.

Am 3. November 1881 holte der Mensch zum Gegenschlag aus. In Bordeaux traf sich der **INTER-NATIONALE REBLAUSKONGRESS,** verabschiedete eine Reblauskonvention und vereinbarte nationale Reblausgesetze. Diese spiegelten sodann die na-tionalen Unterschiede sinnfällig wider. In der Schweiz beispielsweise gingen die Kantone selb-ständig, jeder für sich, vor; in Österreich-Ungarn standen Aufsicht und Kontrolle nur auf dem Pa-pier, waren dafür aber höchst ausdifferenziert; in Deutschland wurde ein rigides System von »Reb-lauskommissaren« errichtet. (Den Beruf gibt's immer noch. Ich stelle mir eine Party vor: »Na, was machen Sie denn so, ich meine beruflich?« – »Ich bin Reblauskommissar.«)

Es setzte sich die in Bordeaux vereinbarte Taktik durch, verlauste Rebflächen komplett zu entwur-zeln und sodann mit einem stinkenden und ex-plosiven Nervengift namens Schwefelkohlenstoff zu tränken, bis alles Leben hin war, auch das der Laus. Nun konnte Phase drei beginnen: die Ein-führung von Rebwurzeln aus Amerika, auf die eu-ropäische Reiser gepfropft wurden. Die »Ameri-kanerreben« leisteten der Wurzellaus korkig und markig Widerstand, und nach einigen Züchtungs-bemühungen lieferten die Trauben wieder Most für feinste Weine.

Wein, ein Naturprodukt?

Was wir im Glas haben, ist kein Geschenk der Na-tur, sondern wurde ihr in härtestem Kampf abge-rungen. Und zwar nicht nur im Weinberg, sondern auch im Keller, dem zweiten Kampfplatz. Leider wird dort ebenfalls gesündigt.

Die Massenproduktion verläuft folgendermaßen: Erntemaschinen walzen durch den Weinberg und rupfen alles ab, was Traube sein könnte; mitsamt Blättern, Dreck und faulen Beeren wird das Lesegut, das diesen Namen nicht verdient, durch allerlei Apparate gedrückt, bis der Most kommt. Er wird vor der Gärung mit Enzymen und Zuchthefen geimpft; hier übrigens hätten die Kritiker der Biotechnik ein weites Feld zu bebauen: In den Kühlschränken vieler Labors lagern bereits gentechnisch veränderte Hefen, die es in sich haben. Ihre Einsatzzwecke heißen Schaumreduzierung, Glyzerinbildung, Säurekontrolle, Pektinabbau. Nach der Gärung fügen Weintechniker noch verschiedene Säuren, Enzyme, gegebenenfalls Gummiarabicum, Kalk, Aktivkohle oder gelbes Blutlaugensalz hinzu. Sie erhitzen den – sagen wir: Wein kurzzeitig, um Mikroorganismen zu töten oder um ihn zu konzentrieren.

In einigen Ländern schütten die Kellermeister Holzspäne oder flüssigen Holzextrakt in die Technobrühe, damit sie nach Eichenfass schmeckt – in Australien beispielsweise. Dort ist die Herstellung von Wein mit Holznote zuweilen an den Bretterstapeln vor den Stahltanks zu erkennen. Nein, das ist leider kein Scherz.

Wie gesagt: Technikfreien Wein gibt es nicht. Wein ist ein Kunstprodukt, schon bei seiner Entstehung, und auch danach muss er auf seinem Weg in die Flasche mit technischen Mitteln geführt werden. Nur gibt es eben zwei Möglichkeiten der Führung: Dressur oder Erziehung. Im Französischen heißt der Ausbau des Weines »élevage«, Aufzucht – und das mit Recht. Wein, dem eine umsichtige Erziehung zuteil geworden ist, hat eigenen Charakter.

Diesen Charakter schmeckt der Genießer. Und er steigert seinen Genuss, wenn er weiß, wie der Charakter des Weines entstanden ist.

Nehmen wir den Rotwein des Château Haut-Brion als Beispiel. Das ist einer der großen Sieben des Bordelais, unter denen keine Abstufung mehr angebracht ist. Seine Charakterzüge werden gemeinhin mit »ELEGANZ« und »HARMONIE« beschrieben. Doch wenn Touristen das vor den Toren Bordeaux' gelegene Gut besuchen (die Nähe der Stadt, heißt es, beeinflusst das Klima seiner Weinberge positiv), staunen sie nicht schlecht: Die knallroten Rosenbüsche am Rande der grünen Rebzeilen mögen schwärmerische Gefühle hervorrufen, im Keller indes endet die Romantik am Signalrot der Notschalter, und die Stahltanks und Rohre, die digitalen Anzeigetafeln und Plastikschläuche erinnern an eine Chemiefabrik.

Technik auch hier, nur eben so eingesetzt, dass der Wein möglichst geschont wird. Ein Ingenieurprinzip der Anlage lautet: So wenig pumpen wie möglich, maximaler Einsatz der Schwerkraft. Der Wein gärt in doppelbödigen Riesentanks: Die erste, alkoholische Gärung geschieht im oberen Teil, dann läuft er in den unteren, wo die scharfe, äpfelige Säure mit der zweiten Gärung in sanfte Milchsäure umgewandelt wird. Beide Arbeiten erledigen natürliche, im Lesegut vorhandene Mikroorganismen. Die Temperatur wird mit Sensoren gemessen und von einem Computer geregelt. Der Rechner dosiert auch die Zugabe von Luftsauerstoff sowie schützendem Schwefeldioxid.

Die Weine stammen von verschiedenen Rebsorten und Parzellen, sie müssen also miteinander verschnitten werden. Nach dieser »ASSEMBLAGE« wandert der Wein in die »BARRIQUES«, die frischen Eichenholzfässer. Bevor der Wein, Monate später, in die Flasche darf, muss er noch geschönt werden: Es werden Schwebstoffe abgeschieden. Auf Haut-Brion wird dafür Eiklar verwendet, vier bis sechs Eiweiß pro Barrique. Das Eiweiß nimmt die Stoffe auf seinem Weg zum Fassboden mit, wie beim Klären von Kraftbrühe; anschließend durchläuft die geklärte Flüssigkeit noch einen locker gefüllten Kieselgurfilter – bloß nicht zu viel Druck ausüben, sonst gehen wertvolle Molekülketten kaputt, bloß nicht zu viel herausfiltern, sonst bleibt der Geschmack auf der Strecke!

Danach wandert der Wein in die Abfüllanlage, deren Technik aus der pharmazeutischen Industrie stammt: Der Abfüllraum wird, um ihn gegen den Rest des Gebäudes abzudichten, unter leichten Überdruck gesetzt, indem sterilisierte Luft eingeblasen wird. Es sollen keine Mikroorganismen in die Flasche geraten, die dort Unheil anrichten können.

Was auf Haut-Brion abgefüllt wird, ist unübertrefflich.

Wenn es nicht vom Korken ruiniert wird.

KORK ist Natur, behauptet die Korkenindustrie. Und so sieht es in dieser wunderbaren Natur aus: Der Kork wird von Insekten, Würmern und Vögeln attackiert, von Produzenten vergiftet und von Winzern misshandelt; er rächt sich dafür, indem er die schönsten Weine zerstört.

Im Kork entsteht der bereits erwähnte Geschmacksverderber 2,4,6-Trichloranisol, sobald Schimmelpilze auftauchen und dort Chlor vorfinden. Chlor schleicht sich auf mehreren Wegen in den Korken. Die Rinde muss gekocht werden, und das dafür in Südeuropa, der Korkenheimat, benutzte Wasser ist oft gechlort. Außerdem muss Kork desinfiziert und, aus optischen Gründen, gebleicht werden – und noch immer gibt es Hersteller, die dafür Chlorpräparate verwenden. Der Transport schließlich geschieht nicht selten auf Pritschen oder Paletten, die üblicherweise mit Chlorverbindungen imprägniert wurden.

UND DIE PILZE? Wenn Kork nicht unter streng hygienischen Bedingungen verarbeitet wurde, ist Pilzbefall beinahe unvermeidlich. Das Kork verarbeitende Handwerk in den ärmeren Regionen Südeuropas kann sich den erforderlichen Aufwand meistens nicht leisten. Die deutschen Korkproduzenten, bei denen die Korken gründlich behandelt werden, arbeiten zwar sehr penibel – aber dann kann der Winzer wieder alles zunichte machen. Fehler beim Abfüllen gibt es viele, die allesamt dazu führen, dass der Verschluss nicht perfekt ist. Die Folge: Der Weindunst lockt besondere Freundinnen des Korkens an – er kriegt die Motten. Deren Larven hinterlassen Fraßgänge, krümeliges Korkmehl und übel schmeckende Exkremente.

Wenn schließlich unsereiner den Korken zieht, dann hatten Pflanzen, Tiere, Menschen und Maschinen bereits jede Menge Gelegenheit, den Wein zu verkorksen.

Der Weindunst lockt besondere Freundinnen des Korkens an – er kriegt die Motten.

Warum also, um Himmels Willen, nicht Drehverschlüsse oder Kronkorken? Die sind katastrophensicher. Einige der schönsten Schweizer Chasselas-Weine kommen mit Drehverschluss daher, und in ihren Kellern lassen die Champagnerhäuser – auch Krug! – ihren Wein zunächst in Flaschen vergären, die mit Kronkorken verschlossen sind. Und: nein, der Wein soll mitnichten »atmen«. Der Sauerstoff, der im Flaschenhals ist, reicht vollkommen aus, um den verlangsamten chemischen und biologischen Reifeprozessen Nahrung zu geben. Es hatte schon gute Gründe, dass die Produzenten großer Weine früher zum Siegellack griffen. Luftdicht muss der Verschluss sein.

Ein viele Millionen verschlingendes Forschungsprojekt der EU kam jetzt zu dem Schluss, dass Korkfehler großenteils vermieden werden könnten, wenn man die Stöpsel mit Mikrowellen bestrahlt. Warum auch nicht. Aber angesichts zweier anderer, billigerer und besserer Verschlusstechniken ist das Ganze hinausgeworfenes Geld, das erst wir Steuerzahler und später wir Weintrinker ausgeben müssen.

Die Korkerei ist überflüssige und schädliche Symbolik, und unlogisch noch dazu, denn wieso soll Metall weniger natürlich sein als Kork? Beide Materialien sind umgestaltete Natur, beide sind natürlich und künstlich, und der Sinn des Künstlichen ist es, uns die Natur zugänglicher zu machen.

Merkwürdig, dass diese simple Beziehung, die doch am Beginn von Ackerbau und Viehzucht steht, so schwer zu akzeptieren ist.

Vielleicht liegt es daran, dass das Künstliche oft zu extrem auftritt. Als Bratensauce aus der Tube oder als Fischstäbchen. Oder wie in den Rezepten des futuristischen Kochbuchs von Marinetti und Fillìa, das es darauf anlegt, die Menschen Kunstwerke verspeisen zu lassen – das »Fiathuhn« zum Beispiel: gekocht, gebraten, dann eine Hand voll Kugellager-Kugeln hinein, einen rohen Hahnenkamm aufs Hinterteil genäht, anschließend noch mal kochen und mit Schlagsahne servieren.

Als Kunstwerk tauglich, aber nicht als Mahlzeit. Es erinnert mich an das »Hummertelefon« von Salvador Dalí: Auf der Telefongabel liegt kein Hörer, sondern ein Hummer. Das hat Sinn, denn den Hummer kann man so ähnlich in die Hand nehmen wie den Hörer, und auf den Hörer konzentriert sich der Telefonbenutzer in etwa so wie der Esser auf den Hummer – das ist haptisch, akustisch und oral.

»Ich verstehe nicht«, sagte Dalí, »dass man mir, wenn ich im Restaurant einen gegrillten Hummer verlange, nie ein gekochtes Telefon serviert.«

Nun, die Köche, auch die kreativen, müssen eben konservativ sein, denn was sie herstellen, wollen wir uns einverleiben – das ist das äußerste Risiko. Die Kochkunst führt unseren Genuss auf sanfte Weise. Sie beruht auf dem Bekannten und versetzt uns behutsam auf das Gebiet des Unbekannten. Sie versagt, wenn sie schockiert.

Ist Kochen Kunst?

Nein. Es folgt eine Begründung, die Sie vielleicht eigenartig finden: Sie ist keine, weil sie nicht als Kunst angesehen wird.

Das klingt zugegebenermaßen zirkulär. Dahinter steht folgende Überlegung: Kunstgegenstände, und damit seien jetzt auch Töne gemeint, wenden sich stets innerhalb einer bestimmten Inszenierung an das Publikum, die ihnen das Schild

»Kunst« umhängt. Dieser Vorgang wird nicht ganz klar bei Kunstdingen, die unsereins schon aus Gewohnheit für Kunst hält. Aber was ist mit den Readymades von Marcel Duchamps, also vorgefundenen Gegenständen, die er ins Museum stellte? Was ist mit der Komposition, die daraus besteht, dass jemand eine Nacht lang ein Tonbandmikrophon aus dem Fenster hängen ließ (gibt's tatsächlich; ich habe sie vor vielen Jahren im WDR gehört und fand sie klasse)? Sie sind Kunst, weil sie jemand für ausstellungs- oder sendewürdig befunden hat und weil tatsächlich auch Leute hinkommen oder den Sender wählen. Sie sind es, weil sie herausgehoben wurden aus der Masse der gewöhnlichen Dinge und Geräusche. Hier kommen wir auf den Unterschied zwischen dem Museum und dem Restaurant: Das Publikum kennt den Vorgang des Essens so sehr als etwas Alltägliches, dass es ganz einfach nicht bereit ist, es zur Kunst zu adeln, selbst die feinste Speise nicht. Sie wird nicht herausgehoben wie die Kunst, sondern sie geht den Weg allen Fleisches.

Kochen ist nicht Kunst. Aber künstlich. Gute Küche nähert sich mit Hilfe des Künstlichen und Technischen dem Naturideal. Sie schmeckt natürlich. Schlechte Küche schmeckt künstlich. Nach Astronautennahrung. Dies sei gesagt, ohne den Bemühungen an der amerikanischen Cornell University Unrecht tun zu wollen. Dort wird mit Nahrungsmitteln experimentiert, deren Grundstoffe auch in einem Raumlabor oder einer Mondstation nachwachsen könnten. Das erklärte Ziel der Gastronauten ist eine Küche, die den im Weltraum umherreisenden Essern ihre Würde lässt, und zu diesem Zweck werden allerlei Gerichte aus Weizen und Kartoffeln komponiert (aus denen ja auch Öl und Zucker hergestellt werden kann), verfeinert mit Leckereien aus Reis, Soja und Erdnüssen sowie, immerhin, Salatblättern und frischen Kräutern. Studenten der Uni verdienen nebenher Geld damit, das Zeug zu kosten – Tofukuchen zum Beispiel, Pizza mit Kartoffeln und Salatblättern oder Nudeln mit Sojabohnen, Speisen also, die vermutlich nur jemand essen mag, der seine kulinarischen Erfahrungen in jenen sonderbaren Hallen gemacht hat, in denen Käse-, Teig- und Hackfleischlappen mit Hilfe von Ketchup und sauren Gurken aneinander geklebt werden.

Das Künstliche kann schrecklich sein, ebenso wie das Natürliche. Zum Endkampf beider Elemente kommt es bei einer Beschäftigung namens Picknick.

Die Vorbereitung eines **PICKNICKS** macht viel Freude. Leckereien zubereiten, Gläser und Besteck in den Korb packen, losfahren, sich mit Freunden treffen, die Decken ausbreiten.

Dann kommen die Wespen.

Oder die Wurst fällt in den Sand. Der Sekt ist warm und durchgeschüttelt. Der Käse wird von der Sonne in einen schwitzenden Gummiblock verwandelt. Die Ameisen rücken an. Jemand hat in Hundescheiße getreten.

Es ist ein Genuss, in der Natur zu sein. Zu radeln, zu wandern, zu rasten. Den Duft des Waldes einzuatmen, eine Frucht zu pflücken, den Wind und die Vögel zu hören. Aber essen und trinken möchte ich dann doch lieber im Lokal. Am besten dort, wo die Aussicht schön ist: auf die Dünen, auf den Hafen, auf das Schwarzwaldtal.

Der Kampf des Genießers gegen die Natur hört nie auf. Er genießt sie, indem er versucht, so künstlich wie möglich zu sein.

DIE MORAL

Der **BRATEN** rückt an. Er gehört uns allen. Der Koch tranchiert, und jeder bekommt ein Stück – sein eigenes Stück.

Bei Tisch hat jeder sein persönliches Reich, in dem alles seins ist. Platzteller, Tischsets, die Teller, ein-

»Liebt, wen oder was ihr wollt, aber liebt!«
Julien Offray de La Mettrie

gerahmt von den Esswaffen, markieren das Revier. In der Mitte des Tisches mag ein Fondue-Lagerfeuer stehen oder eine Käseplatte, eine chinesische Drehscheibe oder ein Eintopf – doch sobald sich jemand etwas genommen hat, gehört es nur noch ihm.

Erst kommt das Essen, dann die Moral? Falsch. Schon beim Essen gelten Normen, und um die **NORMEN DES GENIESSENS** geht es in diesem Kapitel. Zum Beispiel: Niemand darf dem anderen etwas vom Teller wegnehmen. Sogar dann nicht, wenn der an irgendeinem Stück gar kein Interesse hat. Wenn Sie im Flugzeug sitzen und wieder eine dieser aufreibenden, stets unbefriedigenden Fütterungsprozeduren läuft, dann können Sie noch so viel Appetit auf die eingepackt gelassene Käseecke Ihres Nachbarn haben – Sie dürfen nicht danach greifen. Aber wie immer, wenn Privateigentum entsteht, gibt es eine Möglichkeit, seine Grenzen zu überwinden, nämlich durch Tausch. Nur dass selbst der Tausch beim Essen schon als etwas Intimes gilt, das allenfalls unter Freunden erlaubt ist. Nie werde ich die Situation vergessen, als ich im Flugzeug neben einen netten Herrn platziert wurde, der mich angesichts der soeben hinübergereichten Essnäpfe und Futterpäckchen fragte: »Wollen wir was tauschen?« Ich kannte den Mann doch gar nicht.

Dann aber war ich freundlicher zu ihm, als es jene Sängerin zu Enrico Caruso war, die dieser beim Anblick eines Steaks auf ihrem Teller fragte: »Das willst du doch nicht allein essen?« und die antwortete: »Nein, nicht allein, sondern mit Kartoffeln, Erbsen und Spargel.«

Die Eigentumsgrenzen können auf die anmutigste Weise fallen. Das ist ja das Schöne an **WEINGELAGEN**: Wir trinken das Gleiche und sprechen darüber. Wir schenken einander ein, und dann hat noch jemand eine besondere Flasche mitgebracht – für alle. Es wäre geradezu unmoralisch, käme einer auf die Idee, den Wein nur für sich allein mitzubringen. Im menschlichen Genuss ist das Gemeinsame angelegt, das Mitmenschliche.

Auf Kosten der Tiere.

Es gibt Menschen, die Fleisch (und Fisch) nicht genießen können, weil ihnen die Tiere Leid tun. Wer Vegetarier nicht verstehen kann, hat kein Herz. Die Qualität eines Restaurants, zumal eines Feinschmeckerrestaurants, bemesse ich nicht zuletzt danach, ob es flexibel und seine Küche kreativ genug ist, auch für Vegetarier ein Menü zu servieren, mehr noch: ihnen eine angemessene Auswahl anzubieten.

Wer Vegetarier nicht verstehen kann, hat kein Herz.

Es hat keinen Sinn, das Vegetariertum mit Argumenten ad absurdum zu führen, etwa indem man nachweist, dass ein konsequent vegetarisches Essen praktisch unmöglich ist (auch Mikroorganismen leben, auch die Gemüseernte vernichtet Tiere und so weiter) – denn neben allerlei schwachen Begründungen des Vegetariertums gibt es ein starkes und unwiderlegliches Motiv: dass jemand nicht um den Preis genießen mag, dass ein Tier leidet. Und so, wie der Vegetarier irgendwo eine Grenze ziehen muss, kann ja auch der Fleischesser nicht in alles hineinbeißen, was lebt oder gelebt hat; ein Zwischengericht aus »wochenlang gefolterten Wachteln de Sade« würde er bestimmt ablehnen und der Polizei melden.

Das ist ja wohl klar.

Aber warum eigentlich? Lässt sich so etwas wie eine **ETHIK DES GENIESSENS** formulieren?

Es hat sie immer gegeben. Sie war nicht stets und überall dieselbe, wohl aber waren es allenthalben die gleichen Probleme, mit denen sie sich auseinander gesetzt hat: Probleme des Maßes, der Gerechtigkeit, der Verantwortung. Die Begründungen wandelten sich; sie waren meist religiös, aber es wurden (und werden) nicht nur Gottheiten angerufen, sondern auch so genannte »Werte« wie zum Beispiel das »richtige Maß« oder die »Bescheidenheit«.

Die schwierigste Lage ist wohl in den vergangenen drei Jahrhunderten entstanden: Die Menschen erfuhren, dass andere Völker andere Moralvorstellungen haben und, vor allem, dass es außerhalb der Religion keine »Letztbegründung« mehr gibt. Insbesondere die Philosophie ist daran gescheitert, endgültige Begründungen für ethische Normen zu geben. Definitive Regeln für das Genießen werden wir von ihr daher ebenso wenig erfahren.

Der radikalste Materialist unter den Aufklärern, Julien Offray de La Mettrie, hat diese Gedanken bereits vor zweihundertfünfzig Jahren weit vorangetrieben. Sein berühmtestes Werk heißt »L'homme machine«, und es geht der Frage nach, wie es sei, sich den Menschen als Maschine vorzustellen. La Mettrie radikalisierte damit Descartes: Für den Rationalisten waren die Tiere Maschinen, der Mensch hingegen nicht, denn der sei etwas Besonderes, er könne ja denken. Falsch, wendet La Mettrie ein, die Tiere stünden dem Menschen sehr nahe, wie ihre Physiologie zeige, und man könne umgekehrt auch den Menschen als Maschine betrachten. Seine erste Folgerung daraus: **SCHÜTZT DIE TIERE!**

Das große Rätsel, denkt La Mettrie unerschrocken weiter, sei allerdings der menschliche Kopf, denn hier, mitten in der Materie und nur aus ihr, woraus sonst, entstehe nicht nur die Vernunft, sondern entstünden auch der Traum und die Lust, das Glück, der Genuss.

Was für ein Geschenk, ruft der Philosoph aus, die Natur versieht uns mit der Gabe, glücklich zu sein – handeln wir also danach, genießen wir das Leben! La Mettrie starb nach dem Verzehr einer verdorbenen Trüffelpastete.

Derselbe Mann, dem noch heute nachgesagt wird, er habe primitive Vorstellungen vom Leben verfochten, feierte in seinen Schriften das Sehnen der Liebe, die Fantasie und den Rausch; dass unser rein diesseitiger Körper überirdische Gefühle hervorbringt, war ihm das eigentliche Wunder. Und er schreckte nicht davor zurück, die politisch korrekten Aufklärer seiner Zeit zu provozieren: Wenn der Mensch ein ganz und gar diesseitiges Wesen ist, nicht minder als eine Maschine, dann schwebt auch kein Prinzip von Gut und Böse über ihm – kein Naturrecht und kein Gott, weshalb auch die Obrigkeit sich letztlich nur auf Macht gründet und sonst nichts. Die heutige Soziobiologie gibt La Mettrie insoweit Recht: Normen sind entstanden, weil sie praktisch waren (im Jargon der Evolutionstheorie: weil sie den jeweiligen Sozialverbänden eine größere Überlebenschance boten).

Das Problem, dass die Ethik keine universell und ewig gültige Grundlage hat, zumindest nicht eine solche, die jedermann akzeptieren muss oder kann, macht die Frage nach den ethischen Grenzen des Genusses so schwierig. Ein wenig vereinfachen lässt sie sich, wenn pragmatische Gründe angeführt werden können. Der Tierschutz ist ein gutes Beispiel. Zwar gibt es auch für den Tierschutz keine allgemein akzeptierte Letztbegründung, aber aus der Philosophie kennen wir eine pragmatische Begründung: Wenn den Menschen Rohheit gegen die Tiere gestattet ist, verlieren sie auch das Feingefühl füreinander.

Ob das stimmt? Dass rohe Menschen durchaus sanft mit Tieren umgehen können, wissen wir Deutschen allzu gut, aber ob Tierquäler deswegen auch gemein zu Menschen sind, das herauszufinden ist eine noch unerledigte Aufgabe der Psychologie. Ob die Philosophie Recht hat oder nicht, lässt sich hier ausnahmsweise nicht durch bloßes Nachdenken, sondern lediglich durch empirische Forschung entscheiden. Es kann gut sein, dass der Tierschutz bloß unser Gefühlsleben schützt: gegen das peinigende Mitleid, das wir angesichts gequälter Tiere empfinden.

Wenn den Menschen Rohheit gegen die Tiere gestattet ist, verlieren sie auch das Feingefühl füreinander.

Aber das macht nichts. Dieses Mitleid ist eine zarte Regung, die jeden Schutz verdient. Sie macht die Menschen schön, und es gibt ja allzu viel anderes, das sie hässlich macht.

Dem Tierschutz soll das Verbot dienen, einen Hummer lebend in Stücke zu hacken und diese dann in heißem Fett zu garen. Den schnelleren

Tod stirbt er angeblich, wenn man ihn in kochendes Wasser wirft. Hoffentlich stimmt's. Es kann allerdings passieren, dass das Tier dabei herzzerreißend pfeift – was kein Schmerzensschrei ist, sondern erhitzte Luft, die aus den Beinen dringt. Mir ist beim **HUMMERKOCHEN** einmal ein besonders zappeliges Tier aus der Hand gehüpft, und zwar direkt hinein in den Kochtopf. Es war Selbstmord. Ich konnte nichts dafür.

Ich bin kein guter Tiertöter. Als kleiner Junge habe ich einen halben Urlaub lang geangelt (ich aß so gern Makrele) – bis ich miterleben musste, wie in der Küche ein Aal getötet wurde. Dieser Kampf ums kleine Leben, nein, da hörte der Spaß für mich auf; schon zuvor musste mir ein älterer Freund immer die Regenwürmer aufspießen, sie taten mir Leid. Gegessen habe ich trotzdem einen, als Mutprobe. Schmeckt wie Regenwurm.

Der Mensch ist ein Raubtier. Den weißen Charolais-Rindern in Frankreich kann ich nicht beim friedlichen Weiden zusehen, ohne an Braten zu denken (oder an BSE – jedenfalls ans Essen). Ich handelte mir einmal die Bezeichnung »Rohling« ein, als ich im Beisein anderer den Anblick eines Lamms mit der Bemerkung »Sehr delikat mit Estragonsauce« kommentierte. Ein anderes Mal bin ich neben einer Schildkröte hergeschwommen, auch unter ihr weggetaucht; ein harmloses Spielchen, aber ich sagte ganz leise: »Wenn du wüsstest, wie gern ich dich auskochen würde« – ich tat es natürlich nicht. Aus Artenschutzgründen wollen wir keine Schildkröten mehr essen. Auf einer Insel, ich sage nicht welcher, bin ich einmal mit kolumbianischen Händlern (und Schmugglern) in Kontakt gekommen, die mich zu einem Teller Kokosreis mit Schildkröten-Stew einluden. Das war der Moment, wo ich den Artenschutz kurzzeitig außer Kraft setzte. Lecker! Seither hoffe ich auf ökologisch vertretbare Schildkrötenzucht.

Es heißt, nichts schmecke besser als selbst erlegtes Wild. Kann schon sein, denn beim Jagen schüttet unser Primatenhirn euphorisierende Stoffe aus, und daran erinnert sich der Esser gern. Ich bin kein JÄGER, kann also nicht mitreden. Aber ich bin SAMMLER. Als Kind habe ich Bucheckern und Esskastanien gesammelt, und es war ein Genuss, mit ihnen zu Hause anzukommen und sie alle aufzuessen. Blaubeeren erst recht, Walderdbeeren noch mehr, und mit meiner Oma ging's in die Pilze. Selbst gesammelte Pilze schmecken am besten, weil sie die Erinnerung an den Geruch der Stelle wecken, an der man sie – hurra! – gefunden hatte. Noch heute erinnert mich der Duft von Waldpilzen an diese Erfolgserlebnisse.

Genuss ist Gefühlssache, und deshalb spielt der Tierschutz in das Genießen unmittelbar hinein. Wer FROSCHSCHENKEL isst, muss wissen, dass den Tieren mit einer schwungvollen Drehbewegung die Beine ausgerissen werden; der zuckende Körper wird auf einen Haufen geworfen, wo das Tier verendet. Wie stark nun das Mitleid mit den Fröschen ist, darin unterscheiden sich die Menschen sicherlich sehr; doch wer – wie ich – in dem Geschilderten etwas sehr Trauriges erblickt, kann Froschschenkel nicht genießen. Es gab eine Zeit, da wusste ich von dieser Praxis nichts. Damals aß ich das legendäre Froschschenkel-Schäumchen der Auberge de l'Ill, dem eine Rieslingsauce und Schnittlauchröllchen aromatischen Kontrast verliehen. Was für ein Genuss!

Wobei es bei manchen Gerichten vielleicht sogar diese Grausamkeit ist, dieses unbedingte Herrschen über die Natur, das ihnen Würze verleiht: Ich denke an die »tanzenden Garnelen« Chinas – die lebenden Tiere werden in einen Glastopf voll Alkohol geworfen, der wird erhitzt, und manch ein Esser weidet sich an ihrem Todeskampf.

ROUENER ENTE: Die Vögel werden erwürgt; ist das ein grausamerer Tod als der durch normales Schlachten? Das wüsste ich gern. Generell gilt ja – was uns Fleischesser beruhigt –, dass schnelles und mit geringerem Schmerz verbundenes Schlachten

Sie fressen, wozu sie Lust haben, gackern sich einen und blinzeln dem Gockel zu.

weniger Stresshormone ins Fleisch schießen lässt, weshalb es dann auch besser schmeckt. Hier gehen Feinschmeckerei und Rücksichtnahme auf das Tier einmal Hand in Hand. Gleiches gilt für die Tierhaltung: Lebt das Tier artgerecht, dann schmeckt es einfach besser. Es ist eine Freude, die **HÜHNER IN DER BRESSE** durch die grüne Landschaft rasen zu sehen. Sie fressen, wozu sie Lust haben, gackern sich einen und blinzeln dem Gockel zu – andererseits: Da hüpft die Kreatur fröhlich herum, und das soll mir nur deshalb gefallen, weil sie bald kalt auf meinem Küchentisch liegt? Dort tragen die Bresse-Poularden übrigens eine Metallmarke, die darüber informiert, dass sie in vollkommener Freiheit aufgewachsen seien. Freiheit ist eben auch ein relativer Begriff.

Wichtig ist, wovon das Huhn gelebt hat, das wir essen. Wir stehen hinter ihm in der Nahrungskette.

Wichtig ist, wovon das Huhn gelebt hat, das wir essen. Wir stehen hinter ihm in der Nahrungskette. Man schmeckt ihm an, ob es Fischmehl, Mais (Maishuhn ist lecker) oder alles Mögliche gefressen hat, Gräser zum Beispiel und Küchenabfälle und Insekten (das Allesmöglichehuhn ist besonders lecker). Bei Schweinen verhält es sich genauso. Normalerweise esse ich kein Schweinefleisch, aber ich hatte mir einmal ein halbes Schwein gekauft, das ich – mitsamt der zweiten Hälfte, versteht sich – zuvor bei einem befreundeten Bauern hatte herumlaufen sehen. Es hatte gerade Kartoffelschalen gegessen. Das war ein Fleisch! Kein Vergleich mit dem blassen Wabbel, der meist als Schweinefleisch angeboten wird. Entscheidend war, dass es viel Bewegung gehabt hatte und reichhaltige, abwechslungsreiche Nahrung. Du schmeckst, wie du isst, so könnte man eine bekannte Weisheit abwandeln. Unsere Kompanie bei der Bundeswehr hatte ein Maskottchen, die »Kompanieziege Axel«. Das Tier fraß sämtliche Kippen, die herumlagen, und es ging der Spruch um: »Wenn Axel mal geschlachtet wird, kann man die eine Hälfte rauchen.«

Der reine Huhngeschmack wird übrigens erreicht, wenn Sie eine artgerecht gehaltene Poularde im

Ganzen gar ziehen lassen. Am besten legen Sie das Tier gesalzen in kalte Hühnerbrühe (selbst gemachte aus dem Tiefkühler: die vom vergangenen Huhn), erhitzen, bis Bläschen kommen, und wenn der Schaum hochsteigt, schöpfen Sie ihn ab, legen Gemüse hinein, schalten alles auf niedrigste Hitze (das Wasser darf nur leichte Bewegung zeigen und keinesfalls sprudeln), und nun warten Sie ein bis zwei Stunden, je nach Größe und Alter des Tiers. Wie lange genau? Tja, wer weiß. Mit einer Poularde von zwei Kilo kommen Sie wahrscheinlich nach einer bis anderthalb Stunden klar, ein altgedientes Suppenhuhn braucht doppelt so lange.

Für den berühmten **COQ AU VIN** eignet sich die Bresse-Poularde auch. Aber am besten schmeckt das Gericht mit einem echten Bauernhahn, der schon eine Menge Hühner gesehen hat. Dann muss er eben lange im Topf schmoren – aber die Konsistenz und das Aroma des festen roten Fleischs sind unübertrefflich. Bauernhähne sind schwer zu bekommen. Mit einer guten Poularde gelingt Ihnen der Coq au vin so (es ist die einfache Version eines Gerichtes, mit dem man sich auch bedeutend mehr Arbeit machen kann): Sie putzen das Gemüse und schneiden es nicht zu klein – nämlich Lauch, Möhren, Knoblauchzehen, Frühlingszwiebel, Staudensellerie (die Menge richtet sich nach der Größe des Tiers). Die Poularde wird in sechs Teile geschnitten, komplett enthäutet und mit Salz und Pfeffer eingerieben. Nun würfeln Sie eine Hand voll mageren Speck. Jetzt der wichtigste Moment: Sie öffnen die Flasche Rotwein. Optimal ist ein guter Pinot Noir, er muss nicht aus der Bourgogne kommen. Ich habe es getestet: Es macht einen enormen Unterschied, ob man mit primitivem, gutem oder sehr gutem Wein kocht. Die Spitzenweine sind zu schade dafür, aber auch nur sie. So. Und nun lassen Sie die Poulardenteile in einer Kasserolle in Butter, Schmalz oder einer Mischung von beidem goldgelb werden (die Butter darf nicht verbrennen) und legen sie beiseite; den Speck hinein, anbraten, rausfischen. Sie gießen etwas Fett ab, tun nun die Fleischteile und den Speck wieder hinein, ebenso die Gemüse, ein Lorbeerblatt und einen oder zwei Thymianstängel. Ach ja: und die Flasche Wein – die Hälfte muss hinein. Platte oder Flamme auf mittlere Hitze schalten und das Ganze fünfundvierzig Minuten oder etwas länger bei geschlossenem Deckel schmurgeln lassen. Unterdessen pürieren Sie ein bisschen von der Leber des Tiers. Wenn Sie nicht wissen, wo die abgeblieben ist, pürieren Sie eben extra dazugekaufte. Fühlt sich das gegarte Fleisch weich an, gießen Sie die Flüssigkeit durch ein feines Sieb in einen Topf, kochen sie ordentlich ein und binden sie mit etwas pürierter Leber. Durch ein Sieb wieder zurück in die Kasserolle gießen, einmal aufkochen das Ganze und mit Petersilie bestreut servieren und aufessen. Mit dem Kochwein servieren (wenn Sie einen noch besseren haben, dann eben mit dem – etwa mit dem Ihringer Winklerberg Spätburgunder von Joachim Heger aus dem Kaiserstuhl; achten Sie darauf, dass auf das Etikett drei Sternchen prangen, das sind die besten Fässer).

Die obligaten Champignons habe ich in diesem Rezept weggelassen. Ich lasse sie immer weg, weil ich sie dazu nicht mag. Auch auf das traditionelle Mehl zum Eindicken der Sauce verzichten wir diesmal. Mit dünnerer Sauce ist der Coq au vin ohnehin eleganter, finde ich. Wer den Lebergeschmack nicht mag, bindet die Sauce mit eisgekühlten Butterflocken, aber nicht mit Sahne, sonst sieht das Essen so seltsam rosa aus.

Ein schwieriger Fall für den tierliebenden Gourmet ist die **GÄNSESTOPFLEBER**. Das Organ wird fett und übergroß, wenn eine Gans unausgesetzt gefüttert wird. Wo immer die Tiere früher in der einst freien Natur etwas fanden, wurde es hineingeschlungen, um einen Fettvorrat aufzubauen, und weil die Ressourcen stets begrenzt waren, musste die Evolution keine Fressbremse einbauen. Das machen sich nun Züchter zunutze, die den Tieren so lange mit Körnerbrei zusetzen, bis ihre Leber die begehrte Konsistenz hat. In der besten aller Welten wäre es nun so: Die Tiere werden gerufen, kommen angewackelt, weil es wieder Futter gibt, und bevor sie sich quälen (Stresshormone!), wird geschlachtet. Damit könnte ich leben. Leider weiß ich, dass die meisten Fettlebern von Tieren stammen, die, zumal in Ungarn, mithilfe einer Pumpe geradezu zwangsernährt wurden. Ich behelfe mich damit, dass ich Gänsestopfleber nur in besten Restaurants bestelle – in der Hoffnung, dass sie aus Geschmacksgründen nur Produkte von stressfrei gemästeten Gänsen verwenden. Aber sicher bin ich mir da nicht.

Am Kaspischen und am Schwarzen Meer wird dem Stör bei lebendigem Leib der Bauch aufgeschlitzt, um den **KAVIAR** herauszureißen; der Fisch wird weggeworfen. Es geht auch anders: Die Tiere werden in abgegrenzten Wasserfarmen gezüchtet, und verwendet wird nicht nur der Kaviar, sondern der ganze Stör, der auf normale Weise getötet wird. Manche Kaviarproduzenten betäuben das Tier, entnehmen die Eier und nähen den Bauch wieder zu. Nur, wie soll unsereins wissen, wie mit dem Fisch umgegangen wurde, dessen Eier wir essen? Was da in der Blechdose oder im Glastöpfchen auf den Markt kommt, ist ohnehin nicht immer ganz eindeutig; zuweilen stammt es auch von russischen Hühnerfarmen: ein Erzeugnis aus Eiern, Fischöl und Salz, gefärbt mit Tee. Wieder läuft es darauf hinaus, dass unbefangen nur genießen kann, wer einigermaßen weiß, wie das Produkt entstanden ist. Bei Ökoschlachtern ist das ja auch kein Problem, aber wenn es um den Kaviar geht? Der Konsument hat nicht die Zeit zu detektivischer Recherche, und so kann man nur hoffen, dass Tier- und Umweltschützer ihre Vorhaben ausweiten, Nahrungsmittel zu zertifizieren: nicht nur Öko-Eier und biodynamischen Dinkel, sondern auch

Froschschenkel, Schildkrötensuppe, Gänsestopf-leber und Kaviar!

Besserung will das EU-Forschungsprojekt »Pro-duktion von Kaviar aus Oocyten und ovulierten Eiern verschiedener Störarten« erreichen, das im März 2000 zu einem Internationalen Kaviar-Sym-posium nach Berlin lud: Es soll die Störzucht auf wissenschaftliche Grundlagen stellen und dazu beitragen, dass die grauen Fischeier in Zukunft aus kontrollierten Farmen stammen. Diese Ver-besserung ist freilich nur relativ, wie wir aus der Lachszucht wissen. Immer wieder gelingt es Zucht-lachsen, auszubüchsen und Kontakt mit den wil-den Vettern aufzunehmen, die sie dann oft mit Krankheiten anstecken. Und die Abwässer und Ab-fälle aus Fischfarmen wandern meistens in be-nachbarte Ökosysteme, wo sie gleichfalls Schaden anrichten. Bis zu einer ökologisch verträglichen Aquakultur ist der Weg noch weit. Wer gerne Ka-viar und gerne Lachs isst (oder beides zusam-men), der hat es nicht gerade leicht, wenn er zu viel weiß. Wissen wird Ohnmacht. Als Mitglied der so genannten Wissensgesellschaft erfährt der Konsument am eigenen Leibe, dass diese auch eine Gewissensgesellschaft ist. Wir müssen erkun-den und abwägen und die Frage beantworten, welches Gewicht wir Umweltschäden und den Leiden der Tiere zumessen wollen. Schwierige Fragen. Wer sich ihnen ernsthaft stellt, darf guten Gewissens genießen, was er verantworten kann.

Es kommt allerdings hinzu, dass uns ganz allge-mein eine Tugend des Maßhaltens gepredigt wird, nicht aus ökologischen oder Tierschutzgründen, sondern weil nur ein bestimmtes Maß ethisch sei. Das **MASSHALTEN** als verselbständigte Tugend gibt es spätestens seit Platos Zeiten. Sie anzurufen war in der Geschichte oft ein politisches Kampf-mittel, sowohl der Herrschenden als auch der Re-bellen. Die Privilegierten predigten diese Tugend dem Volk aus nahe liegenden Gründen, die Re-bellen wiederum warfen den Mächtigen ihren Lu-

Wissen wird Ohnmacht.

xus vor: »Das Volk verlangt nur Ruhe, Gerechtigkeit, das Recht zu leben – die Mächtigen, die Reichen sind hungrig nach Auszeichnungen, Schätzen, Genüssen«, rief Robespierre 1790 im Jakobinerclub aus. Beide Diskurse sind demagogisch, weil sie die Tatsache leugnen, dass alle Menschen zur Ausschweifung neigen, ob Kaiser, König, Edelmann, Bürger, Bauer, Bettelmann. Es kommt der unangenehme autoritäre Gestus hinzu.

Charismatische Bewegungen gingen häufig einen Schritt weiter und propagierten die **ASKESE**. Sich auf das Lebensnotwendigste zu beschränken – beim Essen und Trinken, Kleiden und Wohnen – und auf alles andere zu verzichten, das ist das asketische Programm. Zum vollständigen Verzicht aufs Essen kann es schlecht raten, aber sehr wohl zum Verzicht auf Sex; dieser Verzicht fällt schwer, lässt aber den Asketen nicht verhungern, allenfalls verblöden.

Die Tugend des Maßhaltens hat etwas zu verstecken. Was wird das sein?

Das asketische Programm findet sich in sämtlichen Weltreligionen. Man hocke ein paar Jahre lang auf einem Pfahl oder geißele sich mit neunschwänzigen Katzen, spreche Tag und Nacht kein Wort oder ernähre sich von Abfällen, und man wird als besonderer Mensch anerkannt. In der christlichen Kirchengeschichte wird immer wieder von Aufstiegen asketischer Eremiten zu Würdenträgern berichtet, ausgestattet mit Macht und Pracht.

Als das Christentum und die hellenischen Religionen miteinander wetteiferten, überboten sich manche der Protagonisten wechselseitig in der Askese. Das war, pervers genug, ihr Genuss. Die Christen waren auf dem Gebiet der Lustversagung freilich nicht zu schlagen. Adam und Eva, so viel war klar, hatten im Paradies keinen Sex, der kam erst mit dem Sündenfall. Spätantike Kirchenväter debattierten sogar ernsthaft, ob nicht nur der Geschlechtsverkehr, sondern vielleicht auch die Ehe eine Sünde darstelle. Der Bischof Porphyrios von Gaza wiederum ging so weit, nach reiflicher Erwägung seiner eigenen Frau Marcella zu sexueller Abstinenz zu raten. Auch insofern ist George Bernard Shaw gut zu verstehen, der da sagte: »Ich käme lieber in die Hölle als in den Himmel. Wegen der Leute.«

Im alten Griechenland wurde auch über ein Maß diskutiert, jenseits dessen der Genuss verschwindet: Maßhalten zum Zwecke des Genusses. Aber das ist ein anderer Fall als die Spießermoral »Man muss sich auch beherrschen können«. Genussbejahendes Masshalten bedeutet ein Plus an Genuss, das Masshalten aus Prinzip indes bedeutet ein Minus an Genuss. Bestenfalls kann es, in der Tradition Demokrits und Epikurs, dazu dienen, eine kritische Distanz zu Genüssen zu wahren – dann ist sein Ideal der ausgeglichene, sich an nichts hingebende Mensch, der insofern frei ist, aber auch wenig sexy. Ihm entgeht eine wesentliche Erfahrung, die Mae West in die Worte kleidete: »Too much of a good thing can be wonderful«, ein Satz, der mehr als nur eine Interpretation zulässt.

Oscar Wilde sagte, die **ZIGARETTE** sei ein Symbol des vollendeten Genusses: »Sie ist köstlich und lässt einen unbefriedigt.« Das gibt zu denken. In jedem Genuss gibt es ein überschießendes Moment, er ist eine Erscheinung des Unendlichen im Endlichen. Also will der Genuss stets mehr, ist stets unbescheiden, und er bleibt stets unbefriedigt. Die Kunst besteht nicht darin, sich einzureden, genug sei genug, sondern darin, die Wahrheit auszuhalten: Nicht genug muss leider genug sein.

Aber Selbstzucht als Selbstzweck? Als Selbstdisziplin, die nicht mehr begründet werden muss?

Sich einer Begründungspflicht zu entziehen ist das klassische Merkmal autoritärer Herrschaft.

Die verselbständigte Tugend des Maßhaltens kann weder Maß noch Grund angeben, mit anderen Worten: Sie hat etwas zu verstecken. Was wird das sein?

Ich hege den Verdacht, diese Tugend soll den freien inneren Bereich kolonisieren, den jeder Mensch in sich birgt, den inneren Sektor des Ge-

nießens. Denn stets ist es dieses Selbst, das genießt. Ich genieße, also bin ich.

Auch in Gemeinschaft bin ich es, der in seinem
Selbst diesen Höhepunkt der freien Verausgabung
fühlt. Wenn ein Anderer genießt, kann das durchaus miterlebt werden, doch dieses Miterleben findet gleichfalls in der ersten Person Singular statt.
Jeder Genuss ist eine gesellschaftliche Veranstal-
tung, aber gefühlt wird er nur im Innern, und dieses Innere ist frei – bis die Gewissenspolizei kommt
und ein begründungsfreies, also rein auf Autorität
basierendes Regime errichtet.

Die abstrakte Tugend des Maßhaltens richtet den
Menschen ab. Er soll nicht zügellos durchs Leben
gehen, sondern gelenkt, mit einer Trense im Mund.
Das ist ihr ganzer Sinn.

Dass wir nicht auf der Welt seien, um unseren
Spaß zu haben, ist noch so ein Sprüchlein autoritärer Erziehung; Arthur Schopenhauer verstieg
sich gar zu der Sentenz: »Es gibt nur einen ange-
borenen Irrtum, und es ist der, dass wir da sind,
um glücklich zu sein« – wo doch alle Erfahrung
lehre, dass es mehr und realere Anlässe des Un-
glücks als solche des Glücks gebe. Nun war Schopenhauer selbst ja nicht gerade jemand, der die
sinnlichen Genüsse hochleben ließ, er polemisierte
beispielsweise gegen Stillleben, auf denen Nahrungsmittel prangten, und ebenso gegen jeden
Anflug von Erotik in der Malerei, was bei jemandem nicht Wunder nimmt, der die Auffassung
vertrat, der weibliche Körper zeige deutlich, dass
Frauen zu nichts taugten. Gleichwohl – hat der
missvergnügte Philosoph vielleicht doch Recht
mit seinen Gedanken zum Lebenszweck?

Nur dann, wenn bereits vorausgesetzt ist, dass der
Mensch entweder zur Lust oder zum Leiden auf
der Welt, dass seiner Existenz also ein Zweck vorausgesetzt sei. Nun mag man das glauben oder
auch nicht, beweisen ließ es sich jedenfalls in der
ganzen Geschichte der Philosophie nie. Die Biologie indes gibt einen Hinweis: Genuss zieht an,

**Ich genieße,
also bin ich.**

Ekel stößt ab, wir haben es hier also mit der Steuerung des Verhaltens zu tun. Und wenn Lebewesen Lust an nützlichen Tätigkeiten empfinden – von der Nahrungsaufnahme über das Spiel bis zur Paarung –, dann dient diese Genussfähigkeit der Spezies Mensch.

Die **GENUSSFÄHIGKEIT** gehört zur Grundausstattung des Homo sapiens, sie ist Teil seines Erfolgsrezepts. Er ist vielleicht nicht auf der Welt, damit er seinen Spaß hat – aber bestimmt, weil er seinen Spaß hat.

Pflücke den Tag!

Wir dürfen annehmen, dass bereits der Steinzeitmensch sein Kaninchen mit Genuss verzehrte. Was aber nicht heißen soll, dass dem Kaninchen bis dahin ein genussvolles Leben versagt geblieben sein muss. Auch im Kaninchenhirn werden Glückscocktails ausgeschüttet, wir dürfen sogar annehmen: verhältnismäßig häufig.

Gleichwohl, für den Menschen gibt es mehr Anlässe für Leid als für Lust. Insofern können wir Schopenhauer zustimmen. Nur schließen wir daraus, anders als der Philosoph, dass der Mensch erst recht allen Grund zum Genuss hat; in den Worten von Horaz (Herdersche Übersetzung): »Sei du klug und genieß. Koste den Wein. Schneide dem kurzen Raum / Lange Hoffnungen ab. Eben anitzt unter Gesprächen fliegt, / Fliegt die neidende Zeit. Pflücke den Tag, traue dem Morgen nichts.«

Sei klug und genieße! Carpe diem, pflücke den Tag, nutze dein Leben. »Wie aber nutzt man das Leben?«, fragte Max Stirner, würdiger Nachfolger La Mettries (und aus den gleichen Gründen wie dieser von den Tugend- und Vernunftaposteln seiner Zeit verfemt), um zu antworten: »Indem man's verbraucht, gleich dem Lichte, das man nutzt, indem man's verbrennt. Man nutzt das Leben und mithin sich, den Lebendigen, indem man es und sich verzehrt. Lebensgenuss ist der Verbrauch des Lebens.«

Der nichtakademische Philosoph Max Stirner (1806–1856) fing ähnlich an wie Karl Marx und

Friedrich Engels, kritisierte die Übermacht religiöser und quasireligiöser Prinzipien und suchte herauszufinden, weshalb die Menschen so vielen Mächten untertan sind. Anders als Marx und Engels hielt er nichts von der Idee, eine revolutionäre Klasse könne mit Hilfe des Staates das »Reich der Freiheit« begründen; für Stirner sollte der Ausgangspunkt einer freien Gemeinschaft von Menschen ihr eigenes, individuelles Interesse sein und sonst nichts – »Mir geht nichts über mich«, lautet sein sprichwörtlich gewordener Grundsatz, der oft zu dem Missverständnis geführt hat, Stirner propagiere den Egoismus. Dabei stand er in der Tradition einer Idee der Aufklärer, der zufolge das Individuum mit allem Recht der Welt nach dem Genuss strebt, wobei es sich aus Eigeninteresse mit anderen Menschen arrangieren, ja sogar verbrüdern werde. Genuss macht gemeinschaftlich.

Karl Marx und Friedrich Engels mochten solche Gedanken nicht, auch wenn Letzterer ein Genießer war. In einer zu Lebzeiten unveröffentlicht gebliebenen Kritik an Max Stirner nannten sie es Heuchelei, wenn sich eine Philosophie des Genusses »an alle Individuen ohne Unterschied richtet«. Vielmehr seien die Genüsse der Bourgeoisie »langweilig« und die des Proletariats notgedrungen »brutal«. Nun, das mag 1845/46, als der Text geschrieben wurde, sogar richtig gewesen sein, obgleich vergröbernd. Aber im zwanzigsten Jahrhundert, dem Jahrhundert des Kapitalismus, ist ein ganzes Universum an Luxus und Elend, Genuss und Entsagung, Finessen und Atavismen, Glück und Unglück entstanden, dem die Skizze von Marx und Engels nicht mehr gerecht wird. Es ist eben alles anders gekommen: Die Gesellschaft besteht nicht aus zwei großen Klassen, und an die Stelle der vorgegebenen, klassenmäßigen Genüsse ist in den reichen Gesellschaften das Prinzip des Supermarkts getreten – im Rahmen des allgemein Erlaubten darf jeder in jedes Regal greifen, auch wenn sich nicht jeder alles leisten kann.

Damit ist uns aber beileibe nicht das Reich der Freiheit entstanden. Wir müssen uns die Freiheit zum Genuss immer wieder erkämpfen, wobei unsere Position strategisch günstig ist: Dieser Befreiungskampf ist lustvoll.

Er richtet sich gegen die Essregeln der Gesundheits- und Diätapostel.

Zur Begründung von Essregeln wird heutzutage gern die Wissenschaft oder doch zumindest allerhand Wissenschaftsähnliches herangezogen, denn keine Autorität wirkt im modernen Diskurs stärker als die Wissenschaft. Ob Trennkost oder Eiweißdiät, Trink- oder Schrotkur, die Wissenschaft liefert zwingende Gründe. Zwang, darauf läuft alles hinaus. Er geht einher mit der Diskriminierung jener, die sich nicht an die Regeln halten, insbesondere der Dicken. Dick ist doof. Und peinlich, und überhaupt. Personalchefs unterstellen eine Beziehung zwischen Figur und Charakter – pure Küchenpsychologie, durch keine Forschung der Welt erhärtet. Das Körpergewicht wird vielmehr durch Faktoren bestimmt, die großenteils genetisch festgelegt sind.

Der Terror des herrschenden Körperideals richtet sich unmittelbar gegen den freien Genuss und ist eine der gemeinsten Formen der Abgrenzung unter den Menschen.

Und so rackern sie sich ab, wie im Büro, also auch zu Hause. Mit flauem Magen.

Begriffe wie »Körperarbeit« oder »Workout« deuten an, was hier in Wahrheit geschieht: die Kolonisierung der Körper durch die Arbeitswelt. Um auf dem Arbeitsmarkt und dem ihm nachgebildeten Markt der Partnerschaften (**»FIT FOR FUN«**) die Konkurrenz ausstechen zu können, musst du deine Freizeit in den Dienst der Körperarbeit stellen! Und so rackern sie sich ab, wie im Büro, also auch zu Hause. Mit flauem Magen.

Gewiss, kalorienarmes Essen kann lecker sein und Sport der pure Genuss, keine Frage, aber der **KÖRPERTERROR** stellt den Genuss in den Dienst eines Ideals, das den leiblichen Menschen in eine Statue verwandeln will und seine Seele in eine Kalorientabelle. Man beobachte nur den unglücklichen Gesichtsausdruck mancher Leute, wenn sie eine Speisekarte in die Hand nehmen.

Diät macht traurig und manchmal sogar dumm: Wer sich zu viel versagt, nimmt zu wenig Eisen auf, und der Intelligenzquotient sinkt. Umso aufnahmebereiter dürfte er dann für die Propaganda der Nahrungsmittelindustrie sein, ebenso für die Agitation der Fitnesspresse, in der die Industrie für ihren **LIGHT-FRASS** wirbt. Um fit zu bleiben, essen ja manche Leute Sachen, die sie ihrem Meerschweinchen niemals zumuten würden; andere wiederum mischen sich Präparate aus Kieselerde oder Haifischknorpel in die Nahrung.

Es gibt Menschen, die können noch aus jeder Lust ein pflichtbeladenes Tun machen. Im England der vorvergangenen Jahrhundertwende begründete ein gewisser Eustace Hamilton Miles eine Bewegung, die exzessives Kauen als Vorbedingung gesunden Lebens ansah – natürlich mit wissenschaftlicher Begründung. Zunächst einmal verbot Miles, wie es sich gehört, bestimmte Dinge von vornherein zur Gänze: Rindfleisch, Fisch und Meeresfrüchte, außerdem natürlich Alkohol und allerhand mehr. Was übrig blieb, musste im Mund zu dünnem Brei verarbeitet werden, denn nur so sei weiter unten eine gute Verdauung möglich, und auf diese Weise ließen sich auch ungute Druckgefühle vermeiden, die letztlich die Ursache für den Hang zur Masturbation seien.

Hier zeigt sich die Ideologie der Selbstbeherrschung, der Selbstkasteiung, der Selbstaufgabe, die aus dem Mittelalter in die bürgerliche Zeit hinübergerettet und mit dem Leistungswahn amalgamiert wurde. Sie begleitete in den vergangenen drei Jahrhunderten den Aufstieg des Bürgertums und ist bis heute charakteristisch für Leute, die sich hocharbeiten. Zwanghaft nutzen sie jede Ressource, die ihr Körper und ihr Geist hergeben, um sich zu bessern und zu vervollkommnen. Selbst die Freizeit dient diesem Zweck, und wo immer

Diät macht traurig und manchmal sogar dumm

sie etwas konsumieren – Bücher, Bilder, Filme, Menüs, Weine, Reisen –, ist nicht Genuss der Endzweck, sondern das Vorankommen.

Dass der Mensch sich im Genuss gehen lasse, diese Vorstellung passt nicht in die Welt des Kontrollbesessenen, der noch etwas werden will. Er muss nüchtern bleiben.

In Boston habe ich einmal ein drogenpolitisch inkorrektes T-Shirt gesehen. Es zeigte einen Freak mit langen Haaren, die nach allen Seiten abstanden; seine Pupillen waren Spiralen, er grinste irre und stand ganz offensichtlich unter Drogeneinfluss. In der Hand hielt er einen Kaffeebecher, und darunter stand: »Just say no – to decaf.«

Decaf, das ist entkoffeinierter Kaffee, und »Just say no« lautet der Slogan der staatlich gesponsorten Anti-Drogen-Kampagne. Sie ist durch und durch verlogen. Denn wird nicht allenthalben dafür Propaganda gemacht, zu psychoaktiven Substanzen Ja zu sagen? Ob Viagra oder so genannte Energiedrinks, Prozac oder kalter Kaffee in Dosen (eines Tages werden sie noch Spülwasser verkaufen), stets wird sinngemäß damit geworben, dass das Zeug Flügel verleiht. In Deutschland nicht minder. Apfelkorn verhilft zu guter Laune, und wer sich eine ganz bestimmte Lulle ansteckt, wird zum Cowboy. Proteinnahrung macht stark, Johanniskraut zufrieden, Kaffee wieder wach, Cola erfrischt, Aspirin vertreibt den Kopfschmerz, neue Energie gewinnen wir mit brikettähnlichen Gebilden aus Nuss, Karamel und brauner Klebe.

Legale Drogen überall. Sie stacheln den Leistungsträger an und stellen den Drop-out ruhig. Aufputschmittel für den Dotcom-Kämpfer, Schnaps für den Kaputnik.

Und so, wie »Just say no« pure Heuchelei ist, ist es deshalb auch die deutsche Kampagne »Keine Macht den Drogen«. Was für ein Slogan in einem Land, dessen Staat am Rauchen verdient und den Tabakanbau subventioniert (indirekt, über die EU)! Es gibt sogar eine Bundesanstalt, die das so ge-

Aufputschmittel für den Dotcom-Kämpfer, Schnaps für den Kaputnik.

nannte Branntweinmonopol verwaltet: eine unüberschaubare Subventionsmaschine, die der Herstellung von Industrie- und Konsumsprit Steuergeld hinterherwirft.

Dies ist kein Plädoyer für das Verbot von Drogen wie Alkohol und Tabak – ganz im Gegenteil: Es ist nicht Sache des Staates, mir vorzuschreiben, wie ich mit meinem Körper umgehe. Aber wir sollten die Augen nicht vor der Alltäglichkeit des Drogengenusses verschließen. Und nicht davor, dass die legalen Drogenkartelle, etwa die der Zigarettenindustrie, mehr politische Macht haben als die kolumbianische Narcoguerilla.

Der Diskurs über die Gesundheitsschädlichkeit des Rauchens trägt besonders problematische Züge. Er wird nicht zufällig von einem Wissenschaftszweig betrieben, der »Gesundheitsökonomie« heißt. Da veröffentlichen zum Beispiel Ulmer Gesundheitsökonomen eine »Krankheitskostenstudie«, die mit epidemiologischen Modellen und Daten dem Rauchen jährlich 117 000 vorzeitige Todesfälle und anderthalb Millionen verlorene Lebensjahre in Deutschland zurechnet. Das ist schrecklich. Doch die Ulmer rechnen weiter: Das Gesundheitssystem werde mit 9,3 Milliarden Mark belastet, der Ausfall an Arbeitskraft summiere sich auf 8,2 Milliarden, derjenige durch Arbeits- und Erwerbsunfähigkeit auf 16,4 Milliarden Mark – weshalb die Wissenschaftler »wirksame Maßnahmen gegen die Unsitte des Rauchens« verlangen.

Die Gesundheitsökonomie gibt damit zu erkennen, dass es ihr nicht auf die Freiheit, sondern auf die Nützlichkeit des Menschen ankommt. Er könnte ja der Gesellschaft verloren gehen oder gar »der Wirtschaft«. Nicht auszudenken. Da müssen staatliche Maßnahmen her!

Das ist totalitär. Mit meiner Gesundheit umzugehen, wie ich will, und sei es zerstörerisch – ist ein Teil meiner Autonomie.

Aber die Sucht?

Guter Einwand. Sucht ist Unfreiheit und nicht Autonomie. Ist Zwang, nicht Autonomie. Jahrzehntelang mischte die Zigarettenindustrie dem Tabak Zusatzstoffe bei, die das Abhängigkeitspotential des Nikotins vergrößerten. Zu den beigefügten Substanzen zählt nach Angaben der dänischen Zigarettenhersteller Ammoniumhydroxid, ein Stoff, der die Nikotinaufnahme in der Lunge beschleunigt. Kakaoextrakte weiten die Lungenoberfläche aus, mit beigemengter Lakritze soll die Reizung der Schleimhäute gemildert werden, und das untergemischte Magnesiumoxid verändert den Rauch optisch, um Passivraucher zu beruhigen. Zugleich bezahlte die Industrie willige Forscher dafür, die Suchtgefahren zu verniedlichen, und schleuste diese Leute sogar in die Weltgesundheitsorganisation ein. Von wegen »Keine Macht den Drogen«. Die suchtsteigernden Zusatzstoffe werden nicht deklariert. Trotzdem weiß heutzutage jeder: Rauchen macht süchtig und schädigt die Gesundheit. Darüber muss niemand mehr aufgeklärt werden. Die Menschen wissen Bescheid, und sie sind frei. Ihre Freiheit umfasst auch die Möglichkeit, sich für das Risiko der Unfreiheit durch Sucht zu entscheiden. Niemand hat das Recht, sie daran zu hindern, und schon gar nicht der Staat. Gerade die demokratischen Staaten leben davon, dass sich Menschen frei für die Unfreiheit entscheiden: für Steuern, Strafgesetze, Schulden, Armeen, Schulen.

Die Menschen wissen Bescheid, und sie sind frei.

GENUSSVERBOTE, vor allem Alkoholverbote, hat es in der bürgerlichen Epoche so oft gegeben, dass einige Theoretiker meinen, sie seien typisch für die Ethik des Bürgertums, aber das ist übertrieben. Unter islamistischer Herrschaft ist Prohibition ein Mittel des Kulturkampfes gegen den Westen, unter Michail Gorbatschow (dem »Mineralsekretär der KPdSU«) sollte sie demonstrieren, dass Perestoijka mitnichten eine Auflösung der Gesellschaft beabsichtigte, sondern vielmehr deren bewusste Umgestaltung. Das ging schief, und nach Gorbatschow kam jemand, der bei Staatsbesuchen berauscht von der Gangway purzelte, seine Leibwächter ohrfeigte und der Weltöffentlichkeit ankündigte, Russland werde sofort sämtliche Atomwaffen verschrotten.

Prohibition funktioniert nicht. Der Wille zum Genuss ist stärker. Gar so schlecht ist die Welt also nicht eingerichtet.

Von der amerikanischen **PROHIBITION** der Jahre 1920 bis 1933 hat letztlich am meisten der Weinbau profitiert: Die illegalen Schnapsbrenner und -händler konnten, weil die Nachfrage weit über dem Angebot lag, märchenhafte Gewinne einheimsen; daraus sind riesige Konzerne entstanden, die später etliche hoch verschuldete Châteaux in Bordeaux retteten.

Auch die berühmteste Winery Kaliforniens, Robert Mondavi, verdankt ihre Ursprünge der Prohibition. Der italienische Immigrant Cesare Mondavi zog 1922, zwei Jahre nach Beginn der Prohibition, nach Kalifornien, denn er hatte eine Geschäftsidee: Er lieferte Weintrauben per Bahn in den Mittelwesten, wo diese reißenden Absatz fanden – als Grundstoff für die legal gebliebene Alkoholproduktion im Haushalt. 1933 endete die Prohibition, und Cesare Mondavi wandte sich mit dem neu erworbenen Kapital der Weinproduktion zu. Nach einigem Zwist in der Familie entstand daraus das Weingut Robert Mondavi. Ein sagenhafter Aufstieg begann, andere Winzer nahmen sich ein Beispiel, und Amerika, das Land der missglückten Prohibitionen, feiert heute mit allem Recht der Welt seine großen Weine.

Prohibition ist Quatsch. Sie scheitert jedes Mal. Doch der Befreiungskampf der Genießer führt nicht immer zu Ergebnissen, die zufriedenstellend sind. Es gibt da merkwürdige Phänomene. Denken wir an Ballermann 6: Die Konventionen fallen, die Genussschranken werden aufgehoben, und was tritt an deren Stelle? Eine Rohheit, die nicht gerade nach Freiheit schmeckt. Herbert Marcuse nannte das die »**REPRESSIVE ENTSUBLIMIERUNG**«: Damit ist eine stellenweise Aufhebung des Triebverzichts gemeint, mit der aber auch die Verfeinerung des Trieblebens verschwindet. Brutalisierung anstelle von Finesse. Auf dialektische Weise bestätigt das die alte Moral, der zufolge Lust böse sei.

Der Sozialphilosoph Pierre Bourdieu fügte eine weitere Beobachtung hinzu: Die Unfähigkeit, sich zu amüsieren, wird geradezu »als Misserfolg empfunden, der das Selbstwertgefühl bedroht«. Es entsteht so etwas wie eine Pflicht zum Genuss. Diese Pflicht zum Genuss gilt nicht bloß für Essen und Trinken. Auch Arbeit und Spiel, Sport und Sex, Naturgenuss und Kunstbetrachtung, Autofahren und Wohnen, alles gerät unter diese Vorschrift, den Genuss zu mehren. Spaß muss sein: In diesem Moment ist der Genuss in Gefahr. Denn wo die Pflicht herrscht, fehlt es an einem wichtigen Bestandteil des Genießens, an der Freiheit. Du musst! Das ist der Imperativ hinter jener Werbestrategie für die entseelten Light-Produkte namens »Du darfst«.

Prohibition ist Quatsch. Sie scheitert jedes Mal.

Man schlage einmal Lifestyle-Zeitschriften auf, Feinschmeckerjournale, die »Brigitte« oder »fit for fun«: **GLEICHFÖRMIGKEIT**. Die Vorstellungen dessen, was genussvoll sei, scheinen zu konvergieren. Leicht muss es sein. Schön sauber. Etwas ausgefallen ist gern gesehen, aber nicht zu sehr. International, na klar. Edel. Jogurette, Milchschnitte, Claudia Schiffer. Leichte, unkomplizierte Weine und Fitnessklamotten, die ein bisschen sexy sind. Eine halbe Chilischote ins Vier-Personen-Essen, mehr bitte nicht, sonst bekommen wir Probleme untenrum. Der Stil der neuen Zeit ist aseptisch. Light-Bilder, in denen das Feuchte und Schmutzige, das Heiße und Dunkle, das Bedrohliche und das Auflösende ausgeblendet bleiben. Oder, noch raffinierter, sie werden ironisch zitiert: Verona Feldbusch als Satire auf die Erotik, Alfred Biolek als Parodie auf die Kulinarik. Damit wird dem Genuss der Stachel genommen, das Subversive, das die Regeln unterläuft.

Aber es gibt Widerstand – nein, das Wort ist zu groß, wir sollten sagen: **WIDERSETZLICHKEIT**.

Zum Beispiel die Draussenraucher. Die frierenden Kleinkollektive von Angestellten vor dem Bürohaus, die in der hässlichsten Ecke stehen und an Zigaretten saugen. Unfroh wirken sie und gehetzt. Vielleicht, weil sie gleich wieder rein müssen. Vielleicht auch nur, weil es kalt ist da draußen vor der Tür. Wie sie da so stehen, bilden sie eine widerborstige Zelle.

Der Raucherstarrsinn. Ein bisschen Trotz, ein bisschen Genuss. Störrisch, unbelehrbar. Sie tun niemandem weh, aber sie entziehen sich dem offiziellen Gesundheitsterror. Immerhin! Sie haben Eigensinn.

Insbesondere der Genuss verbotener Früchte hat die Menschen immer und immer wieder gereizt.

Insbesondere der Genuss verbotener Früchte hat die Menschen immer und immer wieder gereizt. Das Untersagte tun, und sei es auch das Unvernünftigste. Mir klingt das Lied von Wolf Biermann im Ohr: »Keiner tut gern das, was er tun darf / doch was verboten ist, das macht uns grade scharf«. Was mich an eine Klassenfahrt jener Waldorfschule erinnert, die sieben Jahre lang vergeblich versuchte, mein inneres Licht zum Vorschein zu bringen. Es galt allgemeines Kaugummiverbot. Ich schrieb meinen Eltern: Schön hier, aber Kaugummi wird knapp. Als Antwort kam ein ganzes Paket, und am nächsten Tag kaute die ganze Klasse. Der Rädelsführer wurde bestraft. Küssen war auch verboten, sogar Händchenhalten, und das in der sechsten Klasse.

Immer finden sich Menschen, die am Käfig rütteln. Daraus einen Kult zu machen, ein genießerisches Fest, das ist das große Vorbild, das uns die antiken Mysterien des Genießens und der Ausschweifung geben.

Die regelmäßigen **ORGIEN DER BACCHANTEN,** bei denen fröhlich in Gruppen kopuliert und pokuliert wurde, waren humane Gemeinschaftserlebnisse par excellence und feierten das freie Menschsein: In ihnen war der Mensch, wie Friedrich

Nietzsche schrieb, »nicht mehr Künstler, er ist Kunstwerk geworden«. Der bacchantisch feiernde Mensch verausgabte und verschwendete sich, ging mit seiner Lebensenergie freigebig um. Die antiken Ausschweifungen waren subversiv in dem Sinne, dass sie den Wertekanon der homerischen Adelswelt unterliefen; die Helden der »Odyssee« und der »Ilias« sind nüchtern, die Helden des Dionysoskultes sind berauscht vom Wein, von der Welt, von sich und dem Mitmenschen. An die Stelle der Herrschaft der Tugenden und Ideen, wie sie Sokrates und Plato forderten (beide trieben es mit Jungs und soffen ihre Freunde unter den Tisch), trat die offene, ungehemmte Bewegung der Lüste, die wenigstens zeitweise die Menschen das sein ließen, was sie sein können: frei. Dionysos' Beiname lautete »der Löser«.

Dem Sinologen Marcel Granet verdanken wir Schilderungen **ALTCHINESISCHER FESTRITEN** auf dem Lande, die den Bacchanalen der alten Griechen in nichts nachstanden; es lässt sich in vielen Kulturen nachweisen, dass sie dem Freiheits- und Genussdrang der Menschen gelegentlich Auslauf gewährten. Freiräume, in denen eben nicht der Terror des Maßes herrschte. Auch sie blieben eingehegt: zeitlich, räumlich und durch zivilisierende Regeln, aber in ihnen durfte sich der Mensch dem Rausch überlassen. Und nun lautet die Frage natürlich, in welchem Verhältnis Genuss und Rausch zueinander stehen.

Es ließe sich postulieren: Rausch schließt den Genuss aus, denn er schwächt das Bewusstsein und damit die Genussfähigkeit. Ich glaube nicht daran. Der Mensch ist nicht das einzige Wesen, das sich berauscht. Von Pavianen nimmt man sogar an, dass sie mit Absicht vergorene Früchte suchen, um sie zu verzehren. Der Genuss von Alkohol ist jedenfalls älter als das begriffliche Denken und als jede Moral. Unter Alkoholeinfluss verändert sich die Balance zwischen Gefühl und Vernunft, Erregung und Hemmung, und zwar durchaus in Abhängigkeit von Dosis und Trinkkultur. Dabei spielen sich komplizierte chemische und psychologische Prozesse ab, die mehr bewirken als bloße Bewusstseinstrübung. Nehmen wir im Rausch nicht manche Einzelheit deutlicher wahr, sehen wir nicht Zusammenhänge, die uns sonst als nicht existent gelten, fühlen wir nicht Leichtigkeit oder Schwere, ganz deutlich, ganz bewusst, nur eben anders als im nüchternen Zustand? Der leichte, mittlere und der schwere Rausch, der schnell oder über viele Stunden erzeugte, der helle oder der finstere, der frohe oder der verzweifelte, könnten wir sie nicht auch als verschiedene Arten des Bewusstseins auffassen?

Dabei ist hier nur vom Alkohol die Rede gewesen. Aber was ist mit den vielen Formen des Cannabis-Rausches oder mit dem Rausch der Sexualität – schränken sie den Genuss ein? Nein, sie definieren ihn um.

Rauschzustände sind Bewusstseinszustände, zumal die hochfliegenden und die rasenden unter ihnen, in denen die Welt anders wahrgenommen wird und die jeweils ihre eigenen Genüsse kennen, auch solche, die unser später wieder einsetzendes Normalbewusstsein als schal, eklig oder primitiv empfinden mag – nur: Für dieses Bewusstsein sind sie ja auch gar nicht gedacht.

Ist denn das, was unser Normalbewusstsein wahrnimmt, wirklich wahrer als die Rauschempfindung? Es wirkt jedenfalls nicht stärker und nicht gegenwärtiger, und der Berauschte kann seine Ideen oder Eindrücke ebenso gut für überprüft und gültig ansehen wie der Nüchterne die seinen. Das nüchterne Bewusstsein kann mehr Faktoren miteinander verrechnen, kann unser eigenes Ich analysieren, sich Rechenschaft über Triebe und Motive ablegen – aber der Betrunkene »dringt plündernd und brandschatzend in sich selbst« (Kostis Papajorgis), und vielleicht dringt er weiter vor. Ich will nicht vollkommen relativieren, denn auch mit den Folgen dessen, was wir im berauschten

Zustand anrichten, müssen wir später als Nüchterne zurechtkommen. Unsere nüchterne Existenz sitzt am längeren Hebel – in der Realität. Aber in der Fantasie nicht unbedingt.

Im Genussmoment sind wir eins mit dem Gefühl und hegen es nicht ein, jede Empfindung ist erlaubt; es werden auch die Grenzen der Sprache überschritten, es wird bei Tisch geseufzt und im Bett geschrien. Wir dürfen Dinge tun, von denen wir sonst vielleicht noch nicht einmal träumen oder die wir doch zumindest nicht aussprechen. Oben und unten, fein und vulgär, rein und schmutzig, Schmerz und Lust, diese Binärwelt wirkt auf einmal unreal. Alles wird umgewertet: Die Trüffel schmeckt nach Erde, nicht etwa nach Dreck; der große Burgunder hat einen Hautgout, er riecht nicht etwa faulig; der geliebte Mensch windet sich, aber wir tun ihm nicht Gewalt an.

Der freigelassene Genuss ist wählerisch, aber er wählt sein Material anders als das sozial überformte Bewusstsein. Für einen Moment sind die Regeln der Gesellschaft außer Kraft gesetzt, das ist das Subversive des Genusses. Er ist die Anarchie, die Herrschaftslosigkeit. Nicht als Utopie, sondern als kurzzeitige Realität, als kostbare Augenblicke. Das sind die Höhepunkte des Genießens.

Im Genuss liegt der Rhythmus von Auflösung und Wiederverfestigung. Und weil er uns lehrt, die Bindungen zu lockern und wieder zu festigen, ist er gesund für die Seele. Geradezu beruhigend viele Moralisten, ob christlich oder nicht, haben sich aus solchen Gründen schon für den gelegentlichen Weinrausch ausgesprochen, etwa solch untadelige Berühmtheiten wie der Winzer und Schriftsteller Michel Eyquem de Montaigne (1533–1592), dessen zweiter Vorname an den prächtigsten Süßwein der Welt erinnert, den Château d'Yquem (Sauternes).

Unsere Kultur ist, wie jede andere, auch eine des Rausches. Sie hat einen Pakt mit dem Teufel geschlossen: »Alkohol enthemmt, und diese Enthemmung kann sehr wohl positiv wirken. Aber der Preis ist hoch: Unfälle, Gewalt, nicht zuletzt sexuelle Gewalt gegen Frauen. Es gibt eine stillschweigende Übereinkunft der Gesellschaft, das eine haben zu wollen und dafür diesen Preis zu zahlen.« Das sagt Martin Klewitz, Vorsitzender der Arbeitsgemeinschaft der deutschen Abstinenzverbände, und er hat Recht damit.

Und die körperliche Gesundheit? Eine Welle, nein: eine Flut medizinischer Studien kommt einhellig zu dem Ergebnis: Weingenuss kann gewisse vorbeugende Gesundheitswirkungen haben, insbesondere für die Herzkranzgefäße. In den Alltag übertragen besagen die bisherigen Studien, dass für Männer eine halbe Flasche Wein pro Tag gesund ist, für Frauen etwas weniger – vorausgesetzt, es wird nicht ausschließlich extrem alkoholreicher Wein wie zum Beispiel italienischer Amarone getrunken; ferner vorausgesetzt, der Wein ist sauber, es liegt keine Allergie gegen Sulfite oder andere Inhaltsstoffe vor und der Trinker ist nicht suchtgefährdet.

Im Genuss liegt der Rhythmus von Auflösung und Wiederverfestigung.

Etliche Studien (insbesondere aus Skandinavien) belegen überdies, dass nur ein annähernd gleichmäßiger Alkoholkonsum segensreich wirkt. Ein Saufgelage nach einer trockenen Woche lässt sich zwar rechnerisch, nicht aber medizinisch als Maßhalten hinstellen.

Gelegentlich wird noch entgegengehalten: Auch der maßvolle Alkoholgenuss dürfe nicht propagiert werden, denn je mehr maßvolle Trinker es gebe, desto größer werde auch die Zahl der maßlosen Trinker sein. Doch das ist pure Behauptung geblieben; der durchschnittliche und der extreme Alkoholgenuss sind in den verschienenen Weltregionen dermaßen unterschiedlich verteilt, dass sich ein Zusammenhang nicht ausmachen lässt.

Nach mehrheitlicher Ansicht ist der Alkohol der entscheidende Wirkstoff. Er verdünnt gewissermaßen das Blut und wirkt insofern wie Aspirin, außerdem erhöht er den Anteil des HDL – also des »guten«, des schützenden Typs Cholesterin.

Leider verbleibt ein ungelöstes Problem: das mit der halben Flasche Wein.

Zwar werden einige Weine, auch sehr schöne, in so genannten halben Flaschen (etwa 0,35 Liter) angeboten, was bei Proben oder Menüs im kleinen Kreise gewisse Vorteile birgt, aber letztlich sind sie eine unbefriedigende Darreichungsform. In kleinen Flaschen altert der Wein gemeinhin schneller. Außerdem machen viele Rotweine nach dem Öffnen eine gewisse Entwicklung durch, und die lässt sich nun einmal beim Konsum einer 0,7-Flasche oder gar einer Magnum besser verfolgen als bei einem halben Fläschlein. Das ist der erste Teil des Problems.

Der zweite, heiklere: Alkohol ist nicht bloß dazu da, den Duft und den Geschmack zu unterstützen, auch wenn manch ein domestizierter Weintrinker das behauptet. Niemandem soll verwehrt bleiben, den Weinkeller vorwiegend als Hausapotheke anzusehen, deren Mittelchen ja allesamt nur in der richtigen Dosis Arznei sind. Gesundtrinker haben gute Gründe für ihr Verhalten. Sie meiden den Exzess, und das ist vernünftig. Wir Unvernünftigen hingegen geben uns von Zeit zu Zeit dem Exzess hin, der Gestaltlosigkeit, in der wir für einen Moment den Tod vorwegnehmen, ihn simulieren – um ihn zu besiegen (so sah es der französische Philosoph Georges Bataille).

Der Ort dieses zeitweiligen Auflösens, des Zergehens, ist die Zunge, der Gaumen – der Ort, in dem sich unser Inneres mit dem Äußeren verbindet: im Essen und im Sprechen (möglichst nicht zur gleichen Zeit). Und es hält sich unter Psychologen und manchen Historikern die Theorie, dass die esslustfeindlichen und trinklustfeindlichen Gebote früherer Zeiten letztlich die Angst vor der Erkenntnis und dem offenen Wort ausdrückten. Immerhin war das Essen vom Baum der Erkenntnis die Ursünde.

Unsere christliche Kultur belastet das Essen mit dem schlechten Gewissen. Genuss heißt nicht zuletzt, sich vom schlechten Gewissen zu befreien.

Wir lernen schon als Kind, das Essen zu moralisieren. »Iss auf! Die Kinder in Indien wären froh, wenn sie deinen Spinat essen könnten« – das habe ich in der Kindheit gehört, und die an sich rationale Antwort »Dann schick den Spinat doch da hin« wurde als Pampigkeit gewertet, die jene auf dem Teller noch übertraf.

Aber der Hinweis auf die Kinder in Indien blieb haften. Es ist was dran: Wir schwelgen, andere darben. Ist das nicht ungerecht?

Ja, es ist ungerecht. Noch schlimmer wäre es freilich, wenn unser Genuss die Ursache des Hungers wäre. Jahrhundertelang diskutierten die Sozialtheoretiker und Ökonomen darüber, ob der Luxus zur Armut beiträgt – heute findet diese Idee kaum noch Anhänger. Armut herrscht dort, wo den Menschen die Mittel vorenthalten werden, wirtschaftlich voranzukommen. Ihnen werden Bildung und Demokratie verweigert, Reichtümer werden für Kriege verschleudert, hergebrachte Wirtschaftsweisen zerschlagen, ohne dass die Mehrzahl der Menschen eine Chance hat, an der neuen Ökonomie teilzunehmen: Das ist die Ursache der Armut, nicht unser Luxuskonsum, der im Verhältnis zu dieser kaum ins Gewicht fällt.

Aber kommt es darauf an? Ist Pasta mit Trüffeln, von deren Gegenwert eine Großfamilie in Sri Lanka ein Jahr lang leben könnte, nicht ganz einfach nur obszön?

Solche Fragen sollte man keineswegs belächeln. Über jemanden, der an der Ungerechtigkeit immer und jederzeit leidet und verzweifelt, in einem Maße, dass ihm jeder kostbare Bissen im Hals stecken bleibt, darf man sich gewiss nicht erheben. Genuss ist Gefühlssache, und Menschen, deren Mitgefühl lebendig geblieben ist, geraten unweigerlich in Widersprüche. Indes ist es nicht unmoralisch, im Genuss einen Moment lang das Elend der Welt zu vergessen. Sollte ich an diesem Elend irgendwie mitschuldig sein – eingedenk Dostojewskis Überlegung, jeder sei an allem schuld –, dann möchte ich auch diese Schuld im Genuss einmal vergessen. Und davon träumen, wie schön es wäre, wenn alle Menschen im Schlaraffenland lebten.

Von dieser Utopie zu singen, die aus unvordenklichen Zeiten stammt, war nicht immer erlaubt. Kein Wunder: Im **SCHLARAFFENLAND** herrscht das Lustprinzip und sonst nichts und niemand. Das Schlaraffenland ist die volkstümliche Form einer Utopie des Überflusses und der Mitmenschlichkeit, die in allen Kulturen anzutreffen ist. Besonders schön ausgemalt hat diese Utopie der französische Mönch François Rabelais. Im 1534 erschienenen zweiten Buch seines großen Romanwerks »Gargantua und Pantagruel« beschreibt er eine schlossartige Abtei namens Thélème, die so richtig ein Gegenstück zum mittelalterlichen Kloster ist. Über dem Eingangstor prangt eine hymnische Inschrift, in der es unter anderem heißt:

»Ehre, Lust und frohe Sinne,
Eintracht, Glück und edle Minne
herrschen hier, und Mann und Weib
sind gesund an Seel und Leib.
Darum haben sie im Sinne:
Eintracht, Glück und frohe Minne.«

Wer durch das Tor gelangt, dem bietet sich ein sinnenfroher Anblick dar: »In der Mitte des innern Hofes stand ein prächtiger Springbrunnen aus schönem Alabaster; darauf waren die drei Grazien mit Füllhörnern und spritzten Wasser aus Brüsten, Mund, Ohren, Augen und anderen Öffnungen ihres Leibes.«

Die Grundregel der Thelemiten lautete »Tu, was du willst«, und Rabelais nimmt die Debatte um den Hedonismus weitsichtig vorweg: Er behauptet, dass »freie, wohlgeborne, gebildete Leute, die mit ehrenhafter Gesellschaft Umgang pflegen, von Natur einen Trieb und Ansporn in sich tragen, der sie allezeit zu tugendhaften Taten antreibt und vom Laster abhält; diesen Drang nennen sie Ehre.«

In Rabelais' Utopia neigen die Menschen von sich aus dazu, sich genießend miteinander zu vergemeinschaften. Der Mensch muss nicht, wie in den Gesellschaftsentwürfen konservativer Theoretiker, von Institutionen und Traditionen in Schach gehalten werden, sondern gerade wenn er freigelassen ist, wird er mitmenschlich.

Dieser Optimismus findet sich zweihundertfünfzig Jahre später auch in den Werken des utopischen Sozialisten Charles Fourier (1772–1837). Fourier pflegte Umgang mit Brillat-Savarin und wollte, dass es in der von ihm entworfenen Idealgesellschaft sinnenfroh zugehe. Sie »BENÖTIGT GLÜHENDE, VERFEINERTE LEIDENSCHAFTEN«, schrieb er, und sie werde sich nach »Leidenschaftsserien« organisieren: Menschen, die einander mögen, die miteinander arbeiten und genießen wollen, schließen sich zu Gemeinschaften zusammen. Die »LIEBE ZUM REICHTUM UND ZUM GENUSS« werde sie zusammenführen in ein Sozialgebilde, in dem die bürgerliche Konkurrenz nicht mehr herrscht. Bei Fourier und bei Rabelais ist kein Staat und keine Polizei vonnöten, denn Genießer sind ganz einfach gute Menschen.

Utopien, gewiss. Beruhend auf Annahmen über den Menschen, die viel zu allgemein gehalten sind, als dass sie stimmen könnten. Doch dass wir im Genuss die Chance haben, füreinander da zu sein, das ist richtig – ist reale Utopie, zeitweilig.

Gemeinschaftlich sein, gut sein und stark noch dazu: Rabelais' Hauptgestalten, die Riesen Gargantua und Pantagruel, sind von strotzender Gesundheit, nicht obwohl, sondern gerade weil sie enorme Massen von Nahrung und Alkoholika vertilgen.

Genuss schwächt nicht, Genuss macht schön und stark, innen und außen. Noch einmal Horaz, aus seinem Gedicht an den Weinkrug:

»Mit Hoffnung stärkst du wieder den Zagenden
Und leihst dem Schwachen mächtiger Hörner
                                        Kraft,
Dass ihn hinfort kein Zorn gekrönter
Könige schreckt noch das Schwert des Söldners.«

Die Heiterkeit

»Na Katastrowje!«
Deutsch-russischer
Trinkspruch

Machen wir eine Pause zwischen den Gängen? Die Zeit, die wir brauchen, um ein frisch gefülltes Glas zu leeren. Zwischendurch darf es auch mal wieder **CHAMPAGNER** sein.

Guten Champagner erkennt man daran, dass die feinen Perlen gleichmäßig wandern, in Schnüren, und an der Oberfläche einen Kranz bilden. Und daran, dass er lange Zeit moussiert.

Frucht, Fülle und Finesse, das ist Champagner. Ein weiter Weg wurde da gegangen – vom Affen, der sich an Früchten berauscht, bis zum Gourmet, der den Champagner genießt. Die Idee des Fortschritts mag ja nicht mehr so beliebt sein, aber in diesem Fall möchte ich doch daran glauben.

Homo sapiens ist das einzige Tier, das seinen Konsum verfeinert. Nun gut, vor kurzem sind Schimpansen im Londoner Zoo dabei beobachtet worden, wie sie Äpfel an den Käfigstangen zerrieben, um danach den Brei zu schlecken – sie zogen Gewinn aus der Oxidation und damit der Geschmacksveränderung. Aber das ist eine Ausnahme im Tierreich und zeigt letztlich nur, dass diese Affen uns sehr nahe stehen. Dem Menschen ist es vorbehalten, die Genüsse raffinierter zu gestalten, sobald er die Mittel dazu hat.

Irgendetwas treibt ihn dazu. Es muss etwas sehr, sehr Starkes sein.

Was ist das stärkste Motiv eines Lebewesens? Sein Widerstand gegen den Tod. Ich glaube, wir wollen genießen, um dem Tod zu widerstehen. Der Genuss des Kugelfisches, dessen Galle tödliches Gift enthält, ist in Japan Kult: Anstatt die Innereien spurlos zu entfernen, lassen die Fugu-Köche gerade so viel Gift in die Speise geraten, dass der Esser spürt, wie seine Zungenspitze leicht gelähmt wird.

Der Genuss, der dem Tod mit Heiterkeit ein Schnippchen schlägt, ist das Thema dieses Kapitels. Georg Friedrich Lichtenberg schrieb am 1. Mai 1775 aus London an seinen Freund Johann Christoph Dieterich: »Für die Leiden und Freuden und Tollheiten des jungen Werthers danke ich Dir vielmals. Ist es wahr, dass sich ein junger Herr von Lütichow über das Buch erschossen hat, das mag mir ein rechter Herr von Lütichow gewesen seyn. Ich glaube, der Geruch eines Pfannkuchens ist ein stärckerer Bewegungs Grund in der Welt zu bleiben, als alle die mächtig gemeinten Schlüsse des jungen Werthers sind aus derselben zu gehen.«

Pfannkuchen ist stärker.

Pfannkuchen ist stärker.

Im Genuss triumphiert das Leben über den Tod.

In Panama, genauer: in einer Hängematte, die auf einer Terrasse in Panama City aufgespannt war, ruhte ich mich eines Tages rauchend unter einer hoch gewachsenen Kokospalme aus. Da löste sich eine Nuss aus ihrer natürlichen Halterung, schoss haarscharf an meinem Schädel vorbei und zerplatzte auf dem Beton. Ich blieb ruhig liegen und dachte an Heiner Müllern; ihm wurde, wie man liest, eine Kiste Montecristo Nummer zwei Figurado ins Grab mitgegeben. Sie vergehen dort gemeinsam mit dem Dichter.

Eine kleine Gemeinschaft passionierter Zigarrenraucher trifft sich regelmäßig im hohenloheschen Dorf Kupferzell, am Grab von Carl Julius Weber (1767–1832), jeweils am 20. April und am 19. Juli, also am Geburts- und am Todestag des Dichters, rauchen eine dicke Zigarre und lassen den Stummel neben dem Grabstein erkalten. Weber, eigentlich Pfeifenraucher, war nicht nur ein Freund des Tabaks, sondern auch ein Querkopf, Demokrat und Verfechter der Lebenslust.

Zigarre rauchen stimmt versöhnlich. Champagner verwandelt Melancholie in Heiterkeit. Und dann gibt es noch regelrechte **TROSTGERICHTE**. Nudeln zum Beispiel.

Sie sind nicht fein. Reis ist fein. Aber Nudeln sind lecker.

Ein Kinderessen, das auch die Großen haben dürfen. Geschmack geben sie wenig, den borgen sie sich bei der Sauce aus. Das **NUDELVERGNÜGEN** im Mund ist primär ein haptisches, unser Tastsinn ist gefragt. Weich und hart zugleich, kommen sie in unüberschaubarer Formenvielfalt daher; sie müssen von der Zunge immer neu ertastet werden, zumal sie sich unter Druck recht unterschiedlich verhalten. Die Anelli, Bucatini, Capellini, Cresti di Gallo, Diamanti, Ditalini, Farfalle, Ferretti, Fettucine, Fussilli, Lumache, Maccheroni, Papardelle, Penne, Pipe Rigate, Rigatoni, Spaghetti, Spirale, Tagliarini, Tagliatelle, Vermicelli oder wie sie alle heißen, sie ergeben im Mund ein je unterschiedliches physikalisches Gemisch aus Feststoff und Sauce, durch das sich die Zunge des Essers wühlt, bis sie hinunterglitschen. Nudeln kann man lutschen und schlotzen. In Japan werden sie mit Karacho hinabgeschlürft.

Nudeln kann man lutschen und schlotzen. In Japan werden sie mit Karacho hinabgeschlürft.

Der Nudelesser muss nicht beißen, auch wenn die Teigteile bissfest sein mögen; er muss sich nicht anstrengen, er ist dem Säugling näher als dem Erwachsenen. Wenn Enrico Caruso vor einem Auftritt nervös wurde, was beinahe immer der Fall war, musste ihm sein Leibkoch einen großen Teller Bandnudeln mit Bologneser Sauce servieren. Dann war alles wieder gut. Nudeln machen satt, warm und zufrieden. Wie Mama. »Alles, was Sie hier sehen, verdanke ich den Spaghetti«, sagte Sophia Loren einst auf einer Pressekonferenz.

Bei den Haeberlins, in der elsässischen Auberge d'Ill, gibt es dann und wann ein Nudelgericht: oefs moulés au macaronis. Dick mit Butter ausgekleidete Gratinförmchen werden mit Spiralen aus bissfest gekochten kleinen Makkaroni tapeziert; in jedes Nudelnest kommt ein Ei, und das Ganze wird dann, im Wasserbad, in den Ofen geschoben, damit die Eier pochiert werden. Das Eigelb bleibt weich. Danach werden die Eiernester auf den Teller gestürzt, Tomatensauce drum herum, Trüffelscheibe drauf, überglänzen – und fertig, aber: Ist diese Leckerei nicht geradezu die reinste Regression? Nudeln mit Tomatensauce, das Kindergericht, und für die Großen die begehrte Trüffel als Geschenk obendrauf, na und dann vor allem die Kombination der beiden Muttersymbole, Pasta und Butter –!

»Die Butter ist eine fette und liebende Mutter, die sozusagen essbar ist«, schreibt die Psychoanalytikerin Gisèle Harrus-Révidi. Butter ist Futter. Helge Schneider singt: »Hast du eine Mutter, dann hast du immer Butter«.

Sie lässt Omelettes erglanzen, macht Rühreier seidig, bindet Saucen, grundiert den Eigengeschmack von Fisch, Fleisch und Gemüse, lässt den armen Blumenkohl überhaupt erst zu einem Gericht werden (am besten mit Bröseln oder gehacktem Ei, womöglich leicht gelb wegen des Safrans in der Kochflüssigkeit). Das Geheimnis der Küche? »Du beurre, du beurre, du beurre«, antwortete Fernand Point, der große Koch des Fin de siècle. Damals war alles in Butter.

Ist diese Leckerei nicht geradezu die reinste Regression?

Auch Kartoffelpüree ist ein Trostgericht par excellence, und doch halte ich die heutige butterlastige Art der Zubereitung für unzumutbar. Wenn massenhaft Butter verwendet wird, verfehlen wir die ideale Konsistenz, denn am besten schmeckt das Püree nicht als schwerer, fetter Klebeklecks, sondern als kartoffeliger Schaumberg. Sie erreichen dieses Ergebnis, indem Sie mutig Milch verwenden und beim Pürieren auf jede elektrische Hilfe verzichten. Nehmen Sie den Kartoffelstampfer! Und verwenden Sie keine Salz-, sondern Pellkartoffeln. In Norditalien tun sie Parmesan hinein, was auch nicht schlecht ist. Etwas pürierten Sellerie (gekochten natürlich) kann man auch zum Veredeln benutzen. Oder einen Trüffelschnitz.

Püree, Hollandaise, Pasta, alles sanft und liebend. Allenfalls warmer Kakao hält da noch mit. Im Kakao wurden schon allerhand Substanzen nachgewiesen, die Lust- und Glücksgefühle erzeugen, es kommen Zucker und Fett hinzu, auf die der Körper gleichfalls lustvoll reagiert, dann aber auch die weiche Konsistenz und die Wärme, nicht zuletzt das angenehme Aroma, das überdies Kindheitserinnerungen wach werden, genauer: vom Kindsein träumen lässt, jenem Kindsein, das nur in Momenten da war und als Utopie in uns weiter existiert. Eine heiße Schokolade zu trinken heißt, sich selbst etwas Liebevolles anzutun.

Genießerischer Trost verwandelt Moll in Dur.

Der Genuss ist stärker als alles Böse.

Mit einer kleinen Gruppe von Freunden bereite ich seit etlichen Jahren Proben von Weinen bestimmter Regionen oder Orte vor, und jeder hat so seine Aufgabe: Einer bringt Landkarten mit und erzählt etwas über die Bodenverhältnisse, ein Anderer informiert sich über die Weinbautechnik, der Dritte sucht Literatur über die Weine und Verkostungsnotizen zusammen, und ich befasse mich mit der Geschichte. Fast immer geht die Geschichte so: Der Wille zum Genuss ist stärker als Krieg, Pestilenz und Reblaus.

Das Glas erheben und dabei an die Unüberwindlichkeit des Weines denken! Und auf einmal verbindet sich der Genuss, dieses Chamäleon unter den Gefühlen, mit dem historischen Sinn, mit dem Geschichtsbewusstsein.

Zum Beispiel beim **ROTWEIN AUS DEM BURGENLAND**. Die österreichische Region bringt heute einige der schönsten Weine der Welt hervor, na-

Der Wille zum Genuss ist stärker als Krieg, Pestilenz und Reblaus.

mentlich das Weingut Römerhof, ein Name, der auf Geschichte hindeutet. Begeben wir uns einmal in die Vergangenheit dieser samtigen, kraftvollen Roten.

Seit ungefähr 800 v. Chr. wird kultivierter Weinbau im Burgenland betrieben. Um 450 v. Chr. besiedelten Kelten das Land, unter ihnen höchst aktive Winzer und Trinker. Und Panscher: Ihr Wein fiel eher sauer aus, weshalb sie ihn mit Honig versüßten, eine Praxis, die vor Jahren kurzzeitig wieder aufgenommen wurde und den österreichischen Weinbau in eine tiefe Krise stürzte.

Im Jahre 15 v. Chr. wurde das Gebiet des heutigen Burgenlandes in die römische Provinz Pannonia eingegliedert. Es entstand eine ganze Reihe römischer Landsitze, ausgestattet mit allem Komfort: Fließwasser für Bad und Toilette, Fußbodenheizung. Das Herrenhaus, die »villa rustica«, war das Zentrum eines ausgedehnten Landwirtschaftsbetriebes, das vor allem das Militär und die Städte belieferte. In der Umgegend der Landsitze wurde viel Wein angebaut. Doch in der Zeit der Völkerwanderung (zweites bis achtes Jahrhundert) kamen plündernde und brandschatzende Markomannen, Quaden, Hunnen, Vandalen, Ostgoten, Langobarden, Awaren und andere Besucher ins Burgenland, im siebten und achten Jahrhundert auch Slawen. Die Zerstörung, die sie anrichteten, übertraf noch die des Erdbebens von 456. Mit Wein hatten die Eroberer allesamt nichts im Sinn. Der Weinbau verkam. Die pannonischen Ebenen wurden zweihundertfünfzig Jahre lang meistenteils von den Awaren beherrscht: Reiternomaden, der Schrecken der umliegenden Reiche. Um 800 vernichtete Karl der Große die Awaren. Die Sieger begannen sofort, die überlebenden Einwohner christlich zu missionieren – und endlich wieder Wein anzubauen.

907 schnappten sich die Ungarn die schöne Region, dennoch zogen mehr und mehr deutsche Siedler ins Land. Eine Friedenszeit, in der auch

der Wein gedieh. Mönche des Zisterzienserordens, aus Frankreich stammend, brachten der burgenländischen Weinwirtschaft zu Beginn des dreizehnten Jahrhunderts kraftvollen Aufschwung. Systematisch untersuchten sie den Boden, beobachteten Wetter und Klima. Sie bauten auch die ersten Entwässerungsanlagen, setzten neue Reben aus und erweiterten den Handel mit Wein. Ende des fünfzehnten Jahrhunderts dehnten die Habsburger – Weinfreunde! – ihre Herrschaft durch Raubkrieg auf das Burgenland aus. Sie verliehen den Weinen aus Rust, Joist und Neusiedl am See die königlichen Markenzeichen »R«, »J«, »N« – die Brandzeichen auf den Fässern waren die ersten kontrollierten Herkunftsbezeichnungen der Geschichte.

Gelegentlich ihres Vorstoßes nach Wien verwüsteten die Türken das nördliche Burgenland, und als es 1647 wieder ungarisch wurde, war die Gegend nahezu menschenleer. Die feudalen Grundherren sahen sich nach neuen Siedlern um und holten Tausende kroatische Familien ins Land. 1670 setzte eine zweite Einwanderungswelle ein: Die Österreicher begannen Juden auszuweisen, und die Vertriebenen fanden in den Besitzungen der Reichsfürsten Esterhazy im nördlichen und der Grafen Batthyany im südlichen Burgenland eine neue Bleibe. Und die Türken? Klar, die kamen 1683 wieder mal vorbei und zerstörten die Dörfer. Etwa zwei Jahrzehnte später verheerten Kriege zwischen aufständischen Nationalungarn (Kuruzen) und kaiserlichen Soldaten das Gebiet.

Zwischendurch aber erhob sich, stets von Neuem, der Weinbau, um kurz darauf im nächsten Krieg wieder unterzugehen.

Das Jahr 1868: Die Weinbauschule Klosterneuburg importierte Reben aus Amerika, um den Mehltau loszuwerden. Schlechte Idee, denn die Reblaus reiste mit. Dann kam der Erste Weltkrieg und verwüstete das Burgenland. Danach wurde die überwiegend deutschsprachige Region – gegen den Widerstand ungarischer Freischärler – zu Österreich geschlagen; zu jenem Zeitpunkt hatte sich der Weinbau von Läusen und Kriegen bereits wieder erholt. Doch 1938 tauchten Herrenmenschen auf, und seither gibt es kaum noch Juden im Land. Auch ein großer Teil der damals etwa siebentausend burgenländischen Roma fiel den deutschen Faschisten zum Opfer. Gegen Ende des Zweiten Weltkriegs wurde das Burgenland erneut zum Schlachtfeld. Dann dauerte es, wieder einmal, geraume Zeit, bis der Wein des Burgenlandes erneut zu blühen begann.

Es heißt, der Burgenländer habe keine nationale, sondern eine lokale Identität. Davon handelt die folgende Anekdote: 1921 trifft ein Offizier der ungarischen Freischärler einen Bauern. Der Soldat fragt ihn, ob er ein Deutscher sei. Oder ein Ungar? Oder ein Kroate? Der Bauer schüttelt jedes Mal den Kopf. Da fragt ihn der Offizier: »Ja, was bist du dann?« – darauf der Bauer: »I bin von do.«

WEIN UND KRIEG. Dann wieder Wein, dann wieder Krieg. Oder Bürgerkrieg. Ob an der Mosel oder im Piemont, in der Bourgogne oder im Bordelais, es ist immer die gleiche Geschichte. Aber der Wein, dieses Symbol des Genusses, ist buchstäblich nicht totzukriegen.

Am 29. Juni 1940 besetzten die Deutschen die Gegend um Bordeaux. In den Tagebüchern des britischen Weinhändlers und Schlossbesitzers Lawton heißt es: »Am 19. 7. 1940 haben die Deutschen den Keller von [Château] Barton besetzt, Flaschen im Wert von 300 000 Francs gestohlen und [Château] Langoa zerstört.« Château Haut-Brion wird in ein Armeelazarett verwandelt. Und danach? Der 1945-er und der 1947-er Jahrgang, unmittelbar nach dem Krieg also, brachten im Bordelais grandiose Weine hervor, wie zur Belohnung. Die besten von ihnen schmecken heute noch, vielleicht sogar besser denn je.

Weingenuss erinnert daran, wie beharrlich die Menschen nach Glück, Erfolg und Genuss streben –

Der Wein, dieses Symbol des Genusses, ist buchstäblich nicht totzukriegen.

zwischen all den Katastrophen der Geschichte. Der Wein, dieses jahrtausendealte Genussmittel, ist unbesiegbar.

Was wäre stärker als der Wille zu genießen?

Genuss ist die wirkungsvollste Art, für einen Moment die Vergänglichkeit zu unterbrechen. Und das, obwohl Genuss ebenfalls vernichtet: Wir können den Kuchen nicht essen und zugleich aufheben, und eine gerauchte Zigarre ist nur noch hässlich, dreckig, verspricht nichts mehr, muss weg. Der Blätterteig um das Taubenfilet zerbricht. Der Wein wird ausgetrunken. Und das gelesene Buch wird nie wieder ungelesen sein. Zwar scheint es Genüsse zu geben, die nicht vernichten – wir betrachten Bilder, hören Musik aus der Konserve, betrachten den Sonnenuntergang, gehen mit einem geliebten Menschen ins Bett. Unwiederbringlich ist jedoch die Situation, das Erleben selbst.

Selbst wer genießt, verliert etwas. Und gewinnt Verlorenes zurück. In dieser Doppelbewegung liegt ein tiefer Trost.

Nicht jeder Genuss tröstet und führt zurück zur Heiterkeit. Es gibt den zwanghaften Genießer, obwohl das ein Widerspruch in sich ist: kein Spaß, in diesem Widerspruch zu leben. Ein Getriebener wird auf seiner Suche nach Genuss nicht leicht, sondern schwer. Seine Welt erscheint nicht heller, sondern trüber. Er steigert sein Empfinden nicht, sondern er betäubt sich. Er genießt nicht, sondern frisst und säuft. Er mampft und pampft hinein, was nur geht, um das Loch zu stopfen, das in ihm klafft. Ins Alltagsleben kehrt er nicht erleichtert, sondern angstvoll zurück: Seine Flucht beginnt und endet mit der Angst.

Was treibt, was verfolgt den Genusssüchtigen? Ein Hirnforscher würde vielleicht Folgendes sagen: Das limbische System, ein evolutionsgeschichtlich älterer Teil unseres Gehirns, in dem die Emotionen entstehen, registriert einen Stimulus (zum Beispiel Hunger oder Trostbedürfnis) und sendet das Gefühl des Verlangens an den Kortex, wo das

Bewusstsein sitzt. Der Kortex wählt dem Begehren entsprechende Handlungen aus, und bei deren Ausführung werden Botschaften an das limbische System geschickt, das nun seinerseits zur Belohnung opiatähnliche Substanzen im Gehirn ausschüttet – und der Mensch empfindet Glück. So weit ist alles ganz normal, aber im Gehirn des Gezwungenen sind die Weichen falsch gestellt: Der Kortex wählt ungeeignete Handlungen aus – wir brauchen zum Beispiel Trost und bestellen Sahnetorte. Das limbische System belohnt den Tortenverzehr mit Opiaten, aber das Trostbedürfnis bleibt. Noch ein Stück, bitte!

Diese Interpretation verträgt sich mit der Ansicht der Psychoanalytiker, die in zwanghaften Handlungen die Reaktion auf falsch wahrgenommene Ängste oder Lüste sehen, deren wahre Natur dem Bewusstsein verborgen bleibt.

Ähnlich geht es auch dem, der mit dem Genuss der Langeweile entkommen will. Langeweile ist Leere, und die gibt's eigentlich gar nicht: Kein Leben ist leer. Gleichwohl wird Leere empfunden: wenn wir nicht wagen zu fühlen, was eigentlich in uns ist. Langeweile ist Selbsttäuschung, eine Verschiebung der Gefühle. Genuss aus Langeweile ist schal. Kaum ist er vorbei, stellt sich die Langeweile wieder ein.

Genuss kann heilen, aber nur den, der keine Angst vor Selbsterkenntnis hat. Der weiß, warum er genießt, was er genießt. Es ist schon paradox: Genuss hilft uns, zu vergessen, aber nur dann, wenn wir nicht versuchen zu vergessen. Genuss aktualisiert die Erinnerung, was Marcel Prousts Roman »Auf der Suche nach der verlorenen Zeit« eindringlich beschreibt; die berühmte Madeleine-Szene ist so oft von anderen geschildert worden, dass ich sie hier nicht noch einmal wiedergeben will. In seinem Buch »Les Chefs« lässt Karl-Heinz Götze stattdessen den französischen Meisterkoch Alain Chapel sprechen: »Die Küche muss etwas sein wie das Zitat einer Lust, eines verloren gegange-

Im Koran findet sich an einer Stelle der Satz: Jeder erleidet immer Verlust.

nen Geschmacks, ein anspruchsvoller Versuch, eine Erinnerung aufzufangen und auf der Bühne unseres Vorstellungsvermögens spielen zu lassen.«

Wer lebt, mit allen Sinnen, der verbraucht sich im Genuss, zerstört sich selbst. Doch er mobilisiert zugleich regenerierende Kräfte. Dieses Gleichgewicht ist labil. Es kippt leicht. Und die abschüssige Bahn ist eingeschlagen, wenn das Verbrennen im Genuss, die Selbstzerstörung, selbst der Genuss ist. In der Selbstzerstörung kann etwas Erhabenes liegen; William S. Burroughs beschreibt es in seinem Roman »Junkie«. Selbstzerstörung ist nicht der Freitod, der allem ein Ende setzt, sondern eine »Teilnahme am schwarzen Kult«, wie der griechische (zeitgenössische) Philosoph Kostis Papajorgis schreibt: »abzufallen von jedem Rettungsversprechen, fallen, weil wir fallen wollen«. Die Wahrheit, die der selbstzerstörerische Genuss lebt, ist unabweislich: Gleichgewicht und Glück sind vorübergehend, Verfall und Verlust dagegen dauerhaft und unaufhaltsam. Es sind nicht die Unempfindlichsten und nicht die Schlechtesten, die den Lauf der Welt durch selbstzerstörerischen Genuss angemessen und bewusst begleiten wollen.

Im Koran findet sich an einer Stelle der Satz: Jeder erleidet immer Verlust. Es hilft, über diesen Satz nachzudenken. Er weist uns einen Weg zum Geheimnis des Genießens. Der Genuss wird tief, wenn er im Bewusstsein des Verlustes, mehr noch: des Abgründigen erlebt wird.

Dieser Genuss, der als Trost beginnen mag, leitet zur Heiterkeit.

Der heitere Zustand darf nicht verwechselt werden mit dem leichenstarren Frohsinn der Spaßkultur oder mit dem »Zustand ungefährdeten Behagens«, den Nietzsche so verachtete, auch nicht mit der teilnahmslosen Gelassenheit des Ewiglächelnden, nein, Heiterkeit ist die Bejahung des Schicksals mit allem Leid und aller Freude.

Genuss kann lustig sein. Genuss kann melancholisch sein.

In der Selbstzerstörung kann etwas Erhabenes liegen.

Genuss hat etwas Erhabenes, Rettendes, wenn er uns erst tröstet – und dann ein Lächeln auf das Gesicht zaubert.

Dann geht es uns auf einmal wie in dem japanischen Haikuvers des Dichters Shiki (1867–1912):

»Vom Regenschauer
Im Laubfroschantlitz schließlich
Nichts als drei Tropfen.«

Das Finale

Das Menü geht zu Ende. Für mich bitte **SALZBURGER NOCKERLN**: süßer, delikater Eierschaum mit leicht gebräunter Außenfläche, zu dem eine Beerenauslese passt. Besonders die von Stiegelmar aus dem Burgenland. Oft bestelle ich einfach nur diesen Süßwein als Dessert, ohne Nockerln.

SÜSSWEINE haben es nicht leicht, denn es gibt so viel mieses Zeug. Doch gute Beerenauslesen, Trockenbeerenauslesen und Eisweine können ein hinreißendes Wechselspiel von Säure und Süße, von Rosine und Nuss, von Petrol und Karamel, von Kakao und Mango, ach von so vielen Aromen bieten, dass niemand mehr an zuckrige Klebe denkt. Einige weitere Winzer seien hier namentlich genannt: Willi Bründlmayer aus dem Kamptal und Alois Kracher aus dem Burgenland, Robert Weil aus dem Rheingau, Bernd Philippi vom Weingut Koehler-Ruprecht aus der Pfalz, Karl Johner aus Baden, Egon Müller von der Mosel – es gibt noch etliche mehr. Der ungarische Tokajer, der meist als pappige Plörre zu uns kommt, kann wundervoll sein (das Optimum ist die Qualitätsstufe »Eszencia«). Und dann gibt es noch Eiswein aus Kanada. Wieso auch nicht? In der Niagara-Region hat der Wein eine kurze, aber warme und sonnige Vegetationsperiode – und danach garantiert Frost. Ich bin durch diese Gegend

»Nur zu Zeiten erträgt göttliche Fülle der Mensch.«
Friedrich Hölderlin

gereist, und während mich die meisten Weine wenig angesprochen haben, beeindruckte mich der Eiswein aus einem kleinen, wahrhaft bäuerlich-handwerklichen Gut namens Lakeview dann doch. Sauternes nicht zu vergessen, der große Süßwein aus der Gegend von Bordeaux. Aber über ihn ist schon so viel geschrieben worden, dass ich hier nichts nachtragen will. Höchstens noch dieses: Man achte auf die Jahrgänge; Sauternes kann sehr unterschiedlich ausfallen (meiden Sie zum Beispiel 1984, 1987 und 1993, auch wenn sie noch so billig sind).

Ein Stück Käse? Nein, nichts mehr essen?

Dann folgt der Digestif, vulgo: Schnaps.

Bei mir gibt's keinen Cognac. Gewiss, ich kenne auch gute, ziehe aber einen **OBSTBRAND** stets vor. Er ist die Essenz der Frucht. Pflaumensaft zum Beispiel schmeckt nach Pflaume, aber Pflaumenbrand schmeckt nach der Seele der Pflaume.

Als Schuljunge habe ich meinen Chemiebaukasten einmal dazu benutzt, aus Rotwein den Alkohol herauszudestillieren – es schmeckte vorzüglich, fand ich damals, und ich glaubte auch, das Wesentliche des Weins im Reagenzglas zu haben, was natürlich Unsinn war. Ein Freund von mir, Friedemann mit Vornamen, fand meine enthusiastischen Erzählungen so großartig, dass er sich mit einem Experiment zur Destillation von Alkohol aus Spiritus hervortun wollte, was leider in einem ekelhaften Unfall endete.

Schnaps ist mehr als bloß destillierter Alkohol.

Schnaps ist mehr als bloß destillierter Alkohol. Er lässt die Aromen des Ursprungsmaterials konzentriert hervortreten, und es kommen gegebenenfalls weitere hinzu – aus dem Holzfass oder aus Beimengungen. Hier sind bei gleichem Ausgangsmaterial viele, viele Geschmacksvarianten möglich – vergleichen Sie nur einmal verschienene Obstbrände oder Grappe miteinander. Und finden Sie Ihre Vorlieben heraus: strenge Vogelbeere, duftige Pflaume, betörende Birne, krachige Kirsche, schmeichelnde Marille? Meine Lieblingshersteller heißen Gölles und Pfau. Beide kommen aus Österreich.

Anders die **WHISKYS** – eine Welt für sich. Sie schmecken die Landschaft, den Torf oder die See und beides beim grandiosen Talisker. Er kommt von der Isle of Skye, einer schottischen Insel, die vieles zu bieten hat (unter anderem die gleißendsten Regenbögen der Welt). Wenn der Whiskykenner »Skye« hört, sagt er wie ein Pawlowscher Hund »Talisker«. Empfehlenswert ist der Besuch der Distillery und insbesondere der Blick in deren Gärtank, in dem die gelbe Brühe blubbert. »It's alive«, meinte ein Besucher.

Der Torfgeschmack hat zwei Ursachen: Die gewässerte und gekeimte Gerste wird über Torffeuer getrocknet. Danach wird sie gemahlen und sodann mit heißem Wasser zu Brei gerührt – und dieses Wasser ist seinerseits torfgeschwängert: Es gibt Stellen auf Skye, wo es braun aus dem Wasserhahn rinnt, denn Skye hat viel, viel Torf.

Wenn Sie's noch torfiger mögen, bestellen Sie mal Lagavulin. Besonders lecker sind auch die Folgenden: Highland Park (von den Orkney Islands: Sirupduft, substratreich), Cragganmore (würzig, mit Süße), Knockando (rauchig), Oban (fruchtig, erinnert an Quellwasser), Balvenie (blumig, leicht).

Meine Frau sammelt **RUMSORTEN**, vorzugsweise aus der Karibik, zu Dutzenden. Es macht Spaß, die Rumfabriken zu besuchen (auf Kuba werden sie besser bewacht als die geheimen Waffenfabriken Saddam Husseins), aber am schönsten ist das Vergleichstrinken, möglichst mit einer Karte, auf der die Ursprungsländer verzeichnet sind, mit passender Musik aus der Karibik und mit karibischem Essen (einfach, scharf, aromatisch, frucht-, fett- und stärkebetont). Karibischer Rum ist ein starkes Symbol. Man schmeckt die Inseln, verleibt sie sich ein. Lässt sie lebendig werden, auch wenn sie weit weg sind. Ich hatte einmal gehört, dass der großartige Cavalier Rum aus Antigua auch in

Man schmeckt die Inseln, verleibt sie sich ein.

London erhältlich ist, unter dem Namen British Harbour. Als ich dann später in London war, telefonierte ich mich durch die Spirituosen-Szene der Stadt, um zu erfahren, dass: ja, wahrhaftig, am äußersten Ostende der Stadt gibt es einen Markt und auch eine Marktkneipe, und dort verkaufen sie das Zeug. Nichts wie hin. Es erwarteten mich ein karibischer Markt, auf dem alles von den Inseln angeboten wurde – grünes Callaloo-Gemüse, Jamswurzeln und Brotfrucht und die Ackee-Frucht, die wie Rührei schmeckt –, und eine Kneipe mit lautem Reggae, wo der gesuchte Rum tatsächlich vorrätig war. Mitten in einer westindischen Welt im Osten Londons. Sie wird lebendig, sobald ich einen Schluck von dem goldbraunen Getränk genieße.

Rum gilt hierzulande immer noch als **BILLIG-FUSEL**. Das hat durchaus Gründe – man braucht mit dem so genannten Jamaika-Rum-Verschnitt aus Norddeutschland nur zu backen, und schon riecht und schmeckt alles nach Fabrikhof. Friedrich Engels ist diesem Problem einmal nachgegangen; er kam zu dem Ergebnis, dass Hamburger Kaufleute »ein Fass wirklich feinen Jamaikarum, drei bis vier Fässer wohlfeilen schlechten Berbicerum [Rum aus Guayana] und zwei bis drei Fässer preußischen Kartoffelsprit« miteinander verschnitten. Die Hanseaten benutzten die Mixtur, mit der sich die preußischen Junker in den ersten Jahrzehnten des neunzehnten Jahrhunderts sozusagen über Wasser hielten, auch dazu, französische Weine zu fälschen; bald taten es ihnen die Weinhändler in Bordeaux nach, was Engels, den Bordeaux-Liebhaber (für ihn war der Château Margaux 1848 »die vollkommene Vorstellung vom Glück«), besonders erboste. »Bordeaux wurde mehr und mehr der Hauptplatz für die Fälschung französischer, spanischer und italienischer Weine, die dort in ‚feinen Bordeaux‘ umgewandelt wurden« – mit preußischem Sprit. Der Fusel wurde zum Weltmarktartikel. Friedrich En-

gels ging so weit, zu behaupten: »Die Brennerei zeigt sich jetzt als die eigentliche materielle Grundlage des gegenwärtigen Preußens«, woraus er den Schluss zog: »Mit dem Sturz der Branntweinbrennerei stürzt der preußische Militarismus.«
Daraus wurde leider nichts.
Jetzt brauchen wir einen Espresso. Zigarre gefällig? Wer Zigarren mag, kann mit ihnen **DIE STUFE DES KONTEMPLATIVEN GENUSSES** erreichen.
Dunkelbraun liegt sie da. Grüne Farbnuancen, matter Glanz. In gewissen Romanen repräsentieren Zigarren **DIE IDEE DES KOSTBAREN**, etwa im »Zauberberg« Thomas Manns oder in Robert Louis Stevensons »Selbstmörderklub«.

Braune Finger und Arme und Beine wie Zigarren.

Legen wir nun alles fein zurecht. Zigarrenabschneider, Streichhölzer, Holzspan, Aschenbecher, Rum oder Portwein oder ein Espresso, ein Stück schwarze Schokolade. Passen solche Genussmittel vielleicht nur wegen ihrer Farbe zur Zigarre? **WAHLVERWANDTSCHAFTEN DER SINNE.** Oft führen sie zu gelungenen Kombinationen. Zigarrenkisten zum Beispiel sind zwingend aus Zedernholz, das optisch, haptisch und olfaktorisch zum Tabak gehört, als wäre es sein Zwilling.
Jetzt anzünden. Es wird viel Gewese um die Art des Anzündens gemacht. Sagen wir's mal so: Erstens steigern Sorgfalt und Zeremonie die Vorfreude. Und zweitens gibt es Methoden, Zigarren so anzuzünden, dass sie ein paar Züge lang eklig schmecken. Dabei handelt es sich um jene Verfahren, die hohe Flammen schlagen lassen oder unglaubliche Massen Rauch produzieren. Nein, die Zigarre ist eine Freundin: Wir entzünden sie langsam und drehen sie dabei. Am besten, ohne gleich daran zu saugen.
Sobald sich ein Ring feiner Asche gebildet hat, ziehen wir zum ersten Mal – so sanft! Der Rauch steigt auf. Duft, der entsteht und vergeht, sich zu freundlichen Geistern formt. Der Blick folgt ihm, und unwillkürlich stellen sich Bilder im Kopf ein. Der Moment in Havanna, im Patio des Hotels

Inglaterra: Kolonialstil, Intarsien, Gespräche im Flüsterton. Irritierend der Luftzug; er zerrt am Rauch der Small Club Corona von Ramon Allones, der tatsächlich kleinen, aber erdigen und starken Dunklen. Ich blicke mich um. Braune Finger und Arme und Beine wie Zigarren; es ist heiß, ich bin träge. Das Omni padme hum der Klimaanlage und der Rum in meinem Blut lassen mich in ein Dösen gleiten, das den Gedanken keinen Zutritt mehr gewährt, mich aber alle Details umso schärfer wahrnehmen lässt: blitzende Zähne hier, ein Silberknauf am Krückstock dort.

Die Small Club Corona schmeckt jetzt nach Minze. Komisch, oder? Genuss verfremdet alles. Ein Pinot Noir kann nach Papaya, eine Papaya nach Kaffee, ein Kaffee nach Schokolade, Schokolade nach Zigarre schmecken. Minztöne gibt es auch im Bordeaux, Buttertöne im Meursault, Buttermilchtöne im Rioja.

Zeit für kleine Experimente: **WAS PASST ZUR ZIGARRE?** Schick geworden sind Zigarren plus Rotwein. Nur leider, in Anwesenheit einer Zigarre legt sich jeder Wein flach, was nur bei einfachen Rotweinen nicht weiter auffällt und daher wenig stört. Gottlob aber gibt es die Cuvée Rubis demi-sec, hergestellt von der Firma Bouvet, ein roter Schaumwein mit süßen Fruchtaromen, der einer ausreichend dicken und deshalb nicht zu scharfen Zigarre ein groß geblümtes Kleid anzieht, das den Raucher sanft stimmt. Einen Champagner indes, zu dem Zigarren passen, kenne ich nicht. Zusendungen sind willkommen.

Noch einen **DIGESTIF**, der zur Zigarre passt? Malt Whisky? Oder Rum. Sagen manche. Ich zum Beispiel. Große Streitfrage, das. Die Sätze werden kürzer. Rauchen. Bisschen was sagen. Rauchen. »Man kann im Sprechen innehalten, und doch sind die Pausen des Verstummens nie unangenehm, sind sie doch durch das Ausstoßen der Rauchwölkchen gefüllt – so hat das Wiederanknüpfen des Gespräches nichts Peinliches, es entsteht kein

Eindruck von Effekthascherei«: William Thacke-
ray (1811–1863).

Es ist eine Kunst, die Zigarre im richtigen Moment
zu beenden – um danach das Gefühl des ausge-
füllten Mundes und der leichten Betäubung aller
Geschmacksnerven zu genießen, unterstützt von
leichter Blümeranz, eventuell verstärkt von Rum
und Kaffee; die Körpersäfte verteilen sich neu. In
diesem Moment empfinden wir nicht weniger,
sondern anders. Wie nach dem Genuss von Chili.
Wir legen die ausgerauchte Zigarre in den Aschenbecher (nicht ausdrücken!, sonst fängt sie erst recht
an, den Raum mit Rauch zu füllen) und sehnen uns
nach einer Erfrischung.

Sie dürfen raten, nach welcher.

Richtig! **EIN LETZTES GLAS CHAMPAGNER.** Hinterher, nach allem, was gewesen ist: nach dem Menü,
ja sogar nach Espresso und Digestif und Zigarre,
da darf es noch einmal Champagner sein. Im Restaurant zum Beispiel, nachdem auch der Küchenchef das meiste getan hat und an der Bar ausruht.
Mit ihm ein bisschen reden, über dies und das.
Wir wollen jetzt nicht gehen. Wir halten die Zeit
auf. Wir blicken zurück auf das Menü und erkennen
DIE ZEHN GOLDENEN REGELN DES GENIESSENS:

1. Übe dich im Genuss.
2. Gib dich hin, und du wirst beschenkt.
3. Lasse alle Sinne frei.
4. Spiele mit dem Maß.
5. Finde den Rhythmus.
6. Verbrauche die Zeit, und sie bleibt stehen.
7. Inszeniere die Gemeinschaft, fühle dein Ich.
8. Gehe liebevoll mit Menschen und Dingen um.
9. Fürchte dich nicht vor der Lust.
10. Werde ein Kunstwerk.

Mögen Sie Sonnenauf- und -untergänge? Es gibt
Weltgegenden, wo man immer und immer wieder
hinschauen muss, wie die Sonne im Meer ver-
sinkt, bis man Glück hat und das plötzliche grüne

Aufleuchten des Sonnenlichts sieht, ein optischer Effekt, der bei bestimmten Dunst- und Temperaturverhältnissen entsteht. Ich erinnere mich an einen Sonnenaufgang, den ich in einem Hotel in Chicago genossen habe: im soundsovielten Stock eines Hotels, das große Fenster zum Lake Michigan hin; es war eines jener Jahre, in denen der Schmutz des philippinischen Vulkans Pinatubo in den Himmeln schwebte und allerliebste Sonnenoptik hervorrief. Die Sonne, die da orangerot aus der grauen Wasserfläche auftauchte, sah erst aus wie eine Linse, dann wie ein Hut, und allmählich überzog sich die betonfarbene Welt mit Pastelltönen. An dieses Erlebnis denke ich, wenn ich Sonnenuntergänge in unserer Dachgeschosswohnung in Hamburg betrachte: Deren auffälligstes Charakteristikum sind die pastellrosa Wolken. Eines Abends, es war auf der nordfriesischen Halbinsel Eiderstedt, die flach wie eine Spanplatte ist, setzte ich mich vors Haus, in Decken eingemummelt, und wartete auf die Dunkelheit. Je weniger ich sah, desto mehr hörte ich: die Kühe, ferne Autos, irgendwo ein Pferd. Als ich wieder aufwachte, begann es gerade, hell zu werden. Die Geräusche nahmen zu, doch dann kamen die Farben, und ich sah wieder mehr, als ich hörte.

Das Kommen und Gehen der Nacht, wenn wir über den Ozean fliegen. Oder wenn wir im Schlafsack am Strand übernachten. Oder wenn wir eine Liebesnacht feiern. Oder wenn wir eine Nacht durcharbeiten. Eine durchwachte Nacht gibt dem Morgen eine seltsame Farbe, seltsam deshalb, weil unser Morgen dann so anders ist als der aller anderen Menschen.

Alles das können wir genießen, und umso besser, je mehr wir ausprobiert haben. Wie beim Sport: Wer übt, leistet nicht nur mehr, er geniesst auch intensiver.

Das Gehirn, die Genussmaschine, will trainiert werden. Deshalb also die Regel eins: Übe dich im Genuss.

Regel eins: Übe dich im Genuss.

Gib dich hin, und du wirst beschenkt, lockt die zweite Regel: Für einige Genüsse ist sie offenkundig, für die erotischen zuallererst. Für die Kunst des Gastgebens gilt sie ebenso. Die Gäste müssen nicht wissen, wie viel Zeit, Geld, Mühe in den Abend investiert wurde, aber wenn sie spüren, dass das Mahl mit Liebe und Hingabe bereitet wurde, dann sind auch sie zur Liebe und Hingabe bereit, und die Gespräche werden schön und tief, heiter und frei.

Genuss löst die Reserven, die wir in uns behalten haben, verwandelt sie in Kräfte, die uns steigen lassen.

Regel Nummer drei: Alles, was fühlen kann, aus seiner Reserve locken im Genuss.

Legen wir uns auf die Wiese, fühlen wir sie, riechen, betasten, hören, schmecken wir sie. Und wir bekommen etwas zurück. Ameisenbisse vielleicht. Oder das Wiesen-Erlebnis. Aber dazu müssen wir alle Sinne frei lassen – Regel Nummer drei: Alles, was fühlen kann, aus seiner Reserve locken im Genuss. Den Wein ansehen, die Liebe schmecken, das Essen betasten, die Landschaft anhören, das Buch riechen. Alle Sinne umherschweifen lassen. Auf Reisen mache ich normalerweise keine Fotos, aber ich hätte Tonbandaufnahmen machen sollen – jeder Ort klingt anders. Jeder Boden fühlt sich anders an. Jedes Klima schmeckt anders. Zigarren schmecken in tropischen Ländern besser.

Alle Sinne freilassen, wie beim Tanz, wo wir die Innensinne, den Gleichgewichtssinn eingeschlossen, das Hören und Sehen, das Tasten auf jeden Fall und bei Bedarf auch die beiden übrigen Sinne einsetzen. Musiker, Schlagzeuger zumal, aber auch gewisse Maler empfinden ihr Tun manchmal als Tanz.

Schlagzeuger spielen mit dem Maß. Sie dürfen nicht zu laut oder zu leise spielen, aber ganz leise und ganz laut, das gehört dennoch zu ihrem Repertoire. Wenn sich ein Schlagzeuger einen Ausbruch leistet: Was ist das? Kontrollierte Emotion? Kalkulierte Eruption? Mit dem Maß spielen, das heißt: es gelegentlich überschreiten, um erfreut zurückzufinden. Oder: es einzuhalten, um den Moment der Überschreitung vorzubereiten. Man sagt: Takt bedeutet zu wissen, wie weit man zu weit gehen darf. Rekursive Gebrauchsanweisung für lustvolles Spielen.

Das Maß, von dem die edlen Griechen träumten, ist eine anrührende Utopie. Wir müssen sie auch gar nicht aufgeben, dürfen aber ein wenig freier spielen: Maß ist eine schwimmende Kategorie, elastisch, und wir erhalten sie uns lebendig und wirksam, indem wir sie immer wieder heftig beanspruchen. Dafür gibt es geeignete und ungeeignete Zeitpunkte, die jeder selbst finden muss: Finde den Rhythmus, Regel Nummer fünf. Sie ist sehr alt. Prediger 3,1: »Ein jegliches hat seine Zeit, und alles Vorhaben unter dem Himmel hat seine Stunde« – und es folgen die Beispiele: »weinen hat seine Zeit, lachen hat seine Zeit; klagen hat seine Zeit, tanzen hat seine Zeit; Steine wegwerfen hat seine Zeit, Steine sammeln hat seine Zeit; herzen hat seine Zeit, aufhören zu herzen hat seine Zeit; suchen hat seine Zeit, verlieren hat seine Zeit«, und dann kommen die denkwürdigen Sätze 10 bis 13: »Ich sah die Arbeit, die Gott den Menschen gegeben hat, dass sie sich damit plagen. Er hat alles schön gemacht zu seiner Zeit, auch hat er die Ewigkeit in ihr Herz gelegt; nur dass der Mensch nicht ergründen kann das Werk, das Gott tut, weder Anfang noch Ende. Da merkte ich, dass es nichts Besseres dabei gibt, als fröhlich sein und sich gütlich tun in seinem Leben. Denn ein Mensch, der da isst und trinkt und hat guten Mut bei all seinem Mühen, das ist eine Gabe Gottes« – das hätte, in anderen Worten, auch Horaz schreiben können.

Wissend, dass wir endlich sind, können wir der Zeit eben doch für Momente entkommen: Verbrauche die Zeit, und sie bleibt stehen, Regel Nummer sechs.

Siebte Regel: Inszeniere die Gemeinschaft, fühle dein Ich. Denken trennt, Genießen verbindet. Ein Ich bin ich nur, weil es die Anderen gibt – dafür

Finde den Rhythmus, Regel Nummer fünf.

will ich sie belohnen: Ich stoße mit ihnen an. Und trinke den Wein selbst.

Eine der sympathischsten Reformen, die der Protestantismus mit sich brachte, war die neue Trinkregel des Abendmahls: Alle Gemeindemitglieder bekommen einen Schluck ab. Sie vereinigen sich mit Christus und mit den anderen Gläubigen, gerade indem sie den Wein in ihr privates Inneres hineingießen. In einem italienischen Bergdorf bin ich einmal als kleiner Junge zum Messdiener rekrutiert worden. Ich hatte keine Ahnung von den katholischen Riten, wurde aber von einem örtlichen Bub zu allen nötigen Handlungen rechtzeitig angewiesen (als da wären: bimmeln, aufstehen, niederknien, noch mal bimmeln und so weiter), aber richtig empört war ich, als ich mitbekam, dass der Priester den Wein allen Leuten zeigte, aber ihn nur selbst trank. Das Publikum bekam stattdessen bloß eine Oblate pro Person. Ich bekam keine, obwohl ich damals Oblaten interessant fand, weil sie so komisch am Gaumen kleben. Es war überhaupt ein toller Urlaub. Wir hatten Unterkunft bei einem Ausbilder und Liebhaber von Opernsängerinnen gefunden, dessen Köchin mich in ihr großes Herz geschlossen hatte (zumindest hatte ich Gründe für die Annahme, dass ihr Herz ganz schön groß sein musste). Sie ließ mich, der ich keine Ahnung von guter Küche hatte, verschiedene Olivenöle kosten, und ich war auch ganz erstaunt, wie liebevoll sie mit ihren Vorräten und Zutaten und auch mit mir umging – sie kannte wohl die Regel Nummer acht: Gehe liebevoll mit Menschen und Dingen um. Genuss ist Liebe.

Regel Nummer acht: Gehe liebevoll mit Menschen und Dingen um.

Fürchte dich nicht davor. Wirf die Kalorientabelle weg. Denke nicht ans Einkommen, nicht an den morgigen Tag. Verlängere das Jetzt. Morgen existiert nicht. Jetzt nicht. Erst morgen.

Genuss ist widersprüchlich. Der Genießer gewinnt, indem er sich verausgabt. Er vollzieht mit seinen Sinnen die Einheit mit der Welt, doch indem er den Genuss empfindet, ist er ganz auf sich allein zurückgeworfen: Niemand anderes kann für ihn genießen. Im Genuss versöhnt er sich mit der Welt – und schafft für einen Moment eine Gegenwelt des Lustprinzips. Er fügt sich, genießend, in eine soziale Ordnung, eine Welt der kulturellen Zeichen, doch er verbraucht sie, und zum Schluss bleibt Unordnung auf dem Tisch oder im Bett oder in der Seele, die aufgewühlt ist vom Genuss und noch weiter vibriert, wenn alles vorbei ist.

Wer den Genuss steigern will, geht umsichtig vor.

FINESSE BRAUCHT VERNUNFT. Aber der Genuss selbst ist dann gar nicht mehr vernünftig, er ist ein Schwelgen, Schwellen, Schmelzen.

Erst Zurückhaltung und dann: einkacheln, spachteln, tafeln.

Die Sinneseindrücke und die sie begleitenden – oder auslösenden – Fantasien kommen in Kaskaden. Ein Rhythmus entsteht. Erst Zurückhaltung und dann: einkacheln, spachteln, tafeln. Hinauszögern und es dann mit Macht krachen lassen. Äußerste Delikatesse und urplötzlich die ungehemmte Lust. Der Genuss sättigt das Verlangen. Und er nährt die Erinnerung an die Lust, lässt also das Verlangen umso stärker wiederkehren: Genuss endet, um neuen Genuss vorzubereiten.

Genuss ist zyklisch. Er steht im Widerspruch zum Zeitpfeil. Alle Lust will Ewigkeit, heisst es bei Nietzsche. Das ewige Leben im Genuss. Das Paradies. Kein Wunder, dass der Wein seit der Antike als Interface der Alltagswelt und des Heiligen gilt. Doch es eignen sich auch andere Genüsse dazu. Achten wir auf die Sprache: Schmeckt die Erdbeere nicht himmlisch, der Pfirsich göttlich, das Birnenparfait überirdisch? Es gibt Rieslinge, die sind einfach anbetungswürdig. Chili dagegen ist höllisch scharf, und die klassische Sauce aus gehackten Schalotten und Pfefferkörnern in Weißwein und Estragonsauce, verkocht mit Demiglace und dann passiert, sie heißt: Sauce Diable. Genießend erstrecken wir uns zwischen Himmel, Erde und Hölle. Wir schwärmen für den Süßwein und rufen aus: »Ambrosia«; wir zerschneiden mit den Esswaffen das getötete Tier; wir werden übermütig und wagen riskante Anspielungen, die Zunge ist gelöst und die Stimmung auch, wir spielen mit dem Profanen ein heiliges Spiel.

Genuss ist der reine Widerspruch. Ihn zu steigern bedeutet, alle diese Widersprüche zu leben, sie zu verkörpern, ein Kunstwerk zu werden – Regel Nummer zehn.

Da stehen wir nun an der Bar, wir Kunstwerke.

Nehmen wir doch noch ein Glas. Heute gehört die Welt uns. Wir werden leicht. Wir könnten übers Wasser gehen wie, sagen wir mal: wie ein Zwergleguan.

Die Basilisken, kleine mittelamerikanische Leguane, laufen, wenn's besonders pressiert, in aufrechter Haltung mit den Hinterbeinen übers Wasser. Biologen von der Harvard University in Cambridge (US-Staat Massachusetts) haben den Trick mit einer Hochgeschwindigkeitskamera herausgefunden: Bei jedem Schritt hat ein Fuß nur rund eine Zehntelsekunde lang Kontakt mit dem Wasser. Gemessen an diesem schnellen Vorgang verhält sich das Wasser geradezu träge, wegen seiner inneren Reibung (Viskosität, Sie erinnern sich). Der Miniaturleguan setzt einen Fuß auf und tritt ihn so schnell nach hinten weg, dass sich vor ihm eine luftgefüllte Grube im Wasserpudding bildet, die kurzzeitig fortbesteht – im Moment ihres Zusammenbruchs hat der Leguan den Fuß bereits wieder hochgezogen und mit dem anderen Bein den nächsten Schritt eingeleitet. Auf diese Weise können die Basilisken mehrere hundert Meter Wasserfläche überqueren – mit einer Geschwindigkeit bis zu zwölf Kilometern pro Stunde.

Da stehen wir nun an der Bar, wir Kunstwerke.

Der Name Basilisk kommt aus dem Griechischen und bedeutet so viel wie »kleiner König«. Der Trick mit dem Wasser gelingt ihm, weil er so leicht ist (neunzig Gramm).

Heute sind wir die Könige, und wir fühlen uns leicht. Der Genuss verleiht uns Fröhlichkeit; und wenn auch gute Laune gewiss nicht die Lösung aller Probleme ist, so erleichtert sie doch erstens das Ersinnen von Lösungen und ist zweitens geeignet, so viele Miesepeter zu ärgern, dass sie sich schon allein deswegen lohnt.

DIE WELT IST UNSER KÖNIGREICH. Wir eignen sie uns an, indem wir sie genießen. Die Dinge werden unsere Dinge. Wir lösen den Widerspruch zwischen Mensch und Ding.

Dass gerade die Genussdinge kulturelle Zeichen sind, haben wir in diesem Buch immer wieder festgestellt. Das Schöne an ihnen: Es sind kulturelle Zeichen, die wir uns mit sinnlicher Freude einverleiben (und sei es nur, indem wir sie ansehen oder anhören). Geschmack hat eine genetische Basis, aber sein Überbau ist nun einmal kulturell: »Dinge gefallen uns deshalb, weil wir gelernt haben, dass sie so sein müssen, wie sie sind«, schrieb der Sozialphilosoph Thorstein Veblen.

Wir sind traurig, wenn diese Einheit von Sein und Sollen zerbricht. Gioacchino Rossini, heißt es, hat zweimal in seinem Leben geweint. Einmal, als sein »Barbier von Sevilla« bei der Premiere durchfiel. Und ein anderes Mal, als ihm bei einer Bootspartie ein getrüffelter Truthahn ins Wasser fiel. Rossini, ein König der Oper zwar, doch eher füllig, konnte leider nicht übers Wasser laufen.

Der »Barbier« wurde später ein Riesenerfolg. Aber der Truthahn, der war unwiederbringlich verloren. Der Koran hat Recht: Jeder erleidet immer Verlust.

Grund genug, noch einen letzten Champagner zu trinken. Als Aperitif, im weitesten Sinne: Wer genießt, bereitet kommende Genüsse vor.

Glossar

ADMIRALSBÄLLCHEN Taubeneigroße Klopse aus Rindertatar, in Butter geschwenkt und innen noch roh. Stets zwei pro Admiral.

ANABAPTISTEN Anderer Name für Wiedertäufer: eine christliche Reformbewegung des sechzehnten Jahrhunderts, die für die Trennung von Kirche und Staat eintrat. Die Vertreter von Kirche und Staat kamen zu dem Schluss, dass es sich um eine Irrlehre handeln müsse, und verfolgten die Wiedertäufer mit besonderer Grausamkeit.

APERITIF Das Getränk, das am Anfang des Menüs steht – noch vor der Vorspeise.

AUSLESE Wein von besonders reifen Trauben.

BACCHANTISCH Auf den Festen, die dem antiken Gott Bacchus (Dionysos) gewidmet waren, ging es in jeder Hinsicht freizügig zu – bacchantisch eben.

BASMATI-REIS Langkornreis aus Südasien, duftend und allein für sich ein Genuss.

BEAUJOLAIS Hübsche Gegend in Frankreich. Die Qualität ihrer Weine (rot, aus der Gamay-Traube) ist umstritten. Ich mag sie, insbesondere die »Beaujolais Cru«: Brouilly, Chénas, Chiroubles, Cote de Brouilly, Fleurie (mein liebster), Juliénas,

Morgon, Moulin-à-Vent, Regnié, Saint-Amour –
alles Weine übrigens, auf deren Etikett Sie das
Wort »Beaujolais« vergeblich suchen. Ulkig, was?

BEERENAUSLESE Süßer Wein aus vollreifen, durch
Befall mit so genannter Edelfäule schon rosinenartig konzentrierten Beeren; siehe Trockenbeerenauslese.

BODEGA Spanisches Weingut.

BORDELAIS Die Weinregion um Bordeaux.

BOUQUET Die Düfte des Weines ergänzen einander wie die Blumen zu einem Blumenstrauß:
dem Bouquet. Der deutsche Mann sagt Bukett
dazu (und trinkt Konjack).

BRASSERIE Speiselokal in Frankreich, von einfach
bis edel, aber stets unkompliziert.

BRESSE Landschaft in Frankreich, berühmt für
ihre leckeren Hühner und Tauben.

CABERNET SAUVIGNON Traubensorte für Rotwein;
weltweit angebaut.

CAJUN Bezeichnung für eine Population und ihre
Kultur: Franzosen, die nach Amerika auswanderten
und nach einigem Hin und Her in Louisiana
landeten. Man sagt, ein Cajun isst alles, was ihn
nicht gegessen hat. Alligator zum Beispiel.

CHARDONNAY Rebsorte für Weißwein, wird
weltweit angebaut.

CHASSELAS Traubensorte für Weißwein; sehr
lecker in der Schweiz. Heißt bei uns »Gutedel«,
was meist arg übertrieben ist.

CHÉNAS Siehe Beaujolais.

CHOUCROUTE Sauerkraut, das französisch spricht.

CHEVAL BLANC Im Text ist Château Cheval Blanc gemeint, einer der berühmtesten Weine des Bordelais.

CONSOMMÉ Konzentrierte klare Brühe.

CROUTONS In Butter geröstete Weißbrotwürfel.

CRU Ein französischer Ausdruck zur Klassifizierung von Weinen, der je nach Weinbaugebiet alles Mögliche heißen kann. Häufig ist damit gemeint, dass der Wein aus einer ausgezeichneten Lage oder von einem besonders guten Château stammt.

CUVÉE Mischung aus mehreren Weinen.

DEKANTIEREN Den Wein aus der Flasche in die Karaffe umfüllen.

DEMIGLACE Eingekochte braune Grundsauce (die wiederum aus Fond und weiteren Zutaten zubereitet wurde).

EISWEIN Frost entzieht den Beeren Wasser, wodurch sich der Most auf natürliche Weise konzentriert. Wenn die Beeren dann auch noch vollreif und gesund sind: lesen, gären lassen und für viel Geld verkaufen! Sehr lecker.

EPIDEMIOLOGIE Statistische Krankheitsforschung.

FETTAMMERN Kleine Vögel, die man aus Artenschutzgründen nicht essen darf, siehe Trappen.

FISCHMILCHE Samenflüssigkeit der männlichen geschlechtsreifen Fische; wird zusammen mit der Drüse angeboten.

FOND Saucengrundlage, meist Brühe oder Braten-saft.

FLAVONOIDE Pflanzliche Pigmente; kommen in Tieren kaum vor. Zu ihnen zählen die Anthocya-nide, die den Rotwein rot und den Herbst golden machen.

FUGU Japanisch für: Kugelfisch. Die Galle des Tiers enthält genug Nervengift, um eine Runde Esser dahinzuraffen. Fugu essen ist ein beliebter Sport in Japan, rangiert noch vor Harakiri.

FUTURISMUS Künstlerische Richtung des frühen zwanzigsten Jahrhunderts in Italien.

GRAVITATIONSKONSTANTE Ein Wert, der in die Berechnung von Masseanziehungskräften ein-geht.

HAPTISCH Den Tastsinn ansprechend.

HAUTGOUT Eigentlich stinkt's, aber es stinkt gut.

HOLLANDAISE Ein Wort mit zweifacher Bedeu-tung. Erstens: Wasser, Weinessig und eine Prise weißen Pfeffers einkochen, etwas abkühlen lassen, mit Eigelb vermengen, im Wasserbad schaumig schlagen, danach außerhalb des Wasser-bads mit lauwarmer, zerlassener Butter dick rühren, mit Salz und Zitronensaft abschmecken. Zweitens: eine Pampe, die mit Pulver aus Tüten angerichtet wird – auch das Wort »anrichten« zeigt hier seine Doppelbedeutung.

ISOMERE Wenn sich Moleküle lediglich durch ihre Form voneinander unterscheiden und des-wegen unterschiedliche chemische oder physika-lische Eigenschaften haben, dann nennt man sie Isomere.

KIM-CHI Koreanische Nahkampfwaffe, bestehend aus in Chili eingelegtem Kohl.

KORTEX Evolutionsgeschichtlich jüngerer Teil unseres Gehirns, stark am Zustandekommen unseres Bewusstseins beteiligt.

LIMBISCHES SYSTEM Evolutionsgeschichtlich älterer Teil unseres Gehirns, stark am Zustandekommen der Gefühle und Triebregungen beteiligt.

MEHLTAU Rebenkrankheit. Böse.

MERLOT Traubensorte für Rotwein; weltweit angebaut.

MEURSAULT Ort in der Bourgogne, berühmt für seine leicht buttrigen Chardonnays.

MILLEFEUILLE Feinster Blätterteig aus »tausend Blättern«.

MONTECRISTO Kubanische Zigarrenmarke unterschiedlicher Qualität; die im Text erwähnten Montecristo Nummer 2 Figurado sind, wenn sie gut sind, erdige und würzige Geschmackstorpedos.

MOREY SAINT-DENIS Rotweinort in der Bourgogne.

MOUSSEUX Die Haupteigenschaft des Schaumweins: das Perlen.

MOUSSIEREN Die Haupttätigkeit des Schaumweins: perlen.

MOUTON Im Text ist Château Mouton-Rothschild gemeint, zu Recht einer der berühmtesten Weine des Bordelais. Der verbreitete Mouton-Cadet ist auch von Rothschild, aber schon seit vielen

Jahrzehnten kein großer Wein mehr. Nichts mit alledem hat Château Mouton zu tun, ein kleines Château, das diesen Namen nachweislich länger als der große Rothschild trägt und dichten Wein mit Karameltönen für unter zwanzig Mark anbietet

MUSCADET Trockener Weißwein aus der Gegend um Nantes (Frankreich).

ÖNOLOGIE Die Wissenschaft von der Weinbereitung (im strenge Sinne: von der Weinbereitung im Keller).

OLFAKTORISCH Den Geruchssinn ansprechend.

OMNI PADME HUM Buddhistischer Singsang.

OXIDIERT Beschreibt einen (meist unerwünschten) Geschmack des Weins, der aufgrund von übermäßigem Sauerstoffkontakt zustande kommt.

OXTAIL Klare Ochsenschwanzsuppe.

PARFAIT Gefrorene Nachspeise aus Eigelb, gekochtem Zucker, Alkohol und Fruchtsaft und Schlagsahne.

PATISSIER Eigentlich: Konditor. Im Restaurant oft auch der Dessertkoch.

PETITS FOURS Feines, kostbar dekoriertes Kleingebäck. Wird vom Patissier hergestellt.

PHYLLOXERA Die Reblaus. Sehr böse.

PINOT MEUNIER Verwandter des Pinot Noir.

PINOT NOIR Traubensorte für Rotwein – und für Champagner.

PLINSEN Auch: Blinis. Kleine Buchweizenpfann-kuchen. Klassisch mit saurer Sahne und Kaviar.

POCHIEREN Sanft in Wasser, Brühe und/oder Wein gar ziehen – nicht wirklich kochen.

POMEROL Weinort bei Bordeaux mit spektaku-lären Rotweinen (hoher Merlot-Anteil).

PRESTIGE-CUVÉE heißen die besten und/oder teuersten Cuvées der Champagnerhäuser.

PROTONEN Positiv geladene Teile des Atomkerns.

RAMON ALLONES Würzige, ausgezeichnete kubanische Zigarrenmarke. Die unscheinbare Small Club Corona fordert den ganzen Menschen.

REBSORTE Anderes Wort für Weintraubensorte.

RHEINGAU Deutsches Weingebiet, berühmt für stahlige Rieslinge.

RIESLING Rebsorte für Weißweine, am besten in Deutschland, interessant und jeweils anders im Elsass und in Österreich, mit wenigen Aus-nahmen fragwürdig in Übersee.

RIOJA Spanisches Weingebiet, berühmt für Rot-weine mit angenehmen Alters- und Buttermilch-tönen. Unter vierzig Mark meist ihr Geld wert.

SASHIMI Roher Fisch ohne Gräten und Binde-gewebe. Dazu isst man in Japan essigsauren Klebreis; siehe Sushi.

SAUTERNES Süßwein, hergestellt in der Nähe von Bordeaux.

SAUVIGNON BLANC Traubensorte für Weiß-weine; weltweit angebaut.

SINGLE MALT Unverschnittener schottischer Whisky.

SILVANER Traubensorte für Weißwein, vorwiegend in Deutschland (besonders gut in Franken).

SPÄTBURGUNDER Traubensorte für Rotwein, weltweit angebaut, ist identisch mit Pinot Noir.

SUSHI Roher Fisch ohne Gräten und Bindegewebe auf essigsauren Klebreisballen, japanisch. Siehe Sashimi.

SYRAH Traubensorte für Rotwein; weltweiter Anbau. Heißt in Übersee »Shiraz«.

TANNIN Gerbsäure.

TEMPURA Japanischer Ausdruck für Frittiertes.

TERIYAKI Gegrilltes Fleisch in Sauce aus Sake, Brühe und Sojasauce, japanisch.

TOFU Japanische Paste aus Sojabohnen. Schmeckt wie japanische Paste aus Sojabohnen.

TRAMINER Traubensorte für Weißweine, vorwiegend in Europa.

TRAPPEN Große Vögel, die man aus Artenschutzgründen nicht essen darf (siehe Fettammern).

TROCKENBEERENAUSLESE Besonders süßer Wein aus besonders vollreifen, durch Befall mit so genannter Edelfäule besonders rosinenartig konzentrierten Beeren; siehe Beerenauslese.

VELOUTÉ Zu deutsch: Samtsauce. Zubereitet aus Mehlschwitze und Fond, wird lange mit Zwiebel und Kräuterbündel gekocht. Ist trotz Verwendung von Mehl keineswegs strafbar.

VERDICCHIO Traubensorte für Weißweine von der italienischen Adriaküste.

VERSCHNITT Mischung verschiedener Wein- oder Rum- oder Whiskysorten.

VINAIGRETTE Sauce aus Essig und Öl, klassisch mit Kapern.

WAADT Westschweizer Weinbaukanton.

WALLIS Noch ein westschweizer Weinbaukanton.

WEISSHERBST Deutscher Roséwein.

WINERY Englisch für Weingut.

Ausgewählte Literatur

BACH, H. P.; ZIMMER, E.: Verfahren zur Bestimmung des Mousseux, in: Weinwirtschaft/Technik, 5/1989–2/1990

BARLÖSIUS, E.: Soziologie des Essens (Weinheim und München 1999)

BELASCO, W.: Algae Burgers for a Hungry World? The Rise and Fall of Chlorella Cuisine; in: Technology and Culture, Bd. 38, Nr.3 (Juli 1997), S. 608ff.

BEN GIDEON, M.: Alles koscher (Stuttgart und Leipzig 1999)

BLUHM, D.: Auf leichten Flügeln ins Land der Phantasie (Berlin 1997)

BOMBOSCH, R.: Casanova à la carte. Eine kulinarische Biographie (Frankfurt und New York 1998)

BONAFOUX, P.: Zu Gast bei Dalí. Der große Surrealist als Gourmet (München 1998)

BRIEKE, N.: Genießer-Brevier (Leipzig 1996)

BRIGGS, A.: Haut-Brion (London und Boston 1994)

BRILLAT-SAVARIN, A.: Physiologie des Geschmacks (München 1962)

BROADBENT, M.: Broadbents Weinnotizen (Ostfildern 1994)

BURGESS, A., ET AL.: Das Buch vom Tee (München 1994)

CLAIRBORNE, C.; FRANEY, P.: Die klassische französische Küche (Den Haag 1971)

DEVAL, J.: Kochbuch für Liebende (Berlin 1995)

DIPPEL, H.: Korkenzieher (Hamburg 1997)

DOERFLINGER, M.: Elsässisches Kochbüchlein (Colmar 1978)

DUMONT, C.: Allegro con Gusto (Bern und Stuttgart 1997)

ENGELS, F.: Preußischer Schnaps im deutschen Reichstag; in: Karl Marx, Friedrich Engels, Werke, Bd. 19, S. 37ff. (Berlin 1962)

FANGER, P. O.: Hidden Olfs in Sick Buildings, in: ASHRAE Journal, November 1988, S. 40ff.

FISHER, M. F. K.: Die Küche in Frankreichs Provinzen (Den Haag 1969)

GÖTZE, K.-H.: Les Chefs. Die großen französischen Köche des 20. Jahrhunderts (Frankfurt am Main 1999)

GRANET, M.: Das chinesische Denken (München 1980)

GRANET, M.: Die chinesische Zivilisation (München 1980)

HAEBERLIN, P. UND J.-P.: Meisterküche im Elsaß (Düsseldorf und Wien 1986)

HARRUS-RÉVIDI, G.: Die Kunst des Genießens. Eßkultur und Lebenslust (Düsseldorf und Zürich 1996)

HENGARTNER, TH.; MERKI, CHR. M.: Genussmittel. Ein kulturgeschichtliches Handbuch (Frankfurt und New York 1999)

HERING, R.: Lexikon der Küche (Gießen 1987)

HOFMANN, U.; KÖPFER, P.: Ökologischer Weinbau (Stuttgart 1995)

JAUCH, U. P.: Jenseits der Maschine. Philosophie, Ironie und Ästhetik bei Julien Offray de La Mettrie (München und Wien 1998)

JOLY, N.: Beseelter Wein (Bern und Stuttgart 1988)

JÜTTE, R.: Geschichte der Sinne. Von der Antike bis zum Cyberspace (München 2000)

KARLAUF, TH.: Wein (München 1998)

KARMASIN, H.: Die geheime Botschaft unserer Speisen. Was Essen über uns aussagt (München 1999)

KOLMER, L.; ROHR, CHR. (HG.): Mahl und Repräsentation. Der Kult ums Essen (Paderborn, München, Wien, Zürich 2000)

KOLPAS, N.: The Chili Cookbook (Los Angeles 1991)

KOMARI, S.; KANITSCH, K.: In vino veritas. Eine Weinreise durch das Burgenland (Wien 1992)

MACCLANCEY, J.: Gaumenkitzel. Von der Lust am Essen (Frankfurt am Main 1997)

LANDMANN, S.: Gepfeffert und gesalzen. Gericht über Gerichte (München 1970)

LANGE, C. UND F.: Mit einem Schuß Wein (Bern und Stuttgart 1998)

LOGUE, A. W.: Die Psychologie des Essens und Trinkens (Heidelberg, Berlin, Oxford 1995)

MARZAHN, CHR.: Bene tibi. Über Genuß und Geist (Bremen 1994)

NAJ, A.: Scharfe Sachen. Reisen, wo der Pfeffer wächst (Reinbek 1995)

NELSON, F. E.: Tacky answer to curious animals, in: Nature, 344, 8. März 1990, S. 115f.

OKAMOTO, M.; BUCK, CHR.: Sushi (Niedernhausen 1999)

ONFRAY, M.: Die genießerische Vernunft. Die Philosophie des guten Geschmacks (Baden-Baden und Zürich 1996)

PAPAJORGIS, K.: Der Rausch. Ein philosophischer Aperitif (München 1998)

RABELAIS, F.: Gargantua (Frankfurt am Main 1961)

RATTER, B. M. W.: Natur, Kultur, Komplexität (Berlin, Heidelberg, New York 2000)

ROBINSON, J.: Das Oxford Weinlexikon (Bern und Stuttgart 1995)

ROBINSON, J.: Rebsorten und ihre Weine (Bern und Stuttgart 1997)

ROOT, W.: Die Küche in Italien (Den Haag 1969)

ROZIN, E.: Ethnic Cuisine (Brattleboro 1983)

SCHEUERMANN, M.: Die großen Weine des Jahrhunderts (Niedernhausen 1999)

SCHIVELBUSCH, W.: Das Paradies, der Geschmack und die Vernunft (Frankfurt am Main 1990)

SCHMIDT, R. F. (HG.): Grundriß der Sinnesphysiologie (Berlin, Heidelberg, New York, Tokio 1985)

SCHUBECK, A.: Liebesmenüs (München 1994)

SCHULZ, D.: Das Lokal als Bühne. Die Dramaturgie des Genusses. Bars, Bistros, Restaurants (Düsseldorf und München 1996)

SERRES, M.: Die fünf Sinne. Eine Philosophie der Gemenge und Gemische (Frankfurt am Main 1993)

STEINBERG, R.: Die Küche in Japan (Den Haag 1970)

STEVENSON, T.: Champagner (München 1987)

TANNAHILL, R.: Kulturgeschichte des Essens (München 1979)

THIS-BENCKHARD, H.: Rätsel der Kochkunst (Berlin und Heidelberg 1996)

UECKER, W.: Das Püree in der Kniekehle der Geliebten. Kulinarische Vorlieben berühmter Leute (München 1989)

UEHARA, S.; SCHMIDT-MURAKI, M.: Japanische Küche (München 1978)

WILSON, J. E.: Terroir – Schlüssel zum Wein (Bern und Stuttgart 1999)

WÖRDEHOFF, B.: »Sage mir, Muse, vom Schmause . . .« Vom Essen und Trinken in der Weltliteratur (Darmstadt 2000)

ZOLA, É.: Der Bauch von Paris (Bergisch Gladbach 2000)

Register